高等职业教育城市轨道交通专业规划教材

Chengshi Guidao JiaotongYingji Chuli Shiwu
城市轨道交通应急处理实务

王 博　申碧涛　主　编
徐友良　谢正媛　副主编
董书龙[武汉地铁运营有限公司]　主　审

人民交通出版社股份有限公司
China Communications Press Co.,Ltd.

内 容 提 要

本书为高等职业教育城市轨道交通专业规划教材,从企业岗位需求和教学实践要求角度出发,对城市轨道交通应急处理工作进行了全面分析。本书共分6个项目,其主要内容包括:城市轨道交通应急处理概述、设备故障应急处理、行车事故应急处理、火灾应急处理、运营伤亡事件应急处理、其他突发事件应急处理。

本书为城市轨道交通专业核心教材,可供高职、中职院校教学选用,也可作为城市轨道交通行业岗位培训或自学用书,同时可供城市轨道交通行业从业人员参考。

本书配有教学课件,读者可加入职教轨道教学研讨群(QQ群号:129327355)索取。

图书在版编目(CIP)数据

城市轨道交通应急处理实务 / 王博,申碧涛主编.
—北京:人民交通出版社股份有限公司,2017.1
高等职业教育城市轨道交通专业规划教材
ISBN 978-7-114-13625-2

Ⅰ.①城… Ⅱ.①王… ②申… Ⅲ.①城市铁路—轨道交通—突发事件—处理—高等职业教育—教材 Ⅳ.①U239.5

中国版本图书馆 CIP 数据核字(2016)第319841号

高等职业教育城市轨道交通专业规划教材

书　　名:	城市轨道交通应急处理实务
著 作 者:	王　博　申碧涛
责任编辑:	袁　方
出版发行:	人民交通出版社股份有限公司
地　　址:	(100011)北京市朝阳区安定门外外馆斜街3号
网　　址:	http://www.ccpress.com.cn
销售电话:	(010)59757973
总 经 销:	人民交通出版社股份有限公司发行部
经　　销:	各地新华书店
印　　刷:	北京鑫正大印刷有限公司
开　　本:	787×1092　1/16
印　　张:	13.5
字　　数:	332千
版　　次:	2017年1月　第1版
印　　次:	2020年11月　第7次印刷
书　　号:	ISBN 978-7-114-13625-2
定　　价:	36.00元

(有印刷、装订质量问题的图书由本公司负责调换)

PREFACE 前言

　　城市轨道交通作为城市交通的骨干力量，系统的安全运营直接关系到人民群众和财产的安全。城市轨道交通应急事件是城市轨道交通客运工作中经常会遇到的非正常事件或突发事件，其直接关系到人民生命财产和国家政治声誉。城市轨道交通客运应急事件处理能力是车站客运值班员和行车值班员以及值班站长所必备的工作能力。

　　城市轨道交通应急处理是城市轨道交通运营管理专业的核心专业课之一，旨在培养在城市轨道交通运营管理过程中，具有实现列车安全运行的高素质技能型人才。从目前情况来看，今后几年城市轨道交通人才的培养应该是各大专院校的学历教育与企业、社会的能力培训相结合的状态。但现实情况是相关教材，特别是培养应用型人才的优质教材、教学指导书的建设和出版严重不足，落后于城市轨道交通发展的需要，且目前已出版的教材存在体系不完善、教材内容侧重岗前培训、理论叙述过多等缺点，不适合培养应用型人才的院校教学使用。

　　本书基于此课程培养目标并结合教学改革要求，采用以项目导向、任务驱动的职业教育理念形式，通过岗位职业能力分析，提出每一项目的能力目标和知识目标；以案例分析导入学习任务，使学生在学习之前就清楚岗位的职业要求，提高学习兴趣；力求系统、全面地阐述城市轨道交通安全与应急处理的知识和技能，突出职业教育特色，围绕职业能力的形成组织课程内容。教材编写充分考虑培养应用型人才院校学生的认知特点，主要围绕"是什么，怎么做"，避免过多的理论阐述，知识点力求简单，文字简洁明了，通俗易懂。技能训练以服务企业为宗旨，以工学结合为途径，紧密连接一线现场实际运营，主动适应城市轨道交通运营经济发展需求，为学生今后从事站车非正常情况下的客运服务与突发事件应急处理工作打下坚实基础。

　　本书的特色和创新点如下：

　　(1)充分体现任务引领、工作过程导向的课程设计思想，将传统的"章—节"式编写体例变为"项目—任务"式，以岗位作业为基础，设计教学内容，充分体现教中学、学中做的教学方法。

　　(2)将本专业职业项目分解成若干典型活动，按完成工作项目的要求和岗位操作程序，结合职业资格证书的考核要求组织教材内容，帮助学生实现知识目标和技能目标。

　　(3)以学生为本，通过案例导入知识点，多采用图表、知识链接、案例分析、情境模拟和小思考，便于采取小组讨论、角色扮演、交流探讨、真实情境模拟等多种课堂形式，强调学生参与，让学生亲身体验学习过程，增强学习兴趣，提高学习动力。

　　(4)形式服务于内容，对理论的阐述以应用为目的，以够用为尺度。内容展现图文并茂，文字表达简明扼要，符合学生的认知水平，便于学生自学。

　　(5)内容突出职业性和技能性，每个项目后附有知识结构图、基本训练(包括知识题和技能题)、综合案例和综合实训，同时满足运输企业对岗位培训的要求。

　　(6)编写过程力求做到校企结合，广泛吸收北京、上海、广州、南京、武汉、重庆等地先进的地铁运营管理经验，强调实践性和可操作性，将企业已不再使用或过时的知识剔除，增加与企业需要密切相关的新知识，做到传授技术与时俱进，运用技能贴近现场实际。

本书由武汉铁路职业技术学院王博担任主编，负责全书框架和编写思路的设计及全书的统稿、校对工作，武汉铁路职业技术学院申碧涛担任第二主编，湖南高速铁路职业技术学院徐友良、武汉铁路职业技术学院谢正媛担任副主编，武汉铁路职业技术学院胡万欣、湖南高速铁路职业技术学院周阳、吉林铁道职业技术学院刘秀丹参与编写，武汉地铁运营有限公司董书龙担任主审。具体编写分工如下：项目一、项目四由王博编写，项目二(任务一、任务二)由周阳编写，项目二(任务三)由徐友良编写，项目三(任务三)由刘秀丹编写，项目五由申碧涛编写，项目三(任务一、任务二)、项目六由谢正媛编写，附录一、附录二由胡万欣编写。

书中参考引用了有关从事城市轨道交通运营管理研究专家、学者的著作和成果，在书末列出了主要参考文献目录，在此表示衷心的感谢。

鉴于编者水平、经验有限，书中疏漏和不当之处难免存在，恳请读者予以指正，以便修订和完善。

编者

2016 年 11 月

CONTENTS 目录

项目一　城市轨道交通应急处理概述 ·· 1
　　任务一　城市轨道交通突发事件概述 ·· 2
　　任务二　认识城市轨道交通应急设备 ·· 11
　　任务三　突发事件应急处理与救援 ·· 18
　　基本训练 ·· 27

项目二　设备故障应急处理 ·· 29
　　任务一　车门故障应急处理 ·· 30
　　任务二　屏蔽门故障应急处理 ·· 37
　　任务三　车站电梯事故应急处理 ·· 44
　　基本训练 ·· 53

项目三　行车事故应急处理 ·· 55
　　任务一　行车事故的判断与预防 ·· 56
　　任务二　预防行车事故 ·· 58
　　任务三　分析及处理行车事故 ·· 60
　　基本训练 ·· 70

项目四　火灾应急处理 ·· 72
　　任务一　认识城市轨道交通火灾 ·· 73
　　任务二　消防设备设施操作 ·· 77
　　任务三　火灾应急处理与救援 ·· 103
　　基本训练 ·· 120

项目五　运营伤亡事件应急处理 ·· 122
　　任务一　乘客伤亡事件应急处理 ·· 123
　　任务二　道床伤亡事件应急处理 ·· 133
　　任务三　地铁运营伤亡事件紧急救护 ·· 139
　　基本训练 ·· 151

项目六　其他突发事件应急处理 ·· 153
　　任务一　各种自然灾害及特殊气象应急处理 ································ 154
　　任务二　车站大面积停电应急处理 ··· 158
　　任务三　发现可疑物品的应急处理 ··· 161
　　任务四　乘客物品掉落轨道的应急处理 ······································ 169
　　任务五　爆炸毒气事件应急处理 ·· 173

任务六　劫持人质事件应急处理 …………………………………… 177
　　基本训练 ……………………………………………………………… 181
附录一　应急预案 ………………………………………………………… 183
附录二　模拟演练 ………………………………………………………… 192
附录三　《城市轨道交通应急处理实务》课程标准 …………………… 206
参考文献 …………………………………………………………………… 210

项目一　城市轨道交通应急处理概述

 项目描述

本项目的任务是面对日常的城市轨道运营,能独立判定城市轨道交通突发事件的任务、工作内容,认识城市轨道交通应急设备(包括列车应急设备、车站应急设备等),并借助于各种行车设备或运行条件为载体训练对列车运行的状态、条件的控制与处置能力,熟悉城市轨道交通的应急救援预案的基本内容。

 教学目标

1. 知识目标

◎了解城市轨道交通安全运营状态与危险源识别;
◎明确城市轨道交通应急救援体系的建设;
◎熟知城市轨道交通应急设备(列车应急设备、车站应急设备);
◎掌握突发事件应急处理原则与流程。

2. 技能目标

◎能够正确分析城市轨道交通运营事故的原因;
◎能够认识以及分辨出列车应急设备、车站应急设备;
◎能够进行城市轨道交通的应急救援工作中的单项演练。

3. 素质目标

培养良好的岗位安全意识和职业素质,熟练掌握各类规章规则,严格执行工作程序、工作规范、工作标准和安全操作规程。

典型地铁突发事件应急管理案例分析——上海地铁碰撞事故

2009年12月22日早上7点,我国最繁忙的城市轨道交通运营线路之一、日均客流超过100万人次的上海市交通运营"大动脉"的地铁1号线发生两列列车碰撞事故,并由此陷入长达4h的大瘫痪。由于事故发生当天又恰逢上班和冬至扫墓出行高峰,大量乘客滞留轨道交通站。乘客在转乘地面交通时,又面临打不到出租车、难以挤上公交车的窘状。事故发生后,政府管理部门、地铁运营单位、相关公交企业等及时启动了应急预案,一方面派出抢修队伍,一方面启动公交预案组织疏散乘客。上海巴士公交紧急增援的公交车多达105辆,大量公安干警紧急维持秩序。直到中午11:48,乘客才疏散结束,但整个应急疏散过程却长于4h。在这之后,上海地铁又发生了3起事故。在同一天发生4起地铁事故,并造成7h的交通拥堵,这是上海地铁营运史上罕见的重大事故。一个故障引发的撞车,瞬间让整个城市交通陷入一种异常拥堵的混乱,并导致大量乘客被困在地铁通道里长于2h。而上海市民更是在事故发生2h后才获知地铁出现了故障,信息传递的不及时致使许多市民在事故发生后还不断地到达人潮。

案例表明：地铁突发灾害容易使得事件影响到城市系统的正常运转以及整个城市的安全管理,使突发灾害的危害性被放大。研究国外重大突发灾害管理模式的运作特点,我们可以看到高效运作是防止重大突发灾害扩大、升级的基本要求。重大突发灾害的突发性,要求重大突发灾害管理机构能尽快做出反应决策,防止事态的恶化。地铁突发灾害由于所处的环境和地铁站的布局特点,给应急管理带来了困难。要及时有效地把地铁突发灾害的危害降低到最低程度,研究地铁突发灾害应急管理机理是急需解决的问题。

任务一　城市轨道交通突发事件概述

一、城市轨道交通运营状态与危险源识别

1. 城市轨道交通运营状态

按照运营的安全水平,城市轨道交通系统运营状态可以分为正常运营、非正常运营和紧急运营三种情况(图1-1)。正常运营是按照排定的运行图和工作秩序进行运营的状态,系统运行正常,运输需求和系统的供给能力相配,系统状态较为稳定。非正常运营状态是系统运营中出现了不良的影响影响因素,如列车晚点、区间堵塞、列车故障、早晚高峰客流等,对这些现象和问题应及时组织相应调整方案,积极消除不稳定因素的影响,重视不够或调整不及时可能会导致严重后果。紧急运营状态是指城市轨道交通系统自身出现较为严重的机械、运行、服务故障,或遭遇到严重的、外部灾害影响,从而导致系统的运营能力减弱或停止,严重影响到系统稳定性和乘客的人身安全。

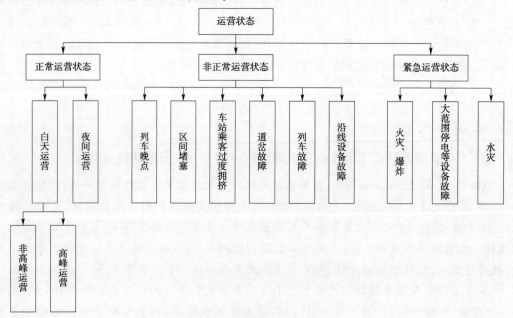

图1-1　城市轨道交通系统的三种运营状态

引起非正常运营状态和紧急运营状态的原因很多,按照灾害类别,可分为以下几类:

(1)设备、硬件故障引起。运营中断事故,如车辆故障、线路故障和各种设备故障引起的行车事故。

(2)意外危险事件和各种自然灾害引起。系统内部秩序混乱和运营中断,如火灾事故、水灾事故、爆炸事故、恐怖袭击事件等。

(3)个别站点或中转换乘站突发集中大客流。没有得到预报信息的情况下,产生系统流量骤增、售票厅和通道站台拥堵等现象,发生拥挤踩踏事故。如运营行车事故、设施设备事故、客伤事故、火灾事故、因公伤亡事故、道路交通事故、运营严重晚点事件。

影响城市轨道交通系统运营安全和可靠性的因素统称为事件。根据其发生的原因、特点以及造成的后果和影响,可分为事故与故障两类。根据事故和故障导致的后果又可分为可控事件和不可控事件。

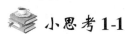

小思考 1-1

城市轨道交通事故和故障有何区别?

故障是因设备质量原因或操作不当导致设备无法正常使用,须人工干预或维修的事件,根据表现和影响程度可分为轻微故障、一般故障和严重故障。轻微故障可以迅速排除,一般不会影响运营可靠性;一般故障将造成短时间的列车运行秩序混乱,部分列车运行延误;严重故障则会导致较长时间的运营中断,严重影响系统运营可靠性。按照设备类型和原因,故障又可分为列车车辆故障、线路故障、供电系统故障、通号系统故障、环控设备故障、车站客运设施故障等。

事故是因故障或工作人员操作不当或管理人员指挥不力而造成人员伤亡、设备损坏,影响可靠性或危机运营安全的事件。事故根据其表现、影响程度与范围,可分为一般故障、险性事故、大事故、重大事故等;按其专业性质,可分为行车事故、客运组织事故、电力传输事故等。

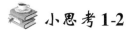

小思考 1-2

城市轨道交通可控事件与不可控事件有何区别?

可控事件是指该事件在发生前是可以控制的,是可以通过一些手段和措施避免的,但是由于人为的疏忽或管理不当导致该事件最终发生。这种事件往往在发生前会出现一些征兆,只要采取合理的措施就可以避免它的发生。而不可控事件具有不确定因素,一个点、一个线都可能导致它的发生,是人力难以避免的。

不可控事件又称突发事件,在城市轨道交通运营中一般是指由故障、事故或其他原因(如人为、环境、社会事件等)引起的、突然发生的、严重影响或可能影响运营安全与秩序的事件。根据其影响程度与范围,可分为一般突发事件、险性突发事件、大突发事件和严重突发事件等;根据其引发原因,又可分为运营引发突发事件、外来人员引发突发事件、环境引发突发事件等。

2. 城市轨道交通危险源的识别

城市轨道交通危险源的识别涉及员工的健康与安全、行车安全、设备安全、消防安全、交通安全、乘客及相关方安全、财产损失和列车延误等范畴。

(1) 危险源类别

危险源是指可能造成人员伤害、职业病、财产损失、作业环境破坏或这些情况组合的根源或状态。其类别见表1-1。

危险源的类别　　　　　　　　　　　　表1-1

危险源	主要内容
物理性危险源	设备、设施缺陷(强度不够、刚度不够、稳定性差、密封不良、外露运动件等)
	防护缺陷(无防护、防护装置和设施缺陷、防护不当、防护距离不够等)
	电危害(带电部位裸露、漏电、雷电、静电、电火花等)
	噪声危害(机械性噪声、电磁性噪声、流体动力性噪声等)
	振动危害(机械性振动、电磁性振动、流体动力性振动等)
	电磁辐射[电离辐射(X、γ射线,α、β粒子等)、非电离辐射(紫外线、激光)]
	运动物危害(固体抛射物、液体飞溅物、反弹物、气流卷动、冲击地压等)
	明火
	粉尘与气溶胶
	作业环境不良(基础下沉、安全过道缺陷、有害光照、通风不良、缺氧等)
	信号缺陷(无信号设施、信号选用不当、信号不清、信号显示不准等)
	标志缺陷(无标志、标志不清、标志不规范、标志位置缺陷等)
	其他物理性危险源
化学性危险源	易燃易爆性物质
	有毒物质(有毒气体、液体、固体、粉尘与气溶胶等)
	腐蚀性物质(腐蚀性气体、液体、固体等)
	其他化学危险源
生物性危险源	致病微生物(细菌、病毒、其他致病微生物等)
	传染病媒介物
	致害动物
	致害植物
	其他生物性危险源
心理、生理性危险源	负荷超限(体力、听力、视力负荷超限等)
	健康状况异常
	从事禁忌作业
	心理异常(情绪异常、冒险心理、过度紧张等)
	辨识功能缺陷(感知延迟、辨识错误、其他辨识功能缺陷等)
	其他心理、生理性危险源
行为性危险源	指挥错误(指挥失误、违章指挥等)
	操作失误(误操作、违章作业等)
	监护失误
	其他错误
	其他行为性危险源
其他危险源	其他危险源

(2) 危险源识别范围

危险源识别范围包括城市轨道交通覆盖范围内,工作区域及其他相关范围内的生产经营活动、人员、设施等。根据城市轨道交通管理及其他活动情况,可分成以下类别：

①按地点划分:轨道交通沿线各车站、车辆段、OCC大楼、办公楼等。

②按活动划分:常规活动、非常规活动、潜在的紧急情况。各活动所包含的主要内容见表1-2。

按活动划分危险源识别范围　　　　　表1-2

活动类型	主要内容
常规活动	运营服务活动:依据运营时刻表组织列车运营、客运服务过程
	设备设施的设计、安装、测试、验收、接管、使用过程
	公共活动:相关部门均有的活动,包含办公、电梯、叉车、消防设施、空调、空压机、抽风机使用,化学物品搬运储存、废弃
	间接活动:为运营服务活动提供支持的活动,主要包括物资仓库管理、检验、物料采购以及物料的使用管理、食堂管理等
非常规活动	设备设施维护保养,消防及行车疏散演习,因公外出,合同方在公司的活动(如工程施工、维修、清洁等)
潜在的紧急情况	如行车、火灾、爆炸、化学物品泄漏、中毒、台风、雷击、碰撞等事故事件(潜在的紧急情况的危险辨识需考虑紧急情况发生时和发生后,进行抢险救援过程中存在的危险)

(3)确定危险源事故类型

在进行危险源识别前,必须把危险源事故类型确定下来,以防止危险源识别不清晰、不全面。通过借鉴《企业职工伤亡事故分类》(GB 6441—1986)及分析城市轨道交通运营过程可能产生的行车事故/事件、列车延误及财产损失等事故类别,确定了危险源事故类型表(表1-3)。

危险源事故类型　　　　　表1-3

类别编号	事故类别名称	备注	类别编号	事故类别名称	备注
01	物体打击	伤害事故	015	噪声聋	职业病
02	车辆伤害(指马路车辆)		016	尘肺	
03	机械伤害		017	视力受损	
04	起重伤害		018	其他职业病	
05	触电		019	健康受损	健康危害
06	淹溺		020	财产损失(2000元及以上)	无伤害事件/事故
07	灼烫		021	列车延误	无伤害列车延误事件
08	火灾		022	行车事件/事故	含人员伤亡的行车事故/事件
09	高处坠落		023	可能引发行车事件/事故的设备缺陷事件和行为事件	引发行车事件/事故的危险源
010	坍塌		024	其他事件/事故	无伤害事件/事故
011	容器爆炸				
012	其他爆炸				
013	中毒和窒息				
014	其他伤害				

表1-3中"可能引发行车事件/事故的设备缺陷和行为事件"及"行车事件/事故"这两个事故类型是一种从属关系。即"可能引发行车事件/事故的设备缺陷和行为事件"事故类型

的风险属于"行车事件/事故"事故类型风险的危险源。涉及这种从属关系的事故类型可把运营过程中可能发生的重要风险所涉及的危险源划归到相关部门进行控制。

(4)划分危险源识别对象

在各部门列出识别范围内的活动或流程所涉及的所有方面后,选用合适的设备分析法、工艺常识和分析法或其他划分方法,根据事故类型划分危害事件,并根据以下过程划分危险源识别对象。

①对车辆设备大修的活动,可按照其工艺常识和分析法划分识别对象。

②对设备维护及保养的活动,可按照设备分析法依据划分的设备作为危险源识别对象,并结合活动实施过程划分。

③使用设备时可根据具体操作过程。

④根据采购、存放、检测设备的过程。

⑤根据行车组织、客运组织过程。

⑥针对每一危险源辨识对象,参考危险源事故类型表,识别可能存在的事故/事件,并登记在危险源辨识及风险评价登记表(表1-4)中"危害事件"栏及"事故类型"栏内。

危险源辨识及风险评价登记表　　　　表1-4

序号	部门/地点	活动	设备/事故/事件	危害事故/事件	事故类型	危险源	危险源类别	风险评价			风险级别	控制措施	备注
								风险发生的可能性	事故后果严重程度	风险值			

二、城市轨道交通突发事件的基本概念

1. 城市轨道交通突发事件的定义

城市轨道交通突发事件是指城市轨道交通运营管辖范围内突然发生,造成或者可能造成员工人身伤害、设备损失、影响正常运营、企业形象受损或乘客财产、健康严重损害的须立即处理的事件。

2. 城市轨道交通突发事件的分类

城市轨道交通突发事件分为三类:运营生产类、公共安全类、自然灾害类(表1-5)。

国内外地铁安全生产事故主要表现形式　　　　表1-5

事故类别	事故类别简述	事故表现形式
设备设施类事故	设备设施故障损坏及其影响	设备设施失常、设施主体损坏等
行车类事故	行车过程中的能量外溢影响	列车脱轨、挤岔、列车碰撞等
客运类事故	乘客乘降造成的人身伤害等	车门、屏蔽门夹人夹物、电扶梯伤害等
自然灾害类事故	自然环境外部因素及影响	恶劣天气、高温、特殊环境
其他人为性事故	人为破坏、误操作及其影响	恐怖袭击、自杀、违章操作等

(1) 运营生产类

火灾、爆炸、建构筑物坍塌、列车冲突、脱轨或颠覆等重大生产安全事故,以及大面积停电、突发性大客流等严重影响地铁运营的突发事件。

重大级突发事件包括行车大事故及以上事故;一般级突发事件包括行车险性及以下事故或严重影响运营的设备设施故障。

(2) 公共安全类

重大刑事案件、恐怖袭击以及在地铁车站内发生聚众闹事、劫持人质等严重影响地铁运营安全的社会治安类事件,以及传染病疫情、生化、毒气和放射性污染等造成或可能造成社会公众健康而严重影响地铁运营的公共卫生类事件。

重大级突发事件包括在地铁运营范围内发生爆炸、毒气、恐怖袭击,火势较大需公安消防部门灭火,5人及以上聚众闹事严重影响地铁运营的事件;一般级突发事件包括在地铁运营范围内收到爆炸、毒气、恐怖袭击等恐吓信息,火势较小依靠自身力量可灭火,5人以下聚众闹事对地铁运营影响较小的事件。

(3) 自然灾害类

地震、水灾等导致地铁运营中断的突发事件。

重大级突发事件包括发生地震、水灾及气象台发布的黑色气候信号等严重影响地铁运营的事件;一般级突发事件包括气象台发布的白色、红色、黄色预警信号影响地铁运营的事件。

3. 城市轨道交通突发事件的分级

城市轨道交通突发事件按事件的性质、影响范围和程度分为由高到低四个级别:特别严重(一级)、严重(二级)、较重(三级)和一般(四级)。如果突发事件不能得到有效控制,导致事件性质升级、影响范围扩大,总调度长可根据实际情况进行升级处理。

(1) 一级(特别严重)

特别严重突发事件指在列车、车站或车场等运营生产场所发生火灾、爆炸或遭遇毒气袭击等重大治安事件,严重自然灾害,重伤以上的伤亡事件及因车辆、线路、道岔、供电、信号等设备故障影响列车运行30min以上的事件。

(2) 二级(严重)

严重突发事件指在列车、车站或车场等运营生产场所发生火灾、爆炸或遭遇毒气袭击等重大治安事件,自然灾害,重伤以上的伤亡事件及因车辆、线路、道岔、供电、信号等设备故障影响列车运行10min以上30min以下的事件。

(3) 三级(较严重)

较严重突发事件(故障)指因车辆、线路、道岔、供电、信号等设备故障,影响列车运行3min以上的事件以及发生影响列车运行、客运设施设备故障或非运营时间发生的重大故障。

(4) 四级(一般)

一般突发事件(故障)是指运营期间导致列车运行晚点3min以下的突发事件或客运设施设备发生故障。

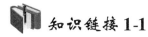

城市轨道交通突发事件的预警级别

1. 红色预警:预计将要发生特别重大以上轨道交通运营突发事件,事件会随时发生,事态正在不断蔓延。

2. 橙色预警:预计将要发生重大以上轨道交通运营突发事件,事件即将发生,事态正在逐步扩大。

3. 黄色预警:预计将要发生较大以上轨道交通运营突发事件,事件已经临近,事态有扩大的趋势。

4. 蓝色预警:预计将要发生一般以上轨道交通运营突发事件,事件即将临近,事态可能会扩大。

三、城市轨道交通突发事件分析

1. 突发事件发生的原因

城市轨道交通系统是一个在时间、空间上分布很广的开放的动态系统,轨道运营安全影响因素错综复杂,涉及面广。

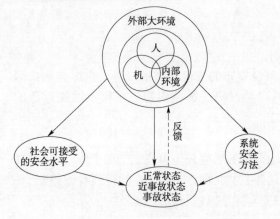

图1-2 运营安全影响因素及其关系

1976年,纽约工业学院的E. J. Cantilli等人揭示了以管理为边界的人、机、环境之间的关系(图1-2)。从系统论的观点出发,影响轨道交通安全的诸多因素可以归结为人、机、环境和管理。事故演化过程如图1-3所示。

城市轨道交通重大运营事故及灾害发生的原因主要可以分为人员因素、设备因素、环境因素和管理因素4个方面。

(1)人员因素

人员因素包括地铁乘客、操作人员、管理人员及其他在场人员所涉及的因素。人员因素是导致城市轨道交通事故的主要原因,一般事故主要是因乘客未遵守安全乘客规则,而险性事故多由于工作人员职责疏忽而引发。

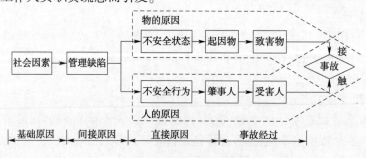

图1-3 事故演化过程

📖 小思考1-3

城市轨道交通事故的人员因素包括哪些?

乘客因素:不遵守乘车守则;人为故意破坏;无应急技能或应急技能低。

工作人员因素:缺乏安全意识;缺乏对"三品"(危险品、易燃易爆品和毒害品)的识别能力;自身处置各类突发事件的能力。

（2）设备因素

地铁一般采用先进的现代化设备，由于设备的状态不良等原因造成的事故也是非常多见的。一般来说，设备主要有车辆系统、通信信号系统、环控通风系统、电气系统、给排水系统、其他辅助设备，其中造成事故较多的设备有车辆系统、通信信号系统和电气系统。

①车辆系统。车辆故障通常是影响线路运营的主要原因，其中以车门故障、主回路故障居多。其中车门故障率受客流变化影响较大。

②通信信号系统。通信信号系统的电源发生故障或通信设备本身发生故障等问题时，不能保证各种行车信息及控制信息不间断地可靠传输，从而引起事故的发生。

③环控通风系统。在通风系统管理上的缺陷，如风亭、风道设置不合理，会则妨碍通风系统的正常工作。

④电气系统。接触网高压电，一旦发生接触网断线或绝缘子损坏，接触到金属结构物就会使其带电，危及人身安全。

⑤给排水系统。给排水管道的腐蚀，绝缘效果不佳会发生泄露；隧道内排水系统不完善，隧道防水设计等级过低，会导致涝灾或地表水侵入。

⑥其他辅助设施。站台上乘客过多产生拥挤现象，可能会使乘客跌进轨道区，甚至在列车进站时造成人身伤亡事故；在自动扶梯运行中，可能发生梯级下陷、驱动链断裂、梯级下滑、扶手带断裂等事故，并对乘客造成伤害。

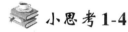

小思考1-4

城市轨道交通事故的设备因素包括哪些？

(1) 供电系统：电气火灾、触电。
(2) 车辆系统：列车失控、轨道损伤或断裂、列车脱轨、列车相撞、列车火灾等。
(3) 通信信号系统：传输失败、运营瘫痪、发生安全事故等。
(4) 环控通风系统：扩大事故后果和影响等。
(5) 给排水系统：污染、职业伤害、雨水倒灌、杂散电流腐蚀给排水管道等。
(6) 其他辅助设施：踩踏、火灾、电扶梯事故。

（3）环境因素

①自然环境。自然环境因素（如台风、洪涝水淹、地震、雷电等）也是引发城市轨道交通重大运营事故的主要原因之一。尤其对于城市轨道交通高架部分以及敞开段部分，往往在运营中受制于自然环境条件，还存在轨道周边外界异物侵限的危险。相当一部分的列车脱轨事故、列车相撞事故以及重大运营设备故障，均是由恶劣的自然条件所引起的。比如，雷击等自然环境因素的影响，也可能造成火灾事故。

②系统内部环境。城市轨道交通地下区间隧道、地下车站设备用房等场所的常年阴暗潮湿环境和虫鼠害等，极易造成关键设施设备的故障。另外，站厅内商业区域的可燃物较多，而且站厅内还有燃气、明火等，增加了发生火灾的危险性。

③社会环境。城市轨道交通车站及列车是人流密集的公共聚集场所，一旦发生纵火、爆炸、毒气袭击等恐怖事件，极易造成群死群伤或重大损失，严重影响了社会秩序的稳定。

（4）管理因素

轨道交通运营的安全管理是指管理者按照生产的客观规律，对运营系统的人、财、物、信息等资源进行危险控制的一切活动。运营安全的水平取决于人员、设备、环境和管理的本质安全化水平,其中人是系统安全的核心,设备是系统安全的基础,环境是系统安全的外部条件,而管理则是在一定技术经济和社会条件下系统安全的关键。

小思考 1-5

城市轨道交通事故的管理因素包括哪些?

(1) 遵法守规,建立规章
①执行标准,严格验收;
②完善规章;
③遵章守纪。
(2) 机构建设及职责确立
①完善专职安全管理机构;
②明确职责,持证上岗。
(3) 安全投入
①安全资金投入;
②保障劳动防护用品;
③保证安全宣传;
④参加工伤保险等。

2. 突发事件的发生特征

通过对历年来国内外城市轨道交通重大运营事故及灾害的分析,其发生的主要特征有:

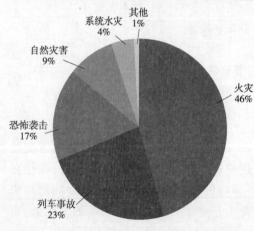

图 1-4 城市轨道交通不同类型重大运营事故发生比例

(1) 从发生的次数来看,火灾事故发生比例最高,占到近一半的比例。火灾事故、列车事故、恐怖袭击这三种事故类型是城市轨道交通运营中的主要重大事故,占总事故数的85%,如图1-4所示。

(2) 通过事故致因分析,导致重大人员伤亡及列车中断运营主要在列车、电气、车站、钢轨上。

(3) 影响地铁安全运营的外部因素主要来自乘客携带违禁品、自然灾害、城市其他设施损坏和恐怖袭击。

(4) 从世界范围发生事故的趋势来看,近年来火灾发生的周期较早期在逐渐缩短,发生频率在大幅度加快;针对城市轨道交通的恐怖袭击事件呈现明显的上升趋势,绝大多数都集中在近10余年中,而未来城市轨道交通还将成为恐怖分子袭击的一大目标。

(5) 从发生的原因来看,事故致因呈现多样化。社会、自然和系统状态等运营管理所难以实施控制的环境因素,设施设备等系统自身因素,人为蓄意破坏行为、乘客不安全行为、工作人员不规范行为等人为因素,都可能引发重大运营事故。

3. 突发事件的灾害性分析

通过历年来国内外城市轨道交通典型事故的危害性分析,可归纳出重大运营事故及灾害的危害性特征如下:

(1) 危险度高

从单个事件的人员伤亡程度来看,火灾和人为恐怖袭击的危险度最高。

(2) 次生危害大

重大运营事故并不是一个孤立的事故类型,一般容易引发其他次生的事故危害。关键设备的故障可能导致列车相撞事故;列车脱轨事故、列车相撞事故,又可能引发列车火灾以及供电设备和线路轨道的破坏。

(3) 危害影响范围广

城市轨道交通重大运营事故或灾害的影响往往不局限于发生地点。由于城市轨道交通系统具有相对封闭、网络连通的点,通常其影响范围会快速扩散。例如:大型的多线换乘车站一旦发生火灾,如果不能及时处置,将可能导致多条线路运营中断,甚至引发整个城市轨道交通网络的瘫痪。

知识链接 1-2

城市轨道交通事故"十防"

事故预防措施主要是事故"十防",其内容是:

(1) 防止乘客跳下站台、进入隧道,防止乘客携带"三品"进站乘车;

(2) 防止未办、错办列车进路;

(3) 防止列车开门走车、错开车门(屏蔽门),夹人夹物开车;

(4) 防止冒进信号;

(5) 防止车辆制动系统失效、吊挂装置脱落;

(6) 防止列车发生冲突、脱轨、追尾;

(7) 防止道岔失控,信号显示错误;

(8) 防止接触网断电、断线;

(9) 防止压力容器、特种设备爆炸、火灾;

(10) 防止未经车站登记,进入隧道施工。

任务二 认识城市轨道交通应急设备

安全是相对的,没有绝对的安全。城市轨道交通运营安全也是相对的。为了应对可能突发的状况,保护乘客的安全,城市轨道交通运营企业一般在列车和车站内都安装有一定的应急设备。当出现突发状况时,乘客可以通过应急设备进行报警或自救。

一、列车应急设备

现代地铁车辆无论是在车厢还是车辆驾驶室内都安装有一定的应急设备,主要包括应急疏散门、紧急报警装置、灭火器、紧急开门装置等。

1. 应急疏散门

应急疏散门(图1-5)通过安装于驾驶室左部顶的水平轴垂直向上开启。它手动解锁后通过气簧执行机构机械动作后,可推下专门的接近轨道的紧急梯。该逃生门装有挡风玻璃、一个雨刮器和清洗器,该雨刮器和清洗器是与司机的雨刮器和清洗器共同控制的。当在运营区间发生故障时,司机可以通过前后的应急疏散门疏散乘客。通过该门,乘客可以快速、有序地被疏导到隧道,进而进行逃生。

所在位置:两端驾驶室各有一扇。

使用方法:①扳动红色锁把手柄,向上扳动,向上轻推紧急疏散门。②按操作指示牌所示标识移走梯盖。③展开斜梯。

使用时机:发生爆炸、火灾等意外情况,列车在隧道不能运行,需要组织疏散时使用。由司机操作打开,或得到司机广播通知后由乘客使用。

备注:疏散门有两级,打开后可从驾驶室铺设到轨道上,行成临时通道。

2. 紧急报警装置

紧急报警装置(图1-6)安装于列车的车厢内。一般情况下,列车的每节车厢至少安装两个紧急报警装置,包括报警按钮和紧急对讲器。当车厢发生乘客冲突、有人昏厥、火灾等紧急状况时,乘客可以立即使用此装置通知司机,以便司机根据现场情况采取相关措施进行处理。

图1-5 应急疏散门

图1-6 紧急报警装置

所在位置:每节车厢有两个,分别在车厢前、后端车门斜上方。

使用方法:①向上推动玻璃罩。②按压红色按钮,通话指示灯"讲"亮时报警。

使用时机:遇到爆炸、火灾、毒气以及抢劫、行凶等意外事件时。

备注:乘客按压此按钮后,地铁司机在监视器上获取报警信号后,可与乘客进行通话。

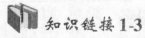

列车内乘客报警按钮被触发紧急的处理办法

若列车停止站台还未启动时,乘客触发了车内报警按钮,站台岗值班人员应按以下程序处理:

(1)接到车内乘客报警按钮被触发的信息,应立即赶往事发现场并核实:报警启动的原因、启动报警按钮的车次或车门,请示值班站长是否需要列车退行。

(2)使用车内乘客报警按钮扬声器与司机沟通,寻找启动报警按钮的原因,进行乘客救援工作。

(3)确定情况稳定后,车站员工必须将车内报警按钮复位,离开列车,向司机显示"一切妥当"手信号。

(4)行车调度员通知列车司机,车站已将车内报警按钮复位。

(5)站台岗员工在日志中详细记录该次事件发生的时间、原因、被启动的报警按钮的编号及事件处理经过。

小思考1-6

乘客坐过站了,可以用紧急报警按钮喊司机停车吗?

只有在出现紧急情况或突发事件时,如乘客身体极度不适需要叫救护车或遇到各种可能危害人身安全的情况下,才允许操作紧急报警按钮,无特别紧急情况禁止使用。如有乘客发现自己坐过站,此种情况不可以使用紧急报警按钮。若乘客错误操作,将会造成列车延误,影响其他乘客出行。

3. 灭火器

城市轨道交通列车是运送乘客的封闭大型载客工具。其一旦发生火灾,后果不堪设想。因此,在每节车辆里面均配备有灭火器(图1-7)。一般情况下,车辆内配备的灭火器型号为4kg/6kg,放置于车厢乘客底座下或车辆前后两端的专门设备内。当列车发生火灾初期或较小火灾时,乘客可自行利用灭火器进行灭火,防止较大火情的出现。

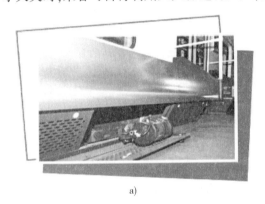
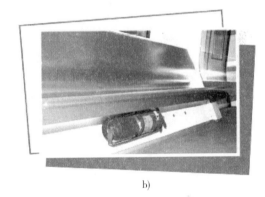

a)　　　　　　　　　　　　　　　　b)

图1-7　列车灭火器

所在位置:车厢座位底下(每节车厢有两个4kg/6kg干粉灭火器,座椅上方有灭火器标记,并有两个固定灭火器的安全带)。

使用方法:①打开安全带卡扣。②取出灭火器,拉开插销,对着火源灭火。

使用时机:在车上发生火灾时使用。

4. 紧急开门装置

在列车的每列车门上均安装有紧急开门装置(图1-8),其主要作用是列车在故障或紧急情况时,需要人工开门时使用。

所在位置:每节车内部各车门上方。

使用方法:①打开防护罩。②按照箭头提示方向旋转扳动红色手柄。③拉开车门。

使用时机:在紧急情况下,当列车已停在车站,并且车门已对应站台位置,需要乘客自行疏散时使用。

备注:此项为机械解锁,在无电情况下仍可使用(当列车在区间紧急停车时严禁使用)。

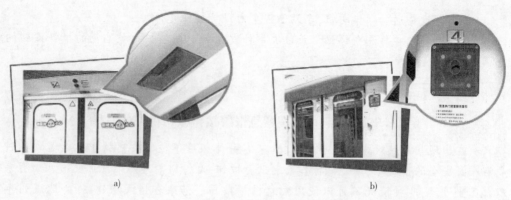

图1-8 紧急开门装置

二、车站应急设备

1. 事故救援应急设备

用于地铁的呼吸器有两种:一种是适用于工作人员的空气呼吸器,充装空气后可连续使用1h左右,可无限次充装,无限次使用;另一种是适用于乘客使用的火灾逃生呼吸器,当发生紧急情况时,乘客取出座位边放置的逃生呼吸器,打开包装戴在头上,密封住头面部紧急逃生即可。事故救援应急设备如图1-9所示。

a)呼吸器　　　　　　b)逃生面具　　　　　　c)应急灯

图1-9 常见事故救援应急设备

(1)呼吸器

车站应定期组织员工演练,掌握呼吸器的使用方法,定期进行检查,保证气瓶压力在规定允许使用的范围。压力不足时应及时向安全保卫科通报,确保突发情况发生时能够正常使用(呼吸器正常使用范围为:呼吸器压力表指针读数×2-10min,呼吸器压力表指针接近红色区域时,表明呼吸器只能维持10min的正常呼吸,佩戴人员应立即撤出危险地带)。

(2)逃生面具

车站所有员工必须掌握逃生面具的使用方法。逃生面具保存期为3年,安全使用时间为15min,超过期限应立即上报安全保卫科对其进行更换。车站每岗一具随岗配发,随岗交接,各岗主岗人员负责保管并定期检查逃生面具真空包装的完好情况。有不符合标准的及时报安全保卫科。

(3)应急灯

存放于各岗位,车站要定期检查应急灯的性能,按使用说明及时进行充电,专人管理建立充电登记制度,确保做到随取随用。

(4)其他事故救援应急设备

①担架。每车站一个,统一放置于车站行车值班室,指定专人保管。

②存尸袋。每车站一条,统一放置于车站行车值班室,指定专人保管。

③便携式扶梯。每车站4个,分别放置于车站行车值班室和行车副室各两个,指定专人保管。

④湿毛巾。每车站150条,当车站发生火灾、生化恐怖袭击时,用于分发给乘客使用。湿毛巾分别存放于车站两个售票室和行车值班室各50条。

⑤抢险锤。每车站一只,统一放置于车站行车值班室,指定专人保管。

⑥防汛铁锹。统一放置于车站仓库,指定专人保管。

⑦挡水板。统一放置于车站仓库,指定专人保管。

⑧草垫子。统一放置于车站仓库,指定专人保管。

⑨编织袋。统一放置于车站仓库,指定专人保管。

车站应急抢险器材要由专人保管,不得随意挪作他用。当出现故障、损坏或数量不足时,应立即上报有关部门,如因人为因素导致器材出现故障、损坏或数量不足,必须由肇事者照价赔偿。

2. 车站机电设备应急装置

车站机电设备应急装置主要有:火灾紧急报警器、自动扶梯紧停装置、紧急停车按钮、屏蔽门紧急开关等。其安装位置和数量均根据不同的城市轨道交通系统建设的要求而有所不同,但各类应急设备的启用时机相同,就是必须在发生危及列车行车安全或危及人身安全的紧急情况下使用。

(1)手动报警按钮(火灾紧急报警器)

作用:供发生火情时报警。

位置:车站站厅、站台消防栓和灭火器旁边的墙壁上。

外观:手掌大小,红色、四方形,上有"FIRE"字样,如图1-10所示。

使用方法:按破防护罩即可报警。

(2)自动扶梯紧急停止按钮(自动扶梯紧停装置)

车站范围内所有自动扶梯两端,均设有紧急

图1-10 火灾紧急报警器

停止按钮。当发生紧急情况时,如乘客乘坐扶梯时发生摔伤、物品卡在梯级里、电扶梯发出异常声响及异常震动,影响其安全时,按压此按钮(图1-11),停止电扶梯运行。

乘坐自动扶梯时经常会接触到一些运动的和静止的部件,它们之间的相对运动容易使乘客受到伤害。在自动扶梯上下两站出入口处的下部,均设有红色的紧急停止按钮(一般标有"停止"字样),如果自动扶梯上发生乘客摔倒或头部、手指、鞋跟、物品等被夹住等各种危险情况时,应大声呼叫处于自动扶梯出口、入口处的电梯值班人员或乘客,立即按下紧急停止按钮停止自动扶梯的运行,以免造成更大的伤害。其他乘客不要惊慌和拥挤,保持右侧站立位置,让出左侧通道,使救援人员迅速接近受伤人员。正常情况下请勿按动此按钮,以防自动扶梯突然停止运行而使其他乘客因惯性而摔倒。

作用:扶梯上发生紧急情况需停止电梯运行时,可手动停止扶梯运行,避免发生更大的意外。

位置:电扶梯上下两端右侧各一个。

外观:硬币大小的红色按钮,旁边有"紧急停止按钮"标志。
使用方法:按压红色按钮即可使自动扶梯紧急停止运行。

(3)站台紧急停车按钮

作用:当车门、屏蔽门夹人夹物,有人或大件物品掉落轨道时使用。

位置:站台墙壁上,靠近列车车头、车尾两侧。

外观:红色的四方小盒子,上锁,按钮为红色。上方有"紧急停车按钮"的字样标志,如图1-12所示。

使用方法:击碎中间玻璃按压按钮即可,该设备涉及行车安全,非紧急情况下严禁使用,否则按章处罚。

图1-11 自动扶梯紧停装置

图1-12 站台紧急停车按钮

知识链接1-4

车站必须按压紧急停车按钮的情况

(1)乘客跳下站台,进入轨道区间时;

(2)物品掉下站台,影响列车运行时;

(3)设备及物品侵入限界,阻挡列车正常进出车站时;

(4)屏蔽门或车门夹人时;

(5)屏蔽门或车门夹物影响行车时;

(6)其他可能危及行车安全的突发性事件发生时。

知识链接1-5

站台紧急停车按钮被触发应急处理办法

当站台发生紧急情况,需列车紧急停车时,车站工作人员应按以下程序处理:

(1)站台岗员工或乘客按下站台上的紧急停车按钮。

(2)对应的紧急停车按钮指示灯点亮,车站控制室和站台监察亭IBP盘上对应站台的指示灯点亮,车站ATS工作站和控制中心(OCC)调度员工作站对应区域显示紧急停车,显示报警信号。

(3)车站值班员扳动车站控制室IBP盘上的紧急停车开关至"急停"位置。

(4)站台岗员工赶往事发地点,采取适当的措施处理该事件,并保持站台、车站控制室、OCC联系畅通,必要时请求协助。

（5）在确定处理完情况后，站台岗员工用钥匙复位被激活的紧急停车按钮，并通知车站值班员，处理完毕后给司机显示"一切妥当"手信号。

（6）车站值班员扳动车站控制室IBP盘上对应的紧急停车开关至"复位"位置。

（7）车站值班员复位ATS工作站上的事件，使ATC系统复位，并记录该次事件的时间、紧急停车按钮启动的原因及事件处理经过。

（4）屏蔽门解锁手柄（屏蔽门紧急开关）

所在位置：每组屏蔽门内侧中部。

使用方法：①按照箭头指示方向拉开绿色解锁手柄。②拉开屏蔽门，如图1-13所示。

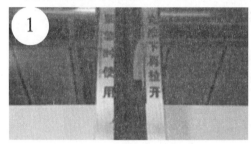
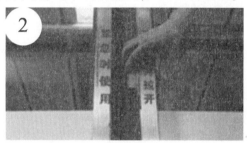

按下绿色把手

把门往两边拉开

图1-13 屏蔽门紧急开关

使用时机：在紧急情况下，当列车已停在车站，并且车门已对准站台位置，需要乘客自行疏散时使用。

备注：此项为机械解锁，在无电情况下仍可使用。

 技能训练

城市轨道交通应急设备认知及使用实训

工作任务：城市轨道交通应急设备操作。

任务目标：(1) 了解应急设备的类型、位置及作用；
　　　　　　(2) 掌握列车应急设备的使用方法和使用时机；
　　　　　　(3) 培养遵章守纪、团结协作的意识，树立安全第一的指导思想。

任务实施：

1. 作业目的

通过对城市轨道交通应急设备的操作，熟悉各种应急设备的使用方法和使用时机。

2. 作业准备

(1)人员组织:2人。
(2)设备准备:模拟站台实训室(如应急疏散门、紧急报警装置、灭火器、紧急开门装置、火灾紧急报警器、自动扶梯紧停装置、紧急停车按钮、屏蔽门紧急开关等)。
(3)安全用具:绝缘靴、绝缘手套、安全帽。
(4)材料准备:记录笔、记录本。

3.操作程序
(1)找到列车上的4种应急设备,明确其使用时机。
(2)操作应急疏散门、紧急报警装置、灭火器、紧急开门装置。
(3)找到车站的4种机电设备应急装置,明确其使用时机。
(4)操作火灾紧急报警器、自动扶梯紧停装置、紧急停车按钮、屏蔽门紧急开关。

4.注意事项
(1)应急设备操作过程中,严格按照操作顺序进行。
(2)操作过程中,站务员如有疑问,应及时告知值班站长。

5.实际操作
(1)人员组织:2人。
(2)考核时间:20min。
(3)测评标准见下表。

项目及配分		考核内容及评分标准
操作程序	35分	1.确认应急设备位置是否正确。每错一处扣2分
		2.应急设备操作步骤是否正确。每错一处扣3分
		3.应急设备使用时机是否正确。每错一处扣3分
质量	35分	1.应急设备位置确认是否符合要求。不符合要求,每处扣2分
		2.应急设备操作过程是否符合要求。不符合要求,每处扣3分
		3.应急设备使用时机是否符合要求。不符合要求,每处扣3分
安全及其他	30分	1.未按规定穿戴个人劳保用品,每少一件扣5分
		2.未按规定进行操作扣5分
		3.出现设备损坏、人身伤害,扣4分
		4.每超时1min扣5分,超时2min停止考核
合计	100分	

任务三 突发事件应急处理与救援

一、城市轨道交通突发事件的应急处理

1.突发事件应急处理原则
处理突发事件应遵循"预防为主、以人为本、反应迅速、先通后复"的原则。
(1)预防为主
建立健全综合信息支持体系,准确预测预警,采取防范措施,防止突发事件发生。对已经发生的事件,尽可能避免扩大影响或恶化后果。
(2)以人为本

抢险工作应坚持"先救人,后救物;先全面,后局部"的原则,优先组织人员疏散、伤员抢救,同时兼顾设备和环境保护,将损失降低到最低限度。

(3) 反应迅速

建立"高度集中、统一指挥、逐级负责"的应急指挥体系,做到"早发现、早报告、早控制"。

(4) 先通后复

发生突发事件后,在确保安全的前提下,先尽快恢复正常运营。

2. 突发事件应急处理指挥机构

城市轨道交通企业应急救援机构应按照属地为主、分工协作、应急处置与日常建设相结合的原则建立,在应急处置过程中实现统一指挥、分级负责、科学决策,保证事故灾难信息的及时准确传递、事故快速有效处置,同时还要做到常备不懈,降低运行成本。

目前应急机构设置主要有以下几类:

①层级型。由地铁运营企业主要负责人为总负责,组建公司、部门两级应急系统。公司级包括企业主要负责人、分管安全生产的负责人及安全、保卫、调度、设备、信息管理、对外联络、卫生、物资保障、环保等各部门负责人员;建立二级部门应急机构,并延伸至基层班组。

②联动型。由地铁运营企业主要负责人为总负责,将运营中发生的所有行车、设备、消防、治安等安全信息报地铁控制中心,地铁控制中心组成联动中心,统一指挥相关部门处置各类安全减灾及应急工作。

③专职型。地铁运营企业建立应急救援管理指挥专门机构和专业应急救援队伍,内设信息管理、应急管理(抢险、指挥)、重大危险源管理三个职能部门,负责地铁安全生产信息接收、汇总、上报、发布,重大事故隐患、预案编制管理,应急培训,预案演练,救援物资管理,抢险指挥,重大危险源建档、管理,专家库管理,查处谎报、瞒报案件等工作,使应急救援工作贯穿于安全生产事故的事前预防、事中应急、事后管理中,形成安全生产应急救援工作的一条较为完整的工作链和工作体制、机制。

《国家处置城市地铁事故灾难应急预案》中规定,城市地铁企业必须建立由企业主要负责人、分管安全生产的负责人、有关部门参加的地铁事故灾难应急机构(图1-14)。地铁企业可根据自身的发展规模、线路长度、员工素质等情况选择适合自身企业的安全、应急管理体系和机构。

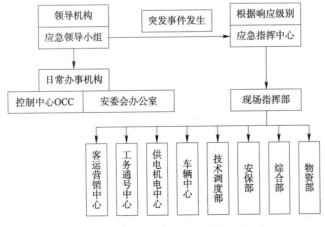

图1-14 突发事件应急组织指挥体系结构图

3. 突发事件应急处理的工作组织

突发事件应急处置流程如图1-15所示。

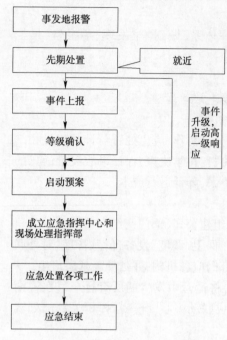

图1-15 突发事件应急处置流程图

(1) 应急响应

①发生Ⅰ级、Ⅱ级突发事件时：

a. 轨道交通运营单位应及时向市应急指挥中心报告。

b. 市应急指挥中心启动相应的应急预案。

c. 各专业指挥组工作人员接到命令后，迅速赶赴现场进行处置。

②发生Ⅲ级、Ⅳ级突发事件时：

a. 以轨道交通运营单位为主进行处置；

b. 应及时启动该单位制订的专项应急预案；

c. 视情况拨打"110""119""120"等特服电话报告突发事件信息，主动协同救援。同时向市应急指挥中心报告。

(2) 抢险组织

①组织原则：

a. 现场有乘客时，应采取各种措施，稳定乘客情绪、维持秩序，首先保证乘客安全。

b. 及时判明现场情况，及时报告。

c. 控制事态、减少影响，动员和组织一切力量进行抢险。

②领导指挥：

a. 在现场总指挥到达之前，若事故发生在区间，由司机负责；根据需要，行车调度员安排事故区间邻近车站值班站长到达事故现场，由该值班站长负责。

b. 若事故发生在车站或车辆段，由值班站长、车辆段调度员负责。

c. 现场总指挥到达现场后由现场总指挥接管，并组织开展工作。

③控制中心的责任：

a. 控制中心主任根据现场情况启动相应预案。

b. 加强与现场指挥的联系，负责信息的收集和传递。

c. 通知相关部门派出抢险队，同时通知地铁公安分局派出人员赶赴现场。

d. 协调相关部门按照需要增派抢险人员、调集抢险物资。

e. 掌握全公司生产动态，努力保证其他工作的正常进行。

(3) 现场处置工作组织

①现场指挥小组总指挥到达事故现场后，应了解事件的现场情况，迅速查看事故现场，确定影响范围，根据预案的规定，开展抢险救援工作。

②如发生的事件在预案外，由现场总指挥根据现场情况组织、制订抢险方案并实施。

③救援抢险工作结束后，及时汇报并将指挥权上交控制中心。

④现场作业规定：

a. 抢险方案确定前，各部门抢险队到达现场后要在指定位置待命，抢险队负责人尽快掌握现场，并领受任务。

b.公安人员、车站员工负责维护现场秩序,组织无关人员离开事故现场。

c.抢险救援工作方案的实施由专业抢险队伍负责,救援组织由抢险队负责人负责,其他人不得向正在进行救援的人员下达命令。

d.实施方案的变更,须经抢险领导小组批准。

二、城市轨道交通突发事件的信息通报

车站及运营线路上发生突发事件后的请示报告工作,是降低各类损失、减少事故影响、缩短救援时间的重要环节,地铁企业员工必须对此高度重视。

1.突发事件信息通报的原则

突发事件信息通报应遵循迅速、准确、完整的原则,任何员工发现或接到突发事件信息,均应立即执行相应的通报流程,不得延误、中断或缺漏。具体原则如下:

(1)迅速准确、简单明了、逐级上报的原则。

(2)公司内部及协作单位并举的原则。

(3)控制中心负责信息的收集和传递。突发事件在区间发生时,由司机立即报告行车调度员。在车站或基地发生时,由车站值班站长或信号楼调度员立即报告行车调度员。

(4)发生人员伤亡、火灾、爆炸、毒气袭击等事故,需要报告"119"火警、"120"急救中心或地铁公安分局时,由现场负责人或目击者在第一时间直接报告;如果无法直接报告,则应以尽快报告的原则,向就近的车站或控制中心(信号楼调度员)或上级报告,再报告"119"火警、"120"急救中心或地铁公安分局。

2.突发事件信息通报的内容

突发事件信息通报事项如下:

(1)报告人姓名、职务和单位(部门、车间、室)。

(2)事件发生类别、时间(时、分)、地点(站、厂、区间、线别、百米标、股道、车次号、车厢号、楼名、楼层、房号等)。

(3)事件发生概况、原因(若能初步判断)及影响运营程度。

(4)人员伤亡情况、设施设备损坏情况。

(5)已采取的措施。

(6)任何需要的援助(包括救援、救护、支援等)。

(7)其他必须说明的内容及要求。

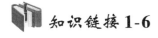

知识链接1-6

运管中心报告模板

(1)电话报告

××总(经理),运管中心×××报告(于××时间、在××地点,发生××事件,大致影响,先期采取的措施)。报告完毕,请指示。

(2)短信报告

①首报:××时××分在××车站或××次列车发生故障的经过,影响范围,已通知××部门处理。

②续报:××时××分××车站或××次列车故障,经××部门处理完毕,设备恢复正常使用或列车恢复正常运行。

3. 突发事件信息通报的流程

突发事件信息通报流程如图1-16所示,报告程序见表1-6。

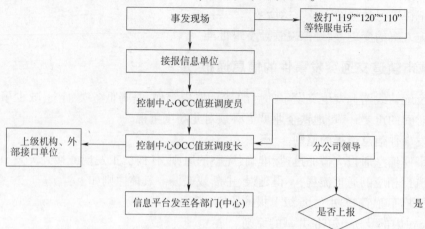

图1-16 突发事件信息报告流程图

车站各类突发事件报告程序　　　　　　　　　表1-6

报告对象	火灾爆炸毒气	乘客坠轨	站台掉物	列车延误	缝隙夹人	轨行区进人	ATP或ATS故障	AFC全故障	大客流	车站照明全熄灭	安全屏蔽门故障	乘客受伤	乘客死亡	直升梯故障	BOM或闸机全故障	治安纠纷	可疑物品及恐吓电话	人质劫持
行车调度员/环控调度员	①	①	①	①	①	①	①	①	①		①			①	②		②	②
运输部	⑤	③	②	②	③	②	②	②	③	③	③	④	③	③	④	③	③	③
站长	⑥	④	③	③	④	③	③	③	④	④	④	⑤	④	④	⑤	④	④	④
安保部	⑦	⑤	④		⑤				⑤	⑥	⑤	④	②	⑤		④	⑤	⑤
轨道分局	④	⑥		④	⑥	⑤			⑤	⑤	⑥		③		⑤			①
火警	②																	
急救	③	②			②	⑥						①	⑥					⑥
设备部门				②	②		②	②		②				①	①			

注:1.黑框内的部门必须报告,黑框外的部门视情况而报(或根据中心站、运输部意见报告)。
　　2.表中的"运输部值日手机"即为预案中的"部值班人员"电话。
　　3.火灾、毒气发生后,向运调中心报告时只报环控调度员,不再报行车调度员。

三、城市轨道交通应急救援预案

1. 应急救援预案的基本概念

(1)应急救援预案的定义

应急救援预案是应急救援准备工作的核心内容。应急预案又称应急计划,是针对可能的重大事故(件)或灾害,为保证迅速、有序、有效地开展应急救援行动、降低事故损失而预先制订的有关计划或方案。它是在辨识和评估潜在的重大危险、事故类型、发生的可能性及发生过程、事故后果及影响程度的基础上,为应急机构、人员、技术、装备、设施(备)、行动方案以及救援行动的指挥与协调等方面预先做出的具体安排,它明确了在突发事件发生之前、发生过程中以及刚结束之后,谁负责做什么、何时做以及相应的策略和资源准备等。

知识链接 1-7

应急救援预案的作用

应急预案在应急管理中的重要作用和地位主要体现在以下方面:

(1) 明确应急救援的范围和体系,使应急准备和应急管理,尤其是培训和演习工作的开展有据可依、有章可循。

(2) 有利于及时做出应急响应,降低事故危害程度。

(3) 成为各类突发事故的应急基础。

(4) 当发生超过应急能力的重大事故时,便于与上级应急部门协调。

(5) 有利于提高各级人员的风险防范意识。

(2) 应急救援预案的分类

应急预案按照针对突发事件的不同,可以分为三种:故障应急预案、事故应急预案、突发事件应急预案,如图1-17所示。

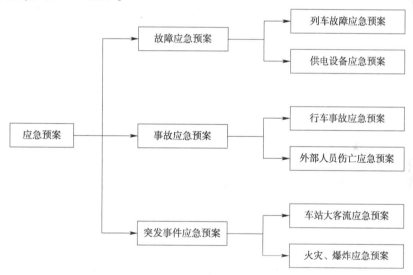

图 1-17　应急救援预案的分类

2. 应急救援预案的层次和文件体系

(1) 应急预案的层次

城市轨道交通系统中可能发生的突发事件是多种多样的,对应急预案合理地划分层次,是将各种类型应急预案有机结合在一起的有效方法。

城市轨道交通系统应急救援体系的总目标是控制事态发展,保障生命财产安全,恢复正常运营。为了保证各种类型预案之间的整体协调和层次清晰,实现共性与个性、通用性与专业性的结合,宜采用分层次的综合应急预案。从保证预案文件体系的层次清晰及开放性角度考虑,可划分为三个层次,即综合预案、专项预案和现场预案。其结构如图1-18所示。

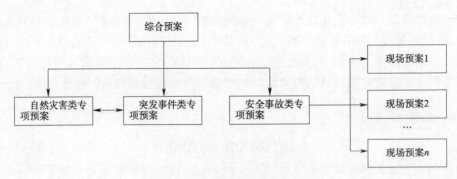

图 1-18　应急预案的基本结构

①综合应急预案。企业的总体预案，侧重于应急救援活动的组织协调，从总体上阐述事故的应急方针、政策，明确相关职责、行动等，是应对各类突发事件的综合性文件。

②专项应急预案。针对具体不同的突发事件类别、危险源而制订的计划或方案。它在综合预案的基础上，充分考虑特定危险的特点和形势、组织机构等进行更具体的阐述，常作为综合应急预案的附件。

③现场处置方案。针对在运营过程中特定的具体场所、装置或重要防护区域等发生的具体事故所制订的方案，如列车脱轨、挤岔、车站及线路设备故障，车站火灾等。现场处置方案具体、简单、针对性强。

城市轨道交通运营应急预案一般有：特殊气象及自然灾害应急预案、防淹门故障应急处理程序、控制中心应急处理程序、疫情暴发应急预案、应急信息报告程序、处置大面积停电事件应急预案保卫应急预案、地铁消防应急预案、机电设备（电梯、给排水、事故照明装置）应急处理措施及程序、供电专业抢修应急预案、工建专业应急预案、车辆专业应急处理办法、水污染应急处理预案、车务安全应急处理程序、接触网（轨）附近有异物的应急处理程序等，都属于专项预案和现场预案的范畴。

（2）应急预案的文件体系

从广义上来说，应急预案是一个由各级预案构成的文件体系，它不仅是应急预案本身，也包括针对某个特定的应急任务或功能所制定的工作程序等。一个完整应急预案的文件体系应包括预案、程序、指导书和记录，是一个四级文件体系。

各预案的内容在详略程度和侧重点上会有所不同，但可以采用相似的结构。

基于应急任务或功能的"1+4"预案编制基本结构：

应急预案 = 基本预案 + (应急功能附件 + 特殊风险预案 + 标准操作程序 + 支持附件)

①基本预案。该项应急预案的总体描述。主要阐述要解决的紧急情况、应急的组织体系、方针、应急资源、应急的总体思路。明确各应急组织在应急准备和应急活动中的职责以及应急预案的演习和管理等规定。

②应急功能附件。针对在各类重大事故应急救援中通常要采取的一系列基本应急行动和任务而编制的计划，包括指挥、控制、警报、通信、人群疏散、人群安置、医疗等。明确每一应急功能针对的形势、目标、负责机构、支持机构、任务要求、应急准备和操作程序等。

③特殊风险预案。针对每一种可能发生的重大风险事故，明确其相应的主要责任部门、有关支持部门及其相应的职责，为该类专项预案的制订提出的特殊要求和指导意见。

④标准操作程序。规定在应急预案中没有给出的每一任务的实施细节，各个应急部门必须制定相应的标准操作程序，为组织或个人提供履行应急预案中规定的职责和任务时所

需的详细指导。

⑤支持附件。应急救援有关支持保障系统的描述和相关附图表,如城市轨道交通系统主要危险有害因素登记表、重大事故影响范围预测分析、应急机构及人员通信联络方式、消防设施分布、疏散线路图、媒体联络方式、相关医疗单位分布图、交通管制范围图等。

3.城市轨道交通应急救援体系

(1)应急救援机制

应急救援活动一般划分为应急准备、初级反应、扩大反应和应急恢复4个阶段。应急机制与这些应急活动密切相关。应急机制主要由统一指挥、分级响应、属地为主和公众动员4个基本机制组成。

①统一指挥。统一指挥是应急活动的最基本原则。应急指挥一般可分为集中指挥与现场指挥或场外指挥与场内指挥几种形式,但无论采用哪一种指挥系统,都必须实行统一指挥模式。无论应急救援活动涉及单位级别高低和隶属关系如何,都必须在救援指挥中心的统一组织协调下开展相关工作,使各参与单位既充分发挥自己的作用,又能相互配合,提高整体效能。

②分级响应。分级响应是指初级响应在扩大应急的过程中实行分级响应的机制。扩大或提高应急响应级别的主要依据是:事故灾难的危险程度,事故灾难的影响范围,事故灾难的控制事态能力。而事故灾难的控制事态能力是"升级"的最基本条件,扩大应急救援主要是提高指挥级别、扩大应急范围等。

③属地为主。属地为主是强调"第一反应"的思想和以现场应急为现场指挥的原则,即强化属地部门在应急救援体制管理工作中的主导作用,以提高应急救援的时效。

知识链接1-8

应急机制的属地为主原则

突发事件发生时,在上一级应急处理负责人到达现场前,员工按表1-7规定担任现场临时应急处理负责人;在上一级应急处理负责人到达现场后,则由上一级应急处理负责人担任现场指挥。

各场所现场临时负责人 表1-7

序号	发生场所	现场临时负责人
1	列车上(列车在区间)	本列车司机
2	列车上(列车在车站)	所在站值班站长
3	车站	所在站值班站长
4	区间线路上	行车调度员指定的值班站长
5	车场	车场调度
6	其他场所	现场职务最高的员工

④公众动员。公众动员机制是应急机制的基础,也是最薄弱、最难以控制的环节,即现场应急机构组织调动所能动用的资源进行应急救援工作,当事故超出本单位的处置能力时,向本单位外寻求其他社会力量支援的一种方式。

(2)应急救援的准备工作

编制应急救援预案是应急救援基础工作的核心。围绕应急预案,应开展建立应急救援组织体系、配备救援设备器材、组织救援培训与演习等工作。

①应急救援指挥机构。应急救援指挥机构由企业和有关职能部门的负责人组成,应明确事故(故障、突发事件)发生时应急救援的总指挥和现场指挥人。下设负责日常工作的办公室和执行各项救援任务的小组,各级人员应职责分明;还应包括外援单位,配备负责内外协调和公共关系的人员。

②配备救援设备器材。确保处于技术良好状态,是成功进行救援必须具备的物质基础。平时应有专人负责救援设备器材的保管、养护和维修。

③组织救援培训与演习。直接执行救援任务的人员必须定期参加演习,使有关人员对救援知识和救援技术、应急预案内容做到应知应会。演习方式:模拟演习、现场演习、单项演习、综合演习。通过救援演习,还能进一步检验应急预案的可行性、发现应急预案存在的问题,进一步完善应急预案。

(3)应急救援的基本任务

突发事件应急救援的总目标是通过有效的应急救援行动,尽可能降低事故的损失和后果,包括人员伤亡、财产损失和影响等。由于地下空间狭小,车站、列车上人多,设备设施有限,给抢险救援工作带来更大的难度。基本任务主要包括:

①立即组织疏散车内、站内乘客,抢救伤员。应急救援中确保乘客安全,快速、有序、有效地疏散乘客,安全转送伤员,是降低伤亡率、减少事故损失的关键。由于突发情况发生突然、扩散迅速,应及时指导和组织乘客采取各种措施进行自身防护,快速、有序地离开车站、车内,在疏散过程中,应积极组织乘客开展自救和互救工作。

②采取有效措施,迅速控制事态,并对现场进行监控。在进行乘客疏散的同时,要安排专人采取有效措施,对现场事态进行控制,防止事态扩大,造成更大的损失,在无法控制时,要及时向有关部门报告。

③救援结束后,做好现场恢复,准备运营。处理完成突发事后,本着"尽快恢复运营"的原则,做好现场的清理,特别是对涉及运营线上物品的清理,防止物品侵入限界,各岗位人员做好运营前的准备。

④查清事故原因,总结救援经验。发生突发事件后要及时调查事故发生的原因和事故的性质,评估危险程度,做好事故原因调查,并总结救援工作中的经验和教训。

应急救援系统的运作程序如图1-19所示。

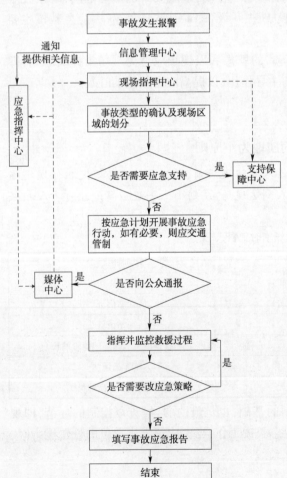

图1-19 应急救援系统的运作程序

知识结构

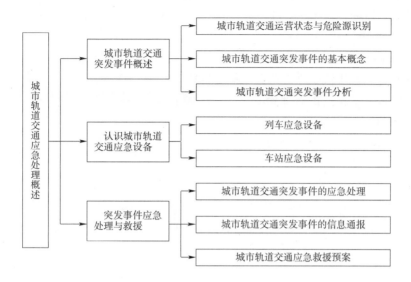

基本训练

一、简答题

1. 城市轨道交通突发事件分为哪三类和哪四级？
2. 城市轨道交通应急设备有哪些类型？试列举其中三种，说明使用方法。
3. 城市轨道交通突发事件应急处理原则是怎样的？
4. 试述突发事件信息通报的内容和流程。
5. 试说明突发事件应急预案的层次与分类。

二、判断题

1. 城市轨道交通行业发生安全事故时，工作人员应以抢救和救治乘客作为首要任务。（　　）
2. 应急管理是对重大事故的全过程管理，贯穿于事故发生前、中、后的各个过程，充分体现了"预防为主，常备不懈"的应急思想。（　　）
3. 发布突发公共事件预警信息时，Ⅱ级（严重）一般用红色表示。（　　）
4. 突发公共事件的信息发布应当实事求是、及时准确。（　　）
5. 逃生面具的保存期为3年，安全使用时间为15min。（　　）

三、选择题

1. （　　）是城市轨道交通安全管理的基本方针。
   A. 生命至上，安全第一　　　　　B. 安全第一，综合治理
   C. 综合治理，生命第一　　　　　D. 安全第一，预防为主

2. 运输安全的水平，取决于人员、设备、环境和管理的本质安全化水平，其中（　　）是系统安全的核心。
   A. 设备　　　　B. 环境　　　　C. 人员　　　　D. 管理

3. 部门内处理突发事件、事故、故障时必须执行（　　）的原则，参与应急处理的各岗位员工都应紧急行动，迅速开展工作。

  A. 就近处理   B. 少数服从多数
  C. 高度集中、统一指挥   D. 服从部门领导

4. 预警信号按照灾害的严重性和紧急程度,分为Ⅳ、Ⅲ、Ⅱ、Ⅰ四级,颜色依次为(　　)。

  A. 黄色、蓝色、红色和橙色   B. 红色、橙色、蓝色和黄色
  C. 黄色、蓝色、橙色和红色   D. 蓝色、黄色、橙色和红色

5. 下列不属于车站配备的突发事件抢险器材的是(　　)。

  A、呼吸器   B. 逃生面具   C. 便携式扶梯   D. 应急疏散门

四、实训演练

  在模拟站台实训室,通过对城市轨道交通应急设备的操作,熟悉各种应急设备的使用方法和使用时机。

五、交流与讨论

  考察一地铁公司的应急设备,对于列车与车站应急设备是否有好的建议、与同学们交流与分享。

项目二　设备故障应急处理

项目描述

本项目的任务是通过学习车站设备故障应急处理基本内容,了解车门、屏蔽门故障的原因,熟悉车门、屏蔽门以及电梯故障的常见类型,掌握车门故障应急处理的处理流程、车站单个车门故障的处理流程,以及电梯事故及电梯维修作业安全要求。

教学目标

1.知识目标

◎明确车门故障的原因;

◎熟知车站电梯事故应急处理(车站电梯安全装置、电梯事故及电梯维修作业安全要求);

◎掌握屏蔽门故障的原因、故障的处理原则。

2.技能目标

◎不同岗位(巡视岗、行车值班员、值班站长以及客运值班员)屏蔽门故障的处理要点(屏蔽门与车门间滞留乘客的处理、屏蔽门不能开启的处理、屏蔽门不能关闭的处理);

◎自动扶梯应急处理一般性故障或事故的应急处理以及各岗位的处理程序的模拟演练;

◎不同岗位的地铁职员常见屏蔽门故障模拟演练。

3.素质目标

培养良好的岗位安全意识和职业素质,熟练掌握各类规章规则,严格执行工作程序、工作规范、工作标准和安全操作规程。

7月5日北京地铁4号线电梯事故分析

2011年7月5日9:36,北京地铁4号线动物园站A口上行扶梯突然发生溜梯故障,导致正在搭乘电梯的30余名乘客瞬间摔倒滚落。事故共造成一名13岁男孩死亡,3名乘客重伤,27名乘客轻伤。2011年11月,事故调查组认定,此事故是一起责任事故。处以"奥的斯电梯"50万元罚款;对于涉嫌触及刑律的两名事故责任人,建议司法机关依法追究刑事责任。

调查组认定,扶梯制造单位广州奥的斯电梯有限公司、日常维护保养单位北京奥的斯电梯有限公司对此次事故的发生负有主要责任,分别被罚20万元;奥的斯电梯(中国)投资有限公司的重要技术文件发放管理存在问题,对事故负有次要责任,被罚10万元。负责事故扶梯日常维保的两名人员,将被吊销作业许可证,同时,对于这两名涉嫌触及刑律的事故责任人,建议司法机关依法追究刑事责任。

对于目前全市地铁运行线路中14台事故同型号扶梯和163台类似结构的扶梯,地铁运营单位已经采取停用措施。奥的斯公司正在根据整改方案整改,并承诺2012年春节前重新投入正常使用,其中包括事故电梯。

案例表明: 地铁运营设备的安全检查、配套服务设施的常态化检修,乘客很难知道,更不必说监督。这就要求地铁运营部门要排查藏有安全隐患的每个角落、每个细节,把事故发生概率降到最低。要求每天运送数百万乘客的地铁"零事故"是苛刻的,但如何向"零事故"靠拢却是地铁公司应该努力的方向。

任务一 车门故障应急处理

城市轨道交通的站间距短、站点多,列车在运营服务时车门开关频率很高,故而车门故障概率较大。车门出现故障时,由司机切除故障车门,站台站务员协助进行现场乘客疏导、安全防护、故障告示等,若处理不及时将直接影响列车的正常运行。(地铁列车车门在出厂时需要经过非常严格的检查,进行过大量的关启试验;地铁每天也在对地铁列车,包括车门进行检查,每天列车在出库和回库时都有专业人员对车门进行检查,司机也会在出车前进行检查。)

一、车门故障的原因

(1)车门的频繁开关致使门控制器故障。
(2)乘客抢门。
(3)乘客吊门。
(4)列车老化导致车门无法正常开启。
(5)车载信号不稳定。
(6)其他故障。

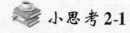

小思考2-1

影响列车正常开门的原因有哪些?

列车开门时必须具备三路信号方可开门:

一路为信号系统提供的门使能信号,它经由:DC110V电源→头车继电器钥匙开关触点→门使能继电器触点,给车门门控器提供开门使能信号,并通过门使能继电器使"门允许灯"点亮。

二路为车辆系统提供的开门指令信号,它通过:DC110V电源→头车继电器钥匙开关触点→门模式选择开关→门选向开关→开门按钮,给车门门控器提供开门指令。

三路为列车的零速信号,即列车必须在静止状态下,门控器才响应开门指令。

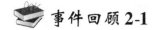

事件回顾 2-1

地铁车门故障案例

1. 车门的频繁开关致使门控制器故障

2011年8月2日上午10:38,上海地铁10号线往新江湾城方向的一列列车,一名女乘客往车厢内挤时,背包被下车乘客挤到门外,被关闭的车门夹住,车门重新开启后就无法关闭了,呈敞开状态。在宋园路至虹桥路区间突发故障,列车无法继续开行。后经回库检修发现,该车系主控制器故障,并导致设备处于锁闭状态,因此,当时在乘客疏散过程中,故障车车门无法打开,工作人员遂组织乘客从车头驾驶室车门处有序撤离。

2. 乘客抢门

2011年1月10日早高峰,北京地铁一位乘客强行上车未果,袖子被车门夹住,最终只得脱去外衣才避免被已经运行的列车拖走。列车行至公主坟站时,因为人太多,车门关了三次才算关上。随后当列车行至军博站时,站台人变得超级多。当车门关闭后,站台一位穿黄衣服的志愿者大喊"再开一下门",但司机未能听到。约5s后,列车启动,此时站台的人惊呼"停一下",然而列车未停下。一个40多岁的男乘客,手(或者衣服袖子)被门夹住,整个人被列车拖曳着倒着跑。此时车内乘客都被震住了,没有人反应过来,去按车门边的紧急呼叫按钮。当列车驶入木樨地站时,车门刚一打开就冲过来一位站台工作人员,取出门内夹着的一件红黑相间的羽绒服。原来刚才那名遇险者急中生智,在列车驶入隧道前将外衣脱去,避免了危险。

类似的事件在高峰时段的地铁车站时有发生。当关门铃响后,不少乘客非但不减缓步速,反而紧跑几步试图冲入车内,几乎每列车都要在关门后重新开启,直到两扇门间没有障碍才最终关闭(据北京地铁统计,一条线路车门故障每日接近500起,其中400起为乘客抢门造成)。

3. 乘客吊门

2011年7月12日早上8:10,在南京东路站,一列由浦东开往浦西的列车,因为载客量过大,发生个别乘客吊车门现象,导致列车门发生故障。为保障地铁运营安全,故障发生后,运营方对该列车进行了清客处理,随后车辆返库检修。

4. 列车老化导致车门无法正常开启

2007年12月27日,北京地铁一趟列车在万寿路站停靠时,因为车辆老化,车门出现故障无法正常打开。工作人员将故障车门强行拉开后,疏导乘客,同时故障车辆被驶离运营线路。

5. 车载信号不稳定

北京地铁4号线一列车于2011年8月30日8:47,行驶在国家图书馆至动物园站之间时,突然一个紧急制动,随后停在隧道中,列车停驶近半分钟后开动,缓缓开进动物园站。动物园站上客后,列车迟迟没有开动,站内广播称"前方列车尚未开出,所以本次列车将延迟驶出"。半分钟后,随着一阵警报声,车外闸门关上了,但列车却迟迟关不上,"门外几位地铁人员冲着列车前方大喊'车门没关',闸门再次打开。等待了数秒后,闸门和列车门正常关闭。"不过,刚开出动物园站不久,列车再次停了下来,车厢内的灯也灭了,只剩下了应急灯。半分钟后,列车恢复正常,顺利抵达西直门站(系统重启后恢复正常)。

二、车门故障处理原则与要点

1. 车门故障处理原则

(1)列车停在车站,客室车门故障需切除时,司机应从站台走到所在门位置。

(2)需要离室处理车门故障,可发布信息告知行车调度员,但处理完毕后需要用电台汇报行车调度员。

(3)驾驶室侧门关不上,最高运行速度不得超过60km/h。

(4)客室门不能关闭时,应进行列车清客。退出服务时,在区间内限速35km/h运行,通过站台时限速10km/h运行。

(5)列车车门故障是否退出服务,按《车辆故障处理指南》和有关规定办理。

2. 车门故障处理要点

站台站务员发现车门故障处理时,应与司机、车站控制室第一时间沟通,立刻携带对讲机、故障贴纸、隔离带,到故障车门处协助司机处理,司机关好故障门并切除后,站务员按"一确认、二反推、三贴纸"的"三部曲"要求协助司机确认及张贴好告示。应急处理卡片如图2-1所示。

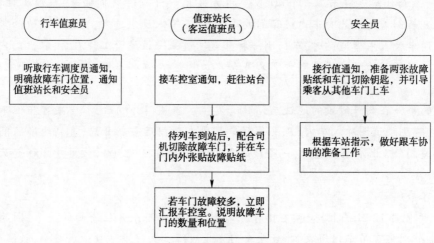

图2-1 车门故障应急处理卡片

一确认:确认车门切除灯亮,切除开关在"切除"位置。

二反推:用手反向推故障门,确认关好并无缝隙(如果车门不能切除或切除后车门试推时有空隙,应马上用隔离带进行防护,并跟车守在故障车门处,防止乘客靠近)。

三贴纸:在故障车门玻璃内侧张贴故障告示纸,向乘客告知该门故障,并指引乘客从邻近车门上下车。

处理完毕,站务员回到站台,确认车门和屏蔽门关闭正常、站台安全,向司机显示"好了"信号,告知司机处理完毕。

有、无屏蔽门的车站单个车门故障的处理分别见表2-1、表2-2。

有屏蔽门的车站单个车门故障处理　　　　表2-1

顺序	司　　机	车　　站
1	司机发现某车门故障不能正常开启或关闭时,再次开关车门一次;如故障仍然存在,司机通过车辆显示屏确认故障车门的位置,并记录在手上	车站接到司机的呼叫后,迅速派人到站台协助司机处理

续上表

顺序	司 机	车 站
2	报告行车调度员及车控室(站台岗),再次打开车门(屏蔽门),并做好广播安抚乘客	准备好两张车门故障纸
3	到达故障车门处确认门槽内无异物,将故障车门切除,关好故障车门后,与车站工作人员共同确认切除车门锁闭良好,确认车站人员张贴两张故障纸	确认故障车门关闭后,反推故障车门,确认故障车门关好后,贴上车门故障纸
4	从其他车门下车,返回驾驶室关闭车门(屏蔽门)	维持好站台乘客的秩序
5	确认车站工作人员显示"好了"信号及行车条件后动车	确认车门(屏蔽门)关闭无异常情况及站台安全后,向司机显示"好了"信号
6	动车后报告行车调度员	

无屏蔽门的车站单个车门故障处理　　　　　　　　表2-2

顺序	司 机	车 站
1	司机发现某车门故障不能正常开启或关闭时,再次开关车门一次	车站接到司机的呼叫后,迅速派人到站台协助司机处理
2	车门关闭后,如故障仍然存在,报告行车调度员及车控室,并做好广播安抚乘客	准备好两张车门停用故障纸
3	从站台跑到就近故障车门,使用乘务员钥匙插孔打开车门,进入客室到故障车门	维持好站台乘客的秩序,到故障车门处协助司机处理故障
4	确认门槽内无异物,将故障车门切除,关好故障车门后,与车站工作人员共同确认切除车门锁闭良好,确认车站人员张贴两张故障纸	确认故障车门关闭后,反推故障车门,确认故障车门关好后,贴上车门停用故障纸
5	用乘务员钥匙插孔打开车门下车返回驾驶室	维持好站台乘客的秩序
6	确认车站工作人员显示"好了"信号及行车条件后动车	确认车门关闭无异常情况及站台安全后,向司机显示好了信号
7	动车后报告行车调度员	

知识链接 2-1

车门故障处理的特殊情况

车门切除后,原则上在故障切除车站贴车门故障纸。因各种原因导致车门故障纸无法在故障车站张贴时,车站与司机共同确认故障车门锁闭良好后,可到下一站张贴车门故障纸,车站要及时通知下一站做好准备。

若车门用方孔钥匙仍无法切除、切除后车门无法完全关闭或关闭后机械锁不死时,向行车调度员申请清客退出服务,如行车调度员决定继续服务时,车站派人进入车厢,疏散故障车门附近的乘客,并在故障门处设置隔离带,并跟车防护(跟车防护人员须携带对讲机并注意个人安全:抓好扶手,严禁倚靠车门,确认安全后通知司机)。

三、车门故障应急处理程序

1. 车门无法开启的应急处理

在列车站台作业过程中,如果发现一对或一对以上车门无法打开时,应遵循以下操作程序:

(1)司机

司机发现车门无法打开时,把车门开关3次,如果不成功,采用门使能旁路开关(门控开关DBPS)进行开门操作,具体步骤如下:

①确认列车已停稳。
②确认列车监控显示屏,车门没有故障。
③将"门模式选择开关"打到"手动"位置。
④将要开门侧的"门使能旁路开关",打到"旁路"位置。
⑤按相应开门按钮开门,如图2-2所示。

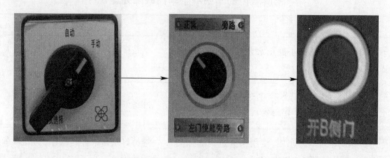

图2-2 门使能旁路开门操作

如果仍不能打开车门,上报行车调度员,并把所有安全门/车门重新打开,等候站务人员来处理,同时,用广播通知乘客列车有所延误。

(2)站务人员

站务人员赶到现场,除了故障门外,所有车门、安全门都处于打开状态,所以需要从故障门旁边的车门上车,赶到故障门处处理。

①收到值班站长的通知后,复述故障车门位置和状态,把手台调到"正线组",立即携带处理工具备品(钥匙、门故障帘和告示),赶往现场。
②赶到现场,马上用手台报告行车调度员,如果不能与行车调度员联络上,应先处理事故。
③达到现场用手反拉车门,确认不能拉开后,将车门隔离。检查门侧面的门缝,确认锁止门闩落入门扇锁止卡槽,后通知行车调度员。把告示贴在车门内侧(如果没有告示,通知行车调度员在下一个车站找人拿告示贴上,跟车到下一个车站再坐车回原站)。

电动列车运行故障记录单如图2-3所示。

2. 车门无法关闭的应急处理

发生车门无法关闭故障后,车站按照操作规程进行处置,在确保乘客人身安全的情况下行驶。在地铁运行过程中如遇此类情况,司机为确保列车准点,在确保安全的前提下,在故障车门处有人看护或加装安全防护遮挡帘后可继续运行。乘客乘坐地铁时,一定要按站台列车关门提示铃和车门关门声的提示要求上下车,不要抢上抢下,更不能拉门、别门。

电动列车运行故障记录单(范本)

1	车号	10066	操纵车号	1#	出库时间	4时40分
	司机	张三	副司机	李四	报修时间	填写实际出现故障时间

故障现象：
静动态试车良好，工具箱铅封良好，司机室内备品齐全，摄像头位置及两端监控良好

2	车号	10066	操纵车号	1#	运行时间	4时40分至6时37分
	司机	张三	副司机	李四	报修时间	1600次至1031次

故障现象：
遇故障时此处填写故障发生的时间、车次、地点、故障现象，同时上报技术支持人员。
如6:31分1031次××站5号车右三车门关不上，已隔离。

3	车号		操纵车号		运行时间	时 分至 时 分
	司机		副司机		报修时间	次至 次

4	车号		操纵车号		运行时间	时 分至 时 分
	司机		副司机		报修时间	次至 次

图2-3 电动列车运行故障记录单

(1)司机

当司机发现一对或一对以上车门无法关闭时，尝试把车门开关三次。如果不成功，应上报行车调度员，并把所有安全门/车门重新打开，等候站务人员来处理，同时，用广播通知乘客列车有所延误。

(2)站务人员

①收到值班站长的通知后，复述故障车门位置和状态，把手台调到"正线组"，立即携带处理工具备品(钥匙、门故障帘和告示，如图2-4所示)，赶往现场。

②到现场，马上用手台报告行车调度员，如果不能与行车调度员联络上，应先处理事故。

③确定故障车门位置，检查有没有异物，如图2-5所示。

a.具体情况1——有异物，且能取出。

发现有异物，马上取出，手台通知司机按"关门按钮"一次。如果司机确认车门关门成功，通知行车调度员；如果车门仍然不能关闭，应用力把车门关上并进行反向试拉一次确认车门已关闭，用手台通知司机再按一次"关门按钮"，如果司机确认列车监控显示器上显示车门关闭成功，再把车门隔离，并检查门侧面的门缝，确认锁止门闩落入门扇锁止卡槽(听到两声"咔")后，通知行车调度员隔离成功。把告示贴上车门内侧。跟车到下一个车站再返回原站。

图2-4 门故障处理备品

图2-5 检查车门处是否有异物

如果司机确认列车监控显示器显示车门关闭不成功,马上隔离车门,通知行车调度员。站务人员通知司机车门处理完毕、发车,跟车监护确认无误后回原工作岗位。

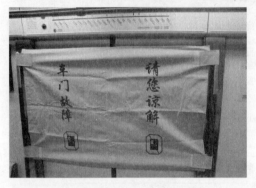

图2-6 车门故障帘的使用

如果手动也不能把门体关闭,上报行车调度员。只有一对车门关不上时,挂好门故障帘,如图2-6所示,通知司机车门处理完毕、发车,跟车监护,提醒乘客远离故障车门,确认无误后回原工作岗位。两对或两对以上车门关不上时,应上报行车调度员,等候行车调度员命令清客。

b. 具体情况2——有异物,但不能取出。

发现有异物,经尝试无法取出,应尝试将故障门拉一半,可以拉动,再尝试能否取出异物;若仍无法取出,则上报行车调度员,听候调度命令。若可以取出,则按照情况1程序处理。尝试将故障门拉一半,仍无法拉动,则报车调度员,听候调度员的命令。

c. 具体情况3——无异物。

用力把车门关上并进行反向试拉一次确认车门已关闭,用手台通知司机再按一次"关门按钮",如果司机确认列车监控显示器上显示车门关闭成功,才把车门隔离,并检查门侧面的门缝,确认锁止门闩落入门扇锁止卡槽(听到两声"咔")后,通知行车调度员隔离成功。把告示贴上车门内侧。跟车到下一个车站再返回原站。

如果司机确认列车监控显示器显示车门关闭不成功,马上隔离车门,通知行车调度员。通知司机车门处理完毕、发车,跟车监护确认无误后回原工作岗位。

如果手动也不能把门体关闭,上报行车调度员。只有一对车门关不上时,挂好门故障帘,通知司机车门处理完毕、发车,跟车监护,提醒乘客远离故障车门,确认无误后回原工作岗位。两对或两对以上车门关不上时,上报行车调度员,等候行车调度员命令清客。

 案例分析2-1

地铁列车到站后车门无法打开

1. 事故概况

2007年7月30日8:33,某市地铁列车到达A站后,车门无法打开。列车司机立即进行处理,不能消除故障,只好下车手动打开车门,现场清客。由于部分乘客不愿下车,故障列车搭载这些乘客到 B 站,进车库检修。

由于正值上班高峰期,列车内的乘客数量较大,每节车厢的乘客又只能从一扇手动打开的车门下车,因此清客花费时间较长。致使续行列车停于地铁隧道内长达 35min,造成部分乘客出现憋闷头晕等不适,并产生一定的恐惧心理。

2. 事故原因

故障列车投入运营时间不长,设备尚处于调试期。

3. 事故应急处理中较好的措施

(1) 司机及时手动开门清客。

(2) 调派备用列车投入运营。

(3) 紧急疏散乘客。

(4) 采取适当措施安抚乘客情绪。

案例分析 2-2

正线车门故障事件

1. 事件经过

2006 年 11 月 7 日上午 10:34,某市地铁公司 1207 次列车在 A 站下行站台上下客后,关门准备发车,发现"门关好"的灯不亮,再次进行开关门作业后,发现"门关好"的灯始终不亮;检查驾驶室显示屏,显示最后一节车厢的车门(02A1B 门)没有关,故障清单内显示"车门严重故障";10:35,司机下车跑至故障车门处查看,发现车门处于打开状态,司机紧急解锁后,将车门合上再恢复紧急解锁手柄,用方孔钥匙切除车门;10:37,司机报车门已切除,但"门关好"的灯仍然不亮,行车调度员要求司机再次前往现场处理,司机再次进行车门切除,仍然无法关闭;10:40,行车调度员命令 A 站配合 1207 次清客,司机做好乘客广播;要求 B 站强行站控,取消 D1101 道岔锁定,并排列 X1105—X0903 进路;10:42,故障车清客完毕,行车调度员要求故障车司机将车门旁路后,采用洗车模式动车到某存车线,要求备用车司机动车到 B 站下行站台,替开 1207 次;10:45,故障车到达某存车线,行车调度员调整全线列车运行并发布运营恢复信息。

2. 事件原因

该案例事故的原因是车门故障无法正常关闭,最终造成清客。司机切除车门的操作方法不当,导致车门未能切除,对此事故也负有一定责任。

切除车门时应在正常状态即车门处于非紧急解锁状态下进行,"紧急解锁"是紧急状态下用于开门逃生的装置。

3. 防范措施

(1) 车辆部应会同车辆生产单位及检修中心,对车门故障进行统计、分析、研究,制订常见故障的预防性检修措施,进一步加强对车门各部件的检查,降低车门故障。

(2) 乘务中心要加强司机实际操作的培训,注重动手能力的培养,使司机具备快速准确判断故障原因并能够独立排除常见故障的能力。

任务二 屏蔽门故障应急处理

屏蔽门是隔离站台候车区与轨行区的重要安全设备,可充分保证行车安全与候车乘客的人身安全,故而一般城市轨道交通的站台屏蔽门都实现了与车门的联动开关,并纳入信号系统联锁。发生屏蔽门故障时,将影响站台列车不能动车出站或站外列车不能进站。为了减少对运营的影响,站务员要按照"先通后复"的原则处理屏蔽门故障,即在保证安全的前提下,先快速做初步处理,尽量让列车恢复运行,之后再处理和维修,以确保列车准点运行。

一、屏蔽门故障分析

1. 屏蔽门故障类型

(1)屏蔽门漏电。

(2)屏蔽门不能打开、屏蔽门玻璃脱落或者倒下路轨。

(3)屏蔽门倒塌或破裂。

(4)应急门紧急时不能开启。

(5)端头门被列车进入站台时产生的气压推倒或不能打开。

(6)滑动门无法正常开关或在站台拥挤时活动门倒塌。

(7)屏蔽门开闭不到位。

(8)列车客室门和屏蔽门不能够同步开关。

(9)屏蔽门突然开关。

(10)手动开锁机构在紧急情况下无法打开应急门。

(11)屏蔽门关闭后,列车没有接受"屏蔽门已关好"的信号,令列车不能开启。

2. 屏蔽门故障原因

(1)风压、乘客或外力撞击。

(2)应急门的支撑及固定装置松动、脱落。

(3)维修不足,安装质量问题。

(4)滑动门滑槽内有异物。

(5)传动机构故障。

(6)固定件松动。

(7)元器件老化损坏。

(8)电磁干扰,断电。

(9)软件缺陷、失效。

(10)司机误操作。

(11)屏蔽门开关动作失误。

(12)端头门未关闭。

(13)与信号及综合监控后备盘(IBP盘)接口故障,线路故障。

二、屏蔽门故障处理原则与要点

1. 屏蔽门故障的处理原则

(1)发生屏蔽门故障时,要按照"先通车后恢复"的原则进行处理,在保证安全的前提下,车站人员要尽快处理,及时向司机显示"好了"信号,司机在确保安全的情况下按时刻表的要求行车,确保站台乘客人身安全,客车准点运行。

(2)需要人工手动打开单个或多个屏蔽门时,车站必须征得行车调度员同意,先将门隔离和关闭电源,并密切注意站台PIDS屏显示的列车到站时间,当显示"列车即将到达"信息时,必须停止操作。

(3)对不能关闭的滑动门,必须设置安全防护栏或安排专人看护,专人看护时,原则上每个人只监护五档相邻屏蔽门。

(4)当运营中屏蔽门发生异常情况时,司机、车站人员要及时进行处理,做好行车组织的同时做好乘客广播、引导等客运组织工作。

(5)应急处理过程中的行车组织必须严格按照行车组织规则的有关规定执行。

2. 屏蔽门故障的处理要点

(1)单个或少数屏蔽门的滑动门故障时,需由站台站务员使用专用钥匙及时将故障的滑动门切除。

(2)较多屏蔽门的滑动门故障时,或屏蔽门检测回路故障,影响屏蔽门系统与信号系统的互锁关系,导致列车不能正常运行时,用专用钥匙切除屏蔽门与信号系统的互锁关系(即在 PSL 上激活"互锁解除"按钮),恢复列车运行。

(3)屏蔽门故障(如失电)导致所有滑动门不能开关时,需由站台站务员使用专用钥匙直接逐个开关滑动门,待乘客上下车(一般称为就地级操作)。为节约时间方便乘客上下车,保证每节车至少有两对车门对应的屏蔽门手动开启。

(4)屏蔽门故障时,站务员须同时做好乘客广播及引导工作,让乘客从正常的屏蔽门上下车。当多对屏蔽门故障时,应保证没有连续不能开启或关闭的滑动门出现,以避免影响乘客上下车。屏蔽门修复以后,要对相应侧的屏蔽门进行一次开关门试验,确认故障排除。

三、屏蔽门故障应急处理程序

1. 屏蔽门不能开启的处理

(1)单个屏蔽门不能开启的处理程序(图 2-7)

(2)整侧屏蔽门不能正常开启的处理程序(图 2-8、表 2-3)

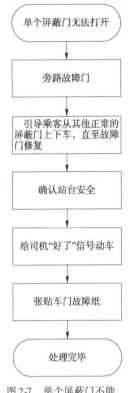

图 2-7 单个屏蔽门不能开启的处理程序

屏蔽门不能开启的处理　　　　　表 2-3

处理岗位 \ 故障情形	两对以下不能开启	所有屏蔽门不能开启
站台岗	发现后立即通知司机,报告行车值班员:"站台××号屏蔽门故障",引导乘客从其他开启的屏蔽门上下车	发现或接到所有屏蔽门故障手动不能开启的通知后,立即在站台侧的手动开启屏蔽门
	待客车离开后站台后,隔离该故障屏蔽门单元(保持关闭状态),并张贴"此门故障,暂停使用"告示	将故障情况报告行车值班员,每节车厢对应的屏蔽门保持一对常开,做好站台安全防护
	确认隔离故障屏蔽门单元后,报告行车值班员	
	故障屏蔽门抢修时负责安全防护,在下趟列车到达前 2min,通知维修人员停止抢修,抢修完毕后向行车值班员报告	
	故障屏蔽门单元恢复正常后,撤除屏蔽门故障告示	

续上表

故障情形 处理岗位	两对以下不能开启	所有屏蔽门不能开启
司机	发现后马上进行客室广播"本站有屏蔽门故障,请乘客从其他开启的屏蔽门下车"。同时通知站台岗,报告行车调度员	发现后,尝试手动仍不能开启后通知车站:"××站台所有屏蔽门不能开启",报告行车调度员
	乘客上下完毕,正常关门后凭站台岗显示的"好了"信号,以ATO/SM模式开车	广播通知乘客:"因屏蔽门故障,请乘客按屏蔽门上的批示按住开门把手,自行推开屏蔽门手下车"
		故障发生后的第一趟列车发车时,司机报告行车调度员后凭车站"好了"信号RM动车,随后车站派人前往站台协助处理,按规定在PSL上打屏蔽门旁路接发列车,后续列车司机凭车站"好了"信号以ATO/SM模式出站
行车值班员	报告行车调度员,通知站务人员前往协助处理故障屏蔽门,按规定在PSL上打屏蔽门旁路解除互锁	报告行车调度员:"××站××站台所有屏蔽门手动不能开启"
	通知环控调度员,环控调度员通知站务检修人员处理,如不能处理好,通知维修调度员组织抢修	通知站务人员前往协助处理故障屏蔽门,按规定在PSL上打屏蔽门旁路解除互锁
	维修人员到达现场后,根据车站的客流情况,指示维修人员进行抢修,并通知站台岗	通知环控调度员,环控调度员通知站务检修人员处理,如不能处理好,通知维修调度员组织抢修
	接到站台岗抢修完毕的通知后,向行车调度员汇报	维修人员到达现场后,根据车站的客流情况,指示维修人员进行抢修,并通知站台岗
		接到站台岗抢修完毕的通知后,向行车调度员汇报
行车调度员	通知全线司机进该进行客室广播,注意掌握好关门动车时机	通知司机在屏蔽门故障车站注意乘客上下列车情况
		通知全线司机进入该车站加强瞭望,进站播放客室广播,注意安全

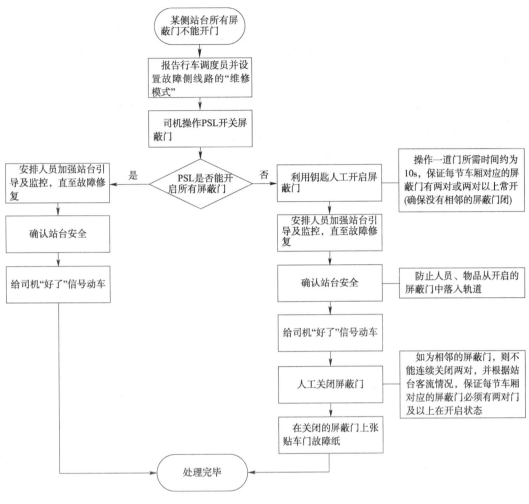

图 2-8　整侧屏蔽门不能正常开启的处理程序

2. 屏蔽门不能关闭的处理

(1)单个屏蔽门不能关闭的处理程序(图 2-9)

(2)整侧屏蔽门不能关闭的处理程序(图 2-10、表 2-4)

屏蔽门不能关闭的处理　　　　　　　　　　表 2-4

故障情形 处理岗位	两对以下不能关闭	所有屏蔽门不能关闭
站台岗	发现后,确认是否有物体阻碍物,如有,则清除后手动关闭屏蔽门	列车客室门关闭时,广播通知站台乘客离开屏蔽门,防止乘客抢上抢下,客室门关闭,确认安全后,向司机显示"好了"信号,并密切注意站台乘客的动态,确保乘客安全
	隔离故障屏蔽门单元(保持关闭状态),确认站台安全后向司机显示"好了"信号,张贴"此门故障,暂停使用"告示	客车离开站台后,每节车厢对应的屏蔽门保持一对常开,加强对站台的监控,防止在没有客车停站时乘客进入开启的屏蔽门而掉下轨道
	待客车离开站台后,保持故障屏蔽门关闭状态,张贴"此门故障,暂停使用"告示	报告行车值班员
	故障屏蔽门单元恢复正常后,撤除屏蔽门故障告示	

续上表

故障情形 处理岗位	两对以下不能关闭	所有屏蔽门不能关闭
司机	发现后,如果站台站务员未到位,则立即通知车站派员前往处理,报告行车调度员	发现后,尝试手动仍不能关闭后通知车站:"××站台所有屏蔽门不能关闭",报告行车调度员
司机	确认所有车站关闭站台处于安全状态后,凭站台岗显示的"好了"信号以ATO/SM模式开车	发车时,司机报告行车调度员并得到同意后凭车站"好了"信号RM动车
司机		随后车站派人前往站台协助处理,按规定在PSL上打屏蔽门旁路接发列车,后续列车司机凭车站"好了"信号以ATO/SM模式出站,动车时注意确认车门与屏蔽门之间的空隙安全
行车值班员	报告行车调度员,通知站务人员前往协助处理故障门	报告行车调度员:"××站××站台××对屏蔽门不能关闭"
行车值班员	通知本站或相邻车站的维修人员到站抢修	通知值班站长、厅巡等前往协助处理故障屏蔽门,按规定在PSL上打屏蔽门旁路解除互锁,若所有门不能关闭,应增派2人到站台防护
行车值班员	维修人员到达现场后,根据车站的客流情况,指示维修人员进行抢修,并通知站台岗	通知环控调度员,环控调度员通知站务检修人员处理,如不能处理好,通知维修调度员组织抢修
行车值班员	接到站台岗抢修完毕的通知后,向行车调度员汇报	维修人员到达现场后,根据车站的客流情况,指示维修人员进行抢修,并通知站台岗
行车值班员		接到站台岗抢修完毕的通知后,向行车调度员汇报
行车调度员	必要时,通知车站打开此门至修复正常	通知司机注意掌握好关门动车时机
行车调度员	通知全线司机进该站进行客室广播,注意掌握好关门动车时机	通知全线司机进入该车站加强瞭望,注意安全

3. 车门与屏蔽门不能联动时的处理

(1)车载ATO故障,车门与屏蔽门不能联动时,当客车离前方终点站5个站及以上时,行车调度员通知下一车站派站务人员进入驾驶室,协助司机开关屏蔽门。

(2)屏蔽门与车门联动功能故障的处理。

客车配一名司机和一名屏蔽门操作员,司机负责驾驶客车和操作客车相关设备;屏蔽门操作员负责操作屏蔽门的开关,协助司机瞭望进路,监督客车司机按规定速度运行。

客车在投入客运服务前,须把开门状态开关打到手动位,客车在车站停稳后,应迅速打开驾驶室门,先由屏蔽门操作员打开屏蔽门,后由司机打开客室门,当距开车时间15~12s时,先关闭屏蔽门,再关闭客室门,并确认无夹人夹物时,进入驾驶室开车。

(3)屏蔽门与车门的联动功能失效时,需由站务员到站台头端在PSL盘上开关屏蔽门,配合列车车门的开关,供乘客上下车(一般称为站台级操作)。

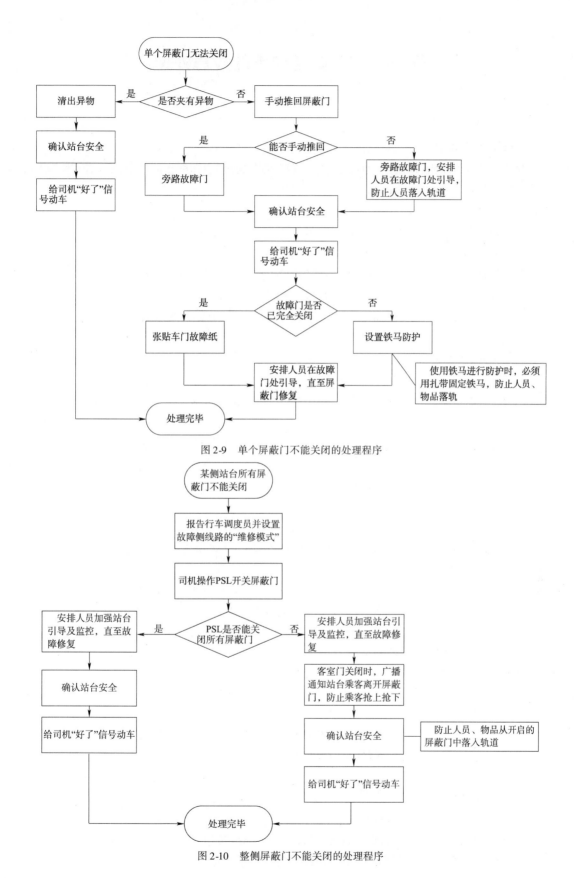

图 2-9 单个屏蔽门不能关闭的处理程序

图 2-10 整侧屏蔽门不能关闭的处理程序

任务三 车站电梯事故应急处理

一、电梯事故分析

1. 电梯事故类型

电梯事故是指在电梯使用、维修、保养、改造或检验过程中因设备自身或外在(人为)因素导致发生损毁、失效、故障而造成人员伤亡、财产损失或者造成重大影响等后果的突发事件的总称。

(1)按电梯类型,分为自动扶梯客伤、液压梯困人和残疾人升降梯故障三类。

(2)按事故性质,可分为人身伤害事故、设备损坏事故。

①人身伤害事故:坠落(如轿厢超速或因断绳造成坠落等)、剪切、挤压、撞击(如轿厢超越极限行程时发生撞击等)、缠绕和卷入、滑倒和绊倒、电击、烧伤等。

②设备损坏事故:绝缘损坏、短路、火灾、水浸、零部件断裂或破碎、疲劳破坏、过度变形等。

2. 电梯事故原因

(1)保养不当,维护不及时。

(2)电梯设备自身问题,如设计缺陷,结构不合理,如制动器、扶梯驱动链条发生失效等。

(3)维护管理人员的专业知识有待加强。

(4)违规使用:如违规使用三角钥匙,乘客违规扒开轿厢自救等。

(5)违规操作:如保洁员用湿拖把等清洁运行中的自动扶梯、无证操作电梯等。

3. 车站电梯常见故障分析与处理

(1)电梯故障处理原则

①在运营期间对故障的处理要求"先修复后分析"。

②当维修人员接到故障报告后,应在30min内赶到现场并开始进行处理。

③当维修人员自身无法处理故障而需要技术人员处理时,技术人员接到通知后应在1h内赶到现场协助处理。

④故障处理完毕后,维修人员回报维修调度员消除故障号并填写故障处理记录。

⑤重大设备故障由技术人员进行分析并提供故障处理分析报告,以避免今后出现同类故障,同时制定故障处理工艺。故障分析报告存入资料档案。

(2)电梯抢修组织流程

①车站系统设备故障发生后,由维修调度员判断是否为重大故障,是否需要立即进行抢修。

②若为系统设备一般故障,在故障接报后,由工班长根据实际情况及当日的排班情况,派遣维修人员进行故障维修;若维修人员不能解决,工班长或技术人员必须到场协助解决。

③若为重大故障,维修调度员通知上级生产调度员进行抢修组织,生产调度员接报后组织扶梯系统就近维修人员第一时间赶赴事故现场。同时通知维修工班长、专业工程师参加抢修。

④首先到场的专业维修人员应向控制中心维修调度员申请进行抢险作业。

⑤原则上系统专业工程师或工班长为现场抢修负责人,抢修人员必须服从现场总指挥

的命令,不得各自为政。

⑥抢险作业完成后,由现场抢修负责人报告抢修情况,同时向维修调度员报告抢修结束。

 知识链接 2-2

电梯典型故障的分析与处理

电梯类型	现象	原因	处理办法
自动扶梯	自动扶梯蛇形运行,相邻两梯级踏面防滑条不在同一直线	(1)梯级链张紧力左右不一致; (2)检查主机轴承温度,若过高,可能损坏轴承	(1)按调整工艺要求,收紧或放松张力弹簧,使两边梯级链张力一致。 (2)更换主轴轴承,步骤如下: ①断开驱动链、梯级链及扶手带驱动链; ②拆除附加制动器装置; ③确认吊装主轴轴承的空间,若不够,需要先将主机座吊装出来,再更换主轴轴承
楼梯升降机	楼梯升降机不能启动	(1)检查钥匙开关是否处于正确位置,其他钥匙开关在"0"位拔出; (2)急停开关是否动作; (3)主开关是否处于正确位置; (4)电源供给是否正常; (5)检查操作控制器是否损坏	(1)正确操作钥匙; (2)旋转或恢复急停开关; (3)打开主电源开关; (4)合上熔断保险和保护开关; (5)更换或修理
液压梯	液压梯无法向上运行	(1)油泵不运行; (2)接触器未吸合或上行线圈未接、接错; (3)安全开关动作; (4)方向阀污染或堵塞; (5)导向安全阀污染; (6)导向控制过滤器污染或堵塞	(1)检查控制器和接线; (2)检查接线和电子板; (3)检查安全回路和恢复; (4)清洗方向阀; (5)清洗安全阀; (6)清洗过滤器
液压梯	液压梯在行驶中突然停止	(1)停电; (2)电流过大,空气开关跳闸; (3)安全回路开关动作; (4)门刀撞门锁滚轮、门锁断开; (5)平层感应器干簧管触点烧死,表现为一换速就停车; (6)接触器或继电器本身发生故障	(1)送电; (2)查找原因,更换保险丝或重新合上空气开关; (3)检查安全回路并恢复; (4)调整门锁滚轮与门刀的间隙; (5)更换干簧管; (6)更换接触器或继电器

二、垂直电梯事故应急处理

1. 垂直电梯火灾事故

电梯井道或轿厢内发生火灾时的应急处置:

(1)首先立即在就近的楼层停靠,即刻疏导乘客撤离。
(2)然后切断电源。
(3)再用灭火器灭火。

2. 垂直电梯水浸事故

由于电梯被水淹时,可能造成短路或触电,除了要对水源进行控制及处理外,还要对电梯进行如下处置:

(1)当底坑内出现少量进水或渗水时,应将电梯停在二层以上,停止运行,断开总电源。

(2)当楼层发生水淹而使井道或底坑进水时,应将轿厢停于进水层站的上二层,停梯断电,以防轿厢进水。

(3)当底坑井道或机房进水很多,应立即停梯,断开总电源开关,防止发生短路、触电等事故。

(4)发生水浸时,应迅速切断漏水源,设法使电器设备不进水或少进水。

(5)对水浸电梯应进行除湿处理,如采用擦拭、热风吹干、自然通风、更换管线等方法,确认水浸消除,绝缘电阻符合要求,并经试验运行无异常后,方可投入运行。对微机控制电梯,更需仔细检查,以免烧毁电子板。

(6)在恢复电梯运行时,应确认无积水,无短路现象后,方可使用。对于那些急于使用的电梯,可采用烘干的办法(如使用电吹风机),消除一切可能造成短路的积水。

(7)电梯恢复运行后,详细填写水浸检查报告,对水浸原因、处理方法、防范措施记录清楚并存档。

3. 垂直电梯剪切事故

(1)先断开电梯主电源开关,以避免在救援过程中突然恢复供电而导致发生意外,同时报急救中心。

(2)有足够的救援人员且先行救援不会导致受伤人员进一步伤害的情况下,可在急救中心专业急救人员到来之前进行救援,否则应根据市急救中心急救人员的指示进行前期救援准备工作,并在市急救中心急救人员到来后配合救援工作。

(3)轿厢内人员或层站乘客在出入轿厢时被剪切。

①如果可以通过打开电梯门直接救出乘客,则应在保证安全的前提下,用层门钥匙打开相应层门,救出被困乘客。

②如果不可以通过打开电梯门直接救出乘客,则相应人员在受伤乘客所在楼层留守,相应人员进行盘车救援操作或紧急电动运行,并且保持与留守在受伤乘客所在楼层的人员通信,一旦可以将受伤乘客救出,则停止盘车救援操作或紧急电动运行。在保证安全的前提下,用层门开锁钥匙打开相应层门,救出被困乘客。

(4)乘客或其他人员在非出入轿厢时被剪切(发生轿底或轿顶剪切)。

①发生轿底剪切时,相应人员在受伤乘客所在楼层留守,相应人员进行盘车救援操作或紧急电动运行(使轿厢向上移动),并且保持与留守在受伤乘客所在楼层的人员通信,一旦可以将受伤乘客救出,则停止盘车救援操作或紧急电动运行。

②发生轿顶剪切时,相应人员在受伤乘客所在楼层留守,相应人员进行盘车救援操作或紧急电动运行(使轿厢向下移动),并且保持与留守在受伤乘客所在楼层的人员通信,一旦可以将受伤乘客救出,则停止盘车救援操作或紧急电动运行。

(5)救出乘客后,根据市急救中心急救人员的指示进行下一步救援工作。

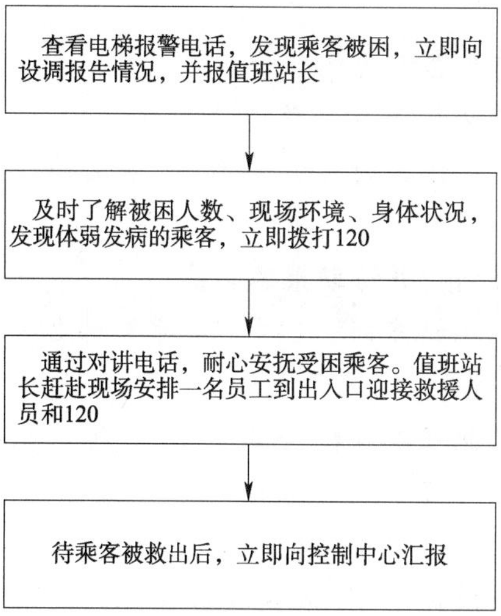

4. 垂直电梯困人事故

运行中的电梯会因供电线路故障、限电、电梯设备老化等因素，致使乘客被困在轿厢内，乘客首先要及时报警。电梯的轿厢里通常都设有报警装置，配有电话、对讲机或有摄像监控镜头。一旦受困，应及时使用。其次是在救援中要听从维修人员的指挥，密切合作。如电梯有操作人员，操作人员应对乘客说明原因，使乘客保持镇静并与维修人员联系；如无操作人员，维保人员应设法与轿厢内被困人员取得联系，说明原因，使乘客保持镇静。如事故因供电引起，对于短时停电有备用发电机的应及时启用。因线路故障或因其他原因造成的长时间停电，应考虑采用盘车等适当的方式将乘客救出。电梯困人应急处理卡片如图2-11所示，处理程序见表2-5。

```
┌─────────────────────────────┐
│ 查看电梯报警电话，发现乘客被困，│
│ 立即向设调报告情况，并报值班站长│
└──────────────┬──────────────┘
               ↓
┌─────────────────────────────┐
│ 及时了解被困人数、现场环境、身体│
│ 状况，发现体弱发病的乘客，立即 │
│ 拨打120                      │
└──────────────┬──────────────┘
               ↓
┌─────────────────────────────┐
│ 通过对讲电话，耐心安抚受困乘客。│
│ 值班站长赶赴现场安排一名员工到 │
│ 出入口迎接救援人员和120       │
└──────────────┬──────────────┘
               ↓
┌─────────────────────────────┐
│ 待乘客被救出后，立即向控制中心 │
│ 汇报                         │
└─────────────────────────────┘
```

图2-11 电梯困人应急处理卡片

垂直电梯事故各岗位应急处理程序 表2-5

岗 位	处 理 程 序
现场（或首先赶到的）员工	（1）当在使用中发生事故时，车站员工应保持镇定，安抚好乘客，及时利用警铃、对讲设备等报警； （2）发现液压梯发生安全事故时，应立即到梯前确认，采取喊话、拍打的方式确认梯内是否有乘客（人数、有无受伤等），安抚乘客保持镇定，禁止擅自采取行动； （3）报告车控室； （4）严禁跳出轿厢； （5）等候专业人员救助
行车值班员	（1）立即通知值班站长、客运值班员到现场处理； （2）报告维修调度员、行车调度员、地铁公安、"120"（视现场情况定）； （3）安排人员做好现场防护，禁止操作该梯，等候专业人员的救助； （4）保持与现场的联系
值班站长	（1）到现场处理； （2）安抚液压梯内的乘客，防止乘客自行救助，以免事态扩大； （3）协助专业人员进行救助； （4）当事人被解救出后，对伤者进行救助；当事人没有受伤时，带到会议室处理； （5）严禁跳出轿厢； （6）必须由专业人员操作液压梯进行救助
客运值班员	（1）协助值班站长的处理； （2）维持好现场秩序

电梯困人的施救方法

施救方法一：施救人员在轿厢位置的上层将层门用钥匙打开，进入轿顶，将电梯置于检修运行状态，以慢速运行方式将轿厢运行至就近楼层的平层位置，用钥匙将门打开，让乘客撤离。

施救方法二：盘车放人操作

(1) 操作前先通知被困人员,盘车操作已经开始,请乘客或司机配合。

(2) 盘车放人操作一般由两人在机房进行。操作前必须先切断总电源开关,一人用松闸扳手打开制动器,另一人盘车。当将轿厢盘至最近层楼面时可停止盘车,使制动器复位。

(3) 让乘客在轿厢内打开层门,或用钥匙打开紧急门锁,并协助乘客离去。

(4) 盘车时,应缓慢进行,尤其当轿厢轻载状态下往上盘车时,应防止因对重侧比轿厢重而造成溜车。如事故时轿厢处于冲顶或蹲底的状态时,宜采用上述方法二的盘车放人操作方式解救被困乘客。在电梯技术条件允许时,也可以在检修状态下,短接好相关安全回路,在机房控制柜处以检修速度将轿厢运行至顶楼平层或底楼的平层位置,救出被困乘客后,使安全回路恢复正常功能。

注：只有取得电梯维修操作证并通过电梯公司放人操作培训、掌握放人操作技能的电扶梯使用管理人员,才可在10min内按规定程序步骤完成尝试放人,其他人不得对故障电梯进行任何救援操作,以防因不当操作导致被救援人的伤亡。

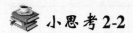
小思考2-2

电梯困人扒门自救有何危险？

首先,需要了解一下电梯出现故障时的运作程序。

从电梯的构造上来说,电梯的安全部件分为四个部分:安全电路;限速器(纯机械);安全钳(纯机械);轿底缓冲器(纯机械)。

简单地说,电梯如果出现故障,首先是安全电路动作,将电梯停掉;如果安全回路坏了,电梯一旦失速,电梯的机械式限速器和安全钳就会动作,限速器和安全钳都是纯机械部件,即使没有任何电力或钢丝绳全部断掉,在电梯的速度超过电梯额定速度的15%的情况下,限速器就会带动安全钳动作,将电梯紧紧地钳在电梯导轨上,让电梯丝毫动弹不得,所以现在的电梯才被称为安全电梯；如果说电梯的安全钳和限速器都坏掉了(概率比走路摔死低),电梯井道下也有缓冲器,当然,如果楼层高的话,缓冲器也只能起到一定的作用,电梯里面乘客肯定会受伤。

因此,电梯即使没电,也不会出现任何危险。但是如果没电,关在电梯里的乘客,的确会出现焦躁等情绪。不过,早在十几年前,电梯就已经有了断电自动平层系统,就是根据电梯的功率和楼层间距,安装一个蓄电池,在电梯没电的情况下,由蓄电池进行供电,将电梯停在最近的楼层,开门将乘客放出。但不是每台电梯都配置有断电自动平层系统,需要购买电梯的开发商或单位提出加价选配,电梯公司才会给提供。

有些被困性急的乘客会尝试自己从里面打开电梯,这是消防人员极力抵制的一种自救方式。因为电梯在出现故障时,门的回路方面,有时会发生失灵的情况,这时电梯可能会异常启动。如果强行扒门就很危险,容易造成人身伤害。另外,被困乘客因为不了解电梯停运时身处的楼层位置,盲目扒开电梯门,也会有坠入电梯井的危险。

三、自动扶梯事故应急处理

基本做法：站务人员到达事故现场后,先大声通知乘客"紧急停止,请抓住扶手"后,按下

"急停按钮"或切断电梯总电源、在扶梯上下端站设置警示牌、对受伤人员进行必要的扶助和保护措施。若确认有乘客受伤或有可能有乘客会受伤等情况,则应立即同时通报"120"急救中心,以使急救中心做出相应行动。

1. 一般性故障或事故的应急处理

(1)突然停梯的应急处理

操作人员应首先做好记录,切断自动扶梯的控制电源,检查停梯原因。

(2)异常现象的应急处理

自动扶梯在行驶中有异常声响、异味、不正常振动和摩擦,梯级或踏板有较大跳动,扶手装置及裙板有"麻电"感觉现象,当发现时,应立即按下急停按钮,停止自动扶梯运行,并立即通知专业维修人员进行检查维修,如按下急停按钮仍无法停车时,应切断供电总电源开关。

(3)无法启动的应急处理

应首先检查电源的供电情况,如无问题但仍不启动,应暂时停用,进行检查修复后再投入使用。

(4)制动距离过长的应急处理

自动扶梯急停时制动距离过长,须及时检查自动扶梯制动器的抱闸间隙、制动器表面油污及磨损情况。

(5)扶梯装置夹入异物的应急处理

发现扶梯的出入口或扶梯与扶手装置之间夹入异物,不能等待扶梯的安全保护装置起作用,而应立即按下急停按钮或切断总电源开关。

根据夹入异物的情况和程度,对异物进行取出处理,如能顺利取出,对扶手带装置、安全保护开关等有关部位进行检查,确认正常后,重新启动扶梯。

如果异物不能顺利取出,须打开驱动机房进行手动盘车,取出异物。

如果手动盘车仍不能取出异物,则应请求支持,尽快采取可行措施取出异物。

(6)梳齿板夹入异物的应急处理

当发现梳齿板有异物卡住时,应立即按下急停按钮或切断总电源开关,将扶梯停止运行。

根据夹入异物的情况和程度,借助有关工具取下。如果异物能顺利取下,对梳齿板、安全保护开关等有关部位进行检查,确认正常后重新启动扶梯。

如果异物不能取下,应打开驱动机房进行手动盘车。

如果手动盘车仍不能取出异物,应请求支持,尽快采取可行措施取出异物。

 案例分析 2-3

电梯违章操作事故

1. 事件经过

11:55,北京地铁西单站带班值班站长在站台巡视时,发现西单站站台 3 号电梯故障,有异响,立即停梯,关闭电梯上下围栏,并挂故障牌。

12:20,机电第二项目部电梯维修中心主任唐某某、维修员南某某到达西单站。机电维修人员到达现场后,根据车站工作人员的描述,对地铁故障情况进行检查,发现在电梯头部疏齿板处有 3 个小螺钉,进行了清除处理,开启扶梯试运转,看到扶梯运转正常,便向车站工作人员报告修复完成。此时机电工作人员在未打开该电梯上方护栏门的情况下，打开了该电梯下方的护栏门，且该电梯处于运行状态。恰好有列车进站，乘客乘坐3号扶梯，由于该扶梯上头部护栏门未完全打开，形成拥堵，发生乘客挤伤。

2. 原因分析

(1) 直接原因：电梯上头部护栏门没有打开是造成乘客拥堵、挤伤的直接原因。

(2) 间接原因：机电维修人员对扶梯故障处理后，没有按照电梯维修规定进行全面运转检查，也没有按照电梯运行规定与客运人员进行交接；同时也反映出机电公司在人员管理、安全教育方面存在缺失以及维修规章制度执行不到位等问题。

2. 发生火灾时的应急处理

(1) 应立即切断扶梯的总电源开关，停止其运行。

(2) 火灾过后，要对自动扶梯有关设备进行认真检查。

(3) 自动扶梯遭受水淋或水淹时，参照执行"进水或遭受水淹"的处理方法。

(4) 对于遭受火灾、高温烧烤的扶梯设备，应通知扶梯的制造厂家进行处理，经制造厂家修复并确认正常后，方可投入使用。

案例分析2-4

某站自动扶梯梯级脱落事故

1. 事故经过

2006年11月7日15:01，某市地铁A站1号出入口自动扶梯在运行过程中，梯级脱出运行轨道，堆积到扶梯下端地板上，连续损坏到第67个梯级后，扶梯的梯级缺失监控安全开关检测到梯级的丢失并开始动作，扶梯自动停止运行（图2-12）；15:22，某电梯公司的扶梯维保人员赶到现场进行处理，随后运营公司分管领导、物资设施部、机自中心、安保部、技术部等相关人员陆续赶到，用彩条布覆盖扶梯进行临时保护处理。当晚，某电梯公司及运营公司相关人员一同对现场进行了初步勘查后，运营公司领导在某站组织召开了现场分析会，落实故障的后续处理办法；11月8日，某电梯公司派出的专家与地铁总公司、运营公司相关人员共同对现场进行了详细勘查取证，并恢复了故障设备的外观；11月29日，某电梯公司应运营公司的要求，安排维保人员开始参照出厂标准，对全线自动扶梯安全项目及主要运行指标项目，共72项，进行全面检查。

图2-12 自动扶梯梯级脱落事故现场

2. 事故损失

该次事故造成A站1号出入口自动扶梯停用16天，对运营服务质量造成了一定的影响。

3. 原因分析

该案例事故的原因是11月3日某电梯公司维保工维修该梯时，专用维修梯级装夹不到位，导致该维修梯级跳动或攒动，最终脱出轴套，梯级位置发生较大偏移，撞击下端固定的前沿板。

此维修梯级破损后，卡夹在前沿板与梯级连杆中间阻塞了后续梯级的通路，导致后续梯级逐个撞击破损后推开下机房盖板冲出下机房,并在扶梯及扶梯出入口处堆积,直到上端梯级缺失保护开关动作才使扶梯停住。

4. 防范措施

(1)狠抓质保管理,严格作业程序。

(2)更新安装形式,增加防护措施。

(3)强化过程监督,完善维保工作。

案例分析2-5

电梯冒烟事故

1. 事件经过

6:34,某地铁10号线知春路站换乘13号线通道内2号自动扶梯故障停梯,7:02,换乘通道内FAS火灾报警探测器报警,车站综控员报告值班站长到现场确认。值班站长、综控员、票务员立即赶到现场进行处置。在13号线南站厅处发现,10号线换乘13号线自动扶梯上头部盖板下往外冒烟,车站工作人员立即启动预案,使用灭火器对准电梯头部进行喷扑。同时行车调度员下令知春路车站封闭换乘通道,启动地面换乘预案。车站工作人员立即组织地面换乘,并派人留守换乘通道,监视电梯情况,迎接专业抢修人员。

7:31,13号线知春路站将南展厅出入口封闭,7:25,机电公司人员到达现场后,打开自动扶梯井盖,进入自动扶梯基坑检查通道,进行灭火处理,烟雾逐步消散。

7:45,对自动扶梯故障处置完毕,车站立即对地面进行清扫保洁。

8:25,知春路站恢复换乘。此次事故没有造成人员伤亡。

2. 原因分析

(1)直接原因:梯级间隙照明灯具及线路短路导致扶梯主空气开关保护动作跳闸,同时短路引燃扶梯桁架、梯路上的油污和毛絮。

(2)间接原因:一是机电公司电梯维护人员到达现场较晚,没能第一时间有效处置火情,造成事故影响扩大;二是机电公司电梯维保人员没有对设备按照维修计划进行维修,存在严重违章违纪、漏检漏修、弄虚作假现象,致使电梯欠修,电梯桁架、梯路没有得到及时清理毛絮、油污积存是造成此次事故的深层次原因。

3. 进水或遭受水淹的应急处理

进水或遭受水淹时,由于建筑物水管、水箱、暖水管及消防水栓等水管破裂,阀门泄露引起楼层间进水、水淹时,水会沿着楼层地板进入本层或下层机房,此时应当:

(1)立即停止有关楼层扶梯的运行,并切断其供电电源。

(2)检查扶梯机房控制柜、驱动电动机、安全保护开关、电子线路板、照明回路等电气设备线路有无进水。

(3)若发现机房设备已进水或水淹时,除立即断开机房主电源开关外,还应及时对进水部位进行排水处理。

(4)水灾过后,由专业维修人员使用电热吹风等方法,对进水的电气设备进行烘干处理,测量相关回路绝缘电阻应符合要求。

(5)确认无漏电无短路现象,尤其是对微电脑控制的扶梯,更要仔细检查,以免损坏线路板等主要的控制装置。

4. 遭受台风或暴风雨袭击时的应急处理

（1）首先将建筑物内各门窗关闭，防止雨水进入溅湿或浸泡扶梯设备，引起电气短路，造成人员触电伤害或设备损坏。

（2）若判断暴风雨可能导致雨水进入设备机房时，应提前将供电总电源开关切断，停止扶梯的运行。

（3）若雨水已经进入扶梯设备或机房，应立即切断扶梯的总电源开关，停止扶梯运行。

（4）暴风雨过后，可参照"进水或遭受水淹"的方法进行处理。

5. 雷击时的应急处理

建筑物发生雷击并造成扶梯供电电源跳闸，导致扶梯停止运行，不应立即恢复扶梯的供电电源，应待雷击过后由电梯维修保养单位维保人员对扶梯的电气设备和元器件进行全面检查修理。检修后检测相关回路的绝缘电阻值，符合技术要求，方可使用。对于遭受雷击的电气元器件，无论是否符合技术要求，都要更换。

扶梯遭受火灾、水淹、雷击等事故后，应首先进行事故应急处理，再经专业维修人员全面检查和维修保养，消除故障隐患。做好详细应急处理和检查维修记录，并存档备查。投入运行使用前，还须向特检所申请安全技术性能检验，检验合格方可投入正常使用。各岗位应急处理程序见表2-6。

自动扶梯事故各岗位应急处理程序　　　　　表2-6

岗　位	职　责
现场（或首先赶到的）员工	（1）现场发现或接收到扶梯发生人员伤亡事故的信息后，立即到现场处理； （2）大声通知乘客"紧急停止，请抓住扶手"后，按下紧急停止按钮； （3）请现场的其他乘客协助救助当事人，将当事人平抬出扶梯，并挽留至少两名目击者做证人； （4）报告车控室； （5）将目击证人移交给客运值班员处理； （6）协助值班站长处理
行车值班员	（1）通知值班站长、客运值班员到现场处理，安排人员到现场维持秩序，封锁现场； （2）报告行车调度员、维修调度员、地铁公安、"120"（视现场情况定）； （3）暂停扶梯的使用，并做好防护，未得到事故处理负责人的允许，严禁任何人动用该扶梯
值班站长	（1）担任事故处理主任，负责现场事故的处理，协调各岗位工作； （2）确认当事人的伤势情况，进行紧急救助（简单的包扎等），用担架送到出口外等候救护车； （3）组织进行物证、人证的取证工作
客运值班员	（1）到现场负责专项跟进目击证人工作，并将目击证人带到会议室书写目击经过； （2）必须请目击证人写下个人的真实资料并做好保管； （3）需要时移交给公安处理

知识结构

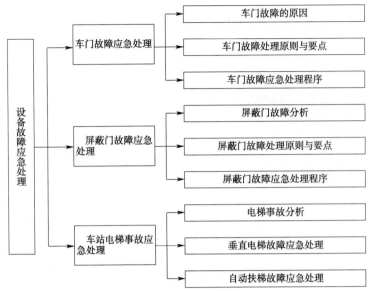

基本训练

一、简答题

1. 简述车门故障处理"三部曲"。
2. 车门故障较轻和较重时,应急处理方法有何区别?
3. 简述屏蔽门不能开启和不能关闭的应急处理方法。
4. 电梯事故原因有哪些?
5. 简述自动扶梯客伤事件与垂直电梯困人事件的应急处理方法。

二、判断题

1. 站台站务员发现车门故障处理时,应与司机、车站控制室第一时间沟通,立刻携带对讲机、故障贴纸、隔离带,到故障车门处协助司机处理,司机关好故障门并切除后,站务员按"一确认、二贴纸、三反推"的"三部曲"要求协助司机确认及张贴好告示。( )
2. 隔离车门时按照《电客车故障应急处理指南》的程序需要进行广播。( )
3. 屏蔽门系统可以作为站台防火分隔。( )
4. 电梯在运行中遇到突然停电时,轿厢内的紧急报警装置照样能使用。( )
5. 乘电梯不要按动你不去的楼层按钮,这样电梯产生无用停靠会延长别人的候梯时间,并且降低电梯效率。( )

三、选择题

1. 车门故障的原因包括( )。

   A. 车门的频繁开关致使门控制器故障
   B. 乘客抢门
   C. 乘客吊门
   D. 列车老化导致车门无法正常开启
   E. 车载信号不稳定

2. 屏蔽门故障发生时,按先通后复原则处理,在确保安全运营原则下,站台现场工作人员首先须要做好应急措施,包括( )。
    A. 现场安全防护措施　　　　　　　B. 障碍物清除
    C. 隔离影响行车的故障门单元　　　D. 复位操作

3. 电梯发生"滑梯"故障时应如何处理?( )
    A. 扒开电梯门,再打开层门,然后自行爬出或跳出来
    B. 等滑到平层位置,电梯轿厢门和层门自动打开、停稳后再走出
    C. 如果滑到平层位置后电梯门不自动打开,应呼救,并耐心等待电梯维保单位的专业技术人员进行救援
    D. 如果滑到非平层位置,应呼救,并耐心等待电梯维保单位的专业技术人员进行救援

4. 使用自动扶梯时,哪些位置是容易发生挤压或者剪切的危险部位?( )
    A. 扶手带底边
    B. 梯级和旁边裙板的间隙处
    C. 出入口处踏板和梯级的交汇处
    D. 扶梯与建筑物底梁或柱子的交叉区

5. 当遇到停电或因发生故障将你关在电梯里时,你会采取以下哪些行为?( )
    A. 通过持续按响报警铃来引起电梯使用单位管理人员的注意,等待救援
    B. 通过轿厢内的电话与管理人员取得联系,等待救援
    C. 用力扒开轿门跳出轿厢
    D. 拍门叫喊,或脱下鞋子,用鞋拍门,发信号求救,等待救援

四、实训演练

模拟整侧屏蔽门无法打开、单个屏蔽门无法打开、单个屏蔽门无法关闭等故障状态,进行屏蔽门故障应急处理实训演练。

五、交流与讨论

作为一名值班站长或一名车站有关岗位员工,车站发生电梯困人事件时,现场报告包括哪些事项,对于处理流程是否有好的建议?与同学们交流与分享。

项目三 行车事故应急处理

 项目描述

行车事故发生后,应组织相关人员对事故进行深刻的原因分析,针对该事故提出若干防范措施,避免今后发生同类事故。该项目任务是了解行车事故的概念和等级,明确行车事故处理原则,熟悉行车事故的通报及调查处理程序,掌握典型行车事故的应急处理与救援方法。坚持"安全第一,预防为主"的方针,强化安全意识,严肃劳动纪律和作业纪律,自觉执行各项规章制度;加强日常技能演练和考核工作,不断提高业务水平,确保城市轨道交通安全运营。

 教学目标

1. 知识目标

◎掌握地铁企业《行车事故处理规则》有关规定;
◎掌握地铁企业《行车事故救援规则》有关规定;
◎掌握地铁行车事故的处理与救援方法。

2. 技能目标

◎能进行事故通报;
◎能进行事故救援的请求;
◎能进行简单复旧的处理。

3. 素质目标

培养良好的岗位安全意识和职业素质,熟练掌握各类规章规则,严格执行工作程序、工作规范、工作标准和安全操作规程。

 **案例导入**

日本铁道公司列车出轨事故

2005年4月25日东京时间上午9:20,一列隶属西日本铁道公司的通勤列车,在一处限速70km/h的急转弯处出轨,冲入距出轨点60m远与轨道距离6m的一栋9层楼公寓,两节车厢严重扭曲变形,车上乘客死伤惨重。事故列车共有7节车厢,其中有5节出轨,第一节车厢冲入大楼(距离轨道6m)的一楼停车场,第二节车厢紧贴大楼边缘并严重扭曲变形,挤压成正常宽度的一半。事故列车共搭载约580名乘客,死亡人数达106名,另458人轻重伤,为日本铁路史上42年来最严重的惨剧。

案例表明:城市轨道交通作为大容量的公共交通工具,直接关系到广大乘客的生命安全,安全运营是运营组织工作的原则和首要目标。为此,城市轨道交通行车人员必须严格按照有关规定行车,不得违规操作,时刻保持高度的安全警觉,防止行车事故的发生,保障乘客的生命安全。一旦发生了事故,应及时准确地做好事故通报工作及现场应急处置工作,减少事故带来的损失。

任务一 行车事故的判断与预防

一、行车事故的定义

凡在行车工作中,因违反规章制度、违反劳动纪律或因技术设备不良及其他原因造成人员伤亡、设备损坏,影响正常行车或危及行车安全的,均构成行车事故。

二、行车事故的分类

由于我国各城市地铁在设备、规章上并没有完全统一,所以我国城市轨道交通系统没有统一的行车事故分类标准。借鉴铁路的行车事故分类标准,城市轨道交通系统行车事故按照事故的性质、损失及对行车造成的影响,分为特别重大事故、重大事故、大事故、险性事故、一般事故和事故苗头。

对行车事故分类的主要目的还是贯彻"安全第一、预防为主"的原则,一旦发生事故,也要按照"四不放过"的原则进行处理,防止同类事故的再次发生。

1. 特别重大事故、重大事故、大事故的构成条件

特别重大事故、重大事故和大事故都是指列车、机车、车辆发生冲突、脱轨、火灾、爆炸等事故或由于城市轨道交通设备状态不良等其他原因,造成不同程度的人员伤亡和较大经济损失、设备损坏等后果。不论程度如何,该类事故都会造成恶劣的社会影响和不可挽回的人员和经济损失,其构成条件如表3-1所示。

特别重大事故、重大事故、大事故的构成条件　　　　表3-1

危害程度 事故等级	人身伤亡	直接经济损失	行车中断时间
特别重大事故	死亡30人及以上	1000万元及以上	—
重大事故	死亡3人以上或重伤5人及以上	500万元及以上	中断行车180min及以上
大事故	死亡1~3人或重伤3人及以上	100万~500万	中断行车60min及以上

2. 险性事故的构成条件

造成下列后果之一,但损害后果不构成大事故条件的为险性事故:

(1)列车冲突;

(2)列车脱轨;

(3)列车分离;

(4)向占用区间发车;

(5)未准备好进路或错排进路接发列车;

(6)未经批准,向占用线接入列车;

(7)未办或错办列车手续发车;

(8)错误办理行车凭证发车;

(9)列车冒进信号;

(10)列车错开车门、运行中开门;

(11)列车夹人或夹物开车,导致乘客受伤或城市轨道交通设备损坏;

(12)机车、车辆溜入区间或站内;

(13)列车运行中,因车辆部件脱落或货物装载不良而损坏城市轨道交通设备;

(14)接触网塌网、坠落或其他技术设备部件脱落而剐伤列车;

(15)运营时间,未经批准进入正线线路、隧道行走或作业;

(16)其他经安全管理机构认定的后果。

3. 一般事故的构成条件

造成下列后果之一,但损害后果不构成险性事故条件的为一般事故:

(1)调车冲突;

(2)调车脱轨;

(3)调车挤岔;

(4)调车作业碰轧防护信号;

(5)列车拉止轮器开车;

(6)应停列车在站通过;

(7)在运营时间内因设备故障或其他原因中断正线(上下行正线之一)运营或耽误列车运行 20~60min;

(8)在非运营时间内,因施工、设备故障或其他原因影响首班车晚开 30min 及以上;

(9)其他经安全管理机构认定的结果。

4. 事故苗头的构成条件

凡在地铁运营工作中,因违反规章制度、违反劳动纪律或其他原因造成设备损坏、影响正常行车或危及行车安全,但事件性质或损害后果达不到事故的为事故苗头;因违章行为性质严重,虽未造成损失,但经安全部门认定为事故苗头的。

因下列行为之一,对列车安全、正点行车构成影响,但未造成事故后果及影响的意外事件为事故苗头。

(1)向占用区间和封锁区间错误发出列车的;

(2)未准备好进路接车的;

(3)向占用线接入列车的;

(4)客运列车错开车门的;

(5)列车冒进信号的;

(6)因行车有关人员违反劳动纪律漏乘、出务延迟耽误列车运行,造成客运列车 3min 以上晚点的;

(7)错误办理行车凭证耽误列车运行,造成客运列车 3min 以上晚点的;

(8)漏发、漏传、错发、错传调度命令耽误列车运行,造成客运列车 3min 以上晚点的;

(9)因列车或其他设备、设施故障或技术不良,造成客运列车 3min 以上晚点的;

(10)在实行站间行车等人工组织行车办法时,未办或错办手续发车的;

(11)机车、车辆溜入区间或站内的;

(12)未拿或错拿行车凭证发车的;

(13)其他对列车安全、正点运行构成影响的意外事件。

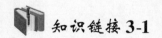

知识链接 3-1

行车事故中的名词定义

1. 车辆破损范围界定：(电动列车以一节车辆为基数)
   (1) 报废：直接经济损失为现值的90%以上；
   (2) 大破：直接经济损失为现值的60%～90%；
   (3) 中破：直接经济损失为现值的40%～60%；
   (4) 小破：直接经济损失为现值的10%～40%。
2. 列车：按规定辆数编组的电动客车，须有规定的列车标志，从车辆或始发站至到发线待发起，直至再回到终点站位置，在此运行过程中称列车。
3. 列车事故。
   (1) 轨道车单机或挂有平板车(有车次号)进入运营线路发生事故时；
   (2) 列车与其他调车作业机车和车辆相互冲撞而发生事故时；
   (3) 列车在车场内调车方式进行摘挂和转线而发生事故时；
   (4) 列车载客运行时发生事故时。
4. 其他列车：包括空驶列车、救援列车、调试列车、轨道单车机或挂有车辆开动的列车。
5. 冲突：列车、车辆、轨道车互相间或与设备(如车库、站台、车档等)以及其他车辆间发生冲撞，造成电动列车、轨道车和其他车辆破损或破坏。
6. 脱轨：电动列车、轨道车、平板车的车轮落下钢轨轨面(包括脱轨后自行复轨)。
7. 列车分离：包括车钩破损分离和车钩自动分理(含车钩缓冲装置的破损)。
8. 挤岔：车辆在通过道岔区段时挤坏道岔设备。
9. 列车冒进信号：列车前端任何一部分越过固定信号显示位置即为冒进信号，包括临时变更信号(不论原因)而使列车冒进。
10. 双线中断行车：在上下行运行线路中，一条线发生某一站或某一区间及以上中断行车的同时，另一条线已发生某一站或某一区间及以上中断行车。
11. 单线中断行车：上、下行线中任何一条线上，有一个车站或区间发生了行车中断。
12. 行车中断时间：指由事故发生时间起至调度发出线路开通命令时的时间。
13. 应停列车在车站通过：指应停列车未办理有关上下客作业就开走，或列车在车站停车但未开关门上下乘客就开走。

任务二　预防行车事故

为减少事故的发生，做到防患于未然，应加强安全生产管理。坚持"安全第一、预防为主"的方针，各级领导要把安全工作作为首要任务去抓，加强安全管理和安全思想教育，把安全思想在各级领导和全体员工中牢固树立，强化员工安全意识。

一、行车危险源识别及控制

行车危险源识别是查找行车组织及作业过程中的危险源并确定其特性(风险大小)的过程。对行车危险源的识别，应从人、机、料、法、环等方面进行全面分析，并考虑过去、现在、将来三种时态和正常、异常、紧急三种状态。

重大行车危险源及其控制措施归纳于表3-2。

重大行车危险源及控制措施　　　　　　表3-2

重大行车危险源	行车危险源控制措施
未按规定手续取消发车进路或闭塞导致列车或机车闯信号	严格执行行车组织规则有关取消发车进路的规定,当取消发车信号时,应先通知司机在列车尚未启动时,收回行车凭证,再取消发车进路
进路排列错误	严格按标准化作业,按"眼看、鼠标指、口呼、确认"程序排列进路
未检查列车进路,未确认进路空闲、道岔位置正确	严格执行行车组织规则有关操作安全相关命令的规定,检查列车进路,确认进路空闲、道岔位置正确
人工排列进路时,道岔不密贴	严格执行"手摇道岔六部曲",共同确认尖轨密贴
人工排列进路时,开通进路错误	严格执行人工排列进路作业程序,共同确认进路
向占用区段接入列车	严格按非正常情况下的接发列车程序办理接发列车作业
向封锁区间发出列车	严格执行行车组织规则有关非正常情况下的行车组织办法,封锁区间开通前,除救援列车外,其他列车不得进入封锁区间
进路未准备妥当发出列车	严格按非正常情况下的接发列车程序办理接发列车作业,承认闭塞前必须确认区间空闲
错误开通区间	严格执行行车组织规则中有关操作安全相关命令的规定,区间开通前必须确认封锁区间出清

二、行车事故的预防措施

1. 完善管理体系是保证安全的基础

（1）组织保证

安全贯穿于生产的全过程,既需要通过对企业的各层次部门进行横向管理来实行决策方案的落实,更需要通过对纵向上的管理最终达到安全生产的目的。

（2）制度保证

建立以安全生产责任制为核心的安全管理规章制度是安全生产管理的依据和前提,安全生产责任系统的建立体现了全面安全管理的思想。岗位安全生产责任制作为其实施细则,是保证各级安全生产责任制具体落实到人的措施。安全责任应按照管理层次不同、分工不同,在每个岗位上都应该有一个明确的安全责任。纵向从最高管理者到每个作业人员,横向则包括各个部门的每个岗位。

（3）教育培训

安全教育是使职工适应作业环境的重要手段,如果不经过培训和教育,熟练掌握生产环境中有关作业的条件和知识,就难免产生人的不安全行为。因此,通过安全教育和培训提高员工安全素质是安全工作中特别重要的一环,也是确保轨道交通运营安全的重要前提。

2. 完善应急预案加强演练,提高应急处理技术

由于地铁运营环境的特点使得事故发生时危险性和紧迫性较高,因此对地铁事故的处理预先制订各种预案并进行事故应急处理模拟演练是十分必要的。特别是新建成的地铁线路,在投入试运营期间更应该进行起复、救援、抢修、抢险、消防、突发事件等不同类型的演练。

3. 加强安全投入,重在安全控制

一方面应用新技术、新设备,采用自动化程度高、安全性能好的系统设备,提高运营系统

的可靠性和安全性。另一方面采用先进的检测手段,建立维修管理信息化系统,对维修过程中的工时、物料、定额、检修规程等进行全面监控,保证维修计划的落实,全面提升设施设备维修管理水平,不断提高维修质量,保证设施设备的质量状态,通过加强安全投入,提高运营管理系统的可靠性和安全性。

4. 开展公众安全宣传教育,致力于建造"安全型社会"

大力开展公众安全宣传教育,积极推进城市轨道交通建设运营安全文化,努力提高全体地铁员工和全社会的安全意识。通过培养安全型的地铁员工、地铁家庭、地铁乘客,将地铁运营安全管理中的"全员"概念延伸为"全民、全社会",致力于建造"安全型的社会",从而确保地铁运营安全。

任务三　分析及处理行车事故

一、行车事故的调查处理

1. 行车事故处理原则

(1)发生事故时,要积极采取措施,迅速抢救,以"先通后复"的原则,尽快恢复运营,尽量减少损失。

(2)事故发生后,要以事实为依据,以有关法规、规章为准绳,按照"四不放过"的原则(即事故原因没有查清不放过,事故责任者没有严肃处理不放过,广大职工没有受到教育不放过,防范措施没有落实不放过)处理事故,查明原因,分清责任,吸取教训,制订措施,防止同类事故再次发生。

(3)对事故要定性准确,对事故责任者(或单位)以责论处。对事故责任者(或单位),应根据事故性质和情节分别予以批评教育、经济处罚、行政处分直至追究法律责任。

(4)对事故分析处理拖延、推脱责任、姑息纵容、隐瞒不报或不如实反映事故情况者,应予以严肃批评教育或纪律处分。

2. 行车事故的处理办法

(1)行车事故现场处置

在事故报告程序完成后,有关人员要迅速进行事故现场的处置。若事故发生在线路间,在专业人员及救援人员到达事故现场前,值乘司机负责引导乘客自救、组织疏散、安抚乘客等工作,等待进一步救援。在有关救援人员到达后,应由事故现场的最高行政领导负责或委任相关专业人员指挥抢救、处理善后工作。

若事故发生在车站,应由车站站长负责乘客救援、组织乘客离开现场,并保护现场、查找证人、做好记录,等待有关救援人员与相关领导到达进行进一步救援活动,车站站长应在救援专业人员到达后向有关领导报告,并听从到达现场的最高行政领导和最高行政领导委任的救援指挥员的命令。现场勘查工作由行车管理部门与公安部门按规定进行。

在险性事故和一般事故发生后,值乘司机必须按规定程序要求报告,并且等待行车调度员的进一步命令指示,按要求执行,不得擅自移动列车。如需事故救援时,值乘司机应按照规定请求救援,并在救援人员和设备到现场前负责列车安全、乘客安全等工作。在救援人员到达后向现场指挥人员简单报告情况,并按行车调度员或指定的事故救援指挥人员的命令执行。关于事故现场的勘测工作由行车管理部门按规定进行。

（2）行车事故的调查处理程序

①重大、大事故调查和处理程序。

重大事故和大事故发生后,应成立专门的事故处理调查小组,各有关部门参加负责调查、处置、协调、善后、分析等各项工作,包括现场摄、录像及绘制现场草图、设备检测、收集物证、询问人证、调查记录现场情况等。

值乘司机和事故有关人员要积极配合,实事求是地提供当时情况报告,便于掌握现场真实资料,以评定和分析事故产生的原因及确定事故责任,明确事故责任者和事故关系者,制订防范措施。

②险性、一般事故调查和处理程序。

险性事故和一般事故发生后,如涉及两个以上直属单位时,由城市轨道交通企业负责调查,在规定的时间内将事故调查报告上报,并提出防范措施,对责任单位无异议的险性事故,由险性事故责任单位组织调查分析,明确原因与责任者,提出处理意见,制订防范措施。对涉及一个单位的一般事故,由责任单位调查分析,找出原因判定责任,并对责任者进行处理,制订事故处理措施。

与险性事故和一般事故有关的人员必须配合调查分析,如实报告情况,不得隐瞒事实,对推脱责任、拖延调查、隐瞒真相的个人与单位部门,经查实予以从重处理。

对事故涉及城市轨道交通以外单位的调查,由城市轨道交通企业事故调查处理小组与相关单位协调处理,必要时提请司法部门裁决处理,凡行车事故涉及刑事责任的调查、处理,由公安部门负责,事故有关单位、个人协助配合调查工作。行车事故分析报告见表3-3。

行车事故分析报告 表3-3

事故单位	
时间	
地点	
车次	
车型号码	
事故概况 (含损失程度)	
事故(事件)定性	
事故处理会议 参加人员姓名、职务	

责任者	姓名	性别	年龄	职务	单位	处理意见 (建议)
全部责任						
主要责任						
次要责任						
防范措施						

填表人:	报告时间:

二、行车事故的责任判定

1. 行车事故的责任类型

根据责任性质,行车事故分为责任事故和非责任事故。

责任事故是指通过采取管理或技术手段能够预见或避免,但因工作疏忽、盲目蛮干而未能预见和避免;或者通过采取及时措施降低损失,但由于过失或采取措施不力导致损失和影响加重的事故。

非责任事故是指由自然因素造成的不能预见、人力不可抗拒的事故,或在技术改造、发明创造、科学实验活动中,因科学技术限制无法预测而发生的事故。

2. 行车事故的责任判定

(1)因承办人在城市轨道交通内进行设备维修、施工而造成的行车事故、列车承办人事故。

(2)凡因货物装载不良、装载安全检查部门把关不严或押运人员监督不力造成的事故,分别列为装载部门或安全检查部门的责任事故。

(3)各设备主管部门因设备质量等原因发生的事故一律统计在该部门的事故中,能确定责任的,列为责任事故。如不能确定为城市轨道交通责任的,列为非责任事故。

(4)运营单位批准的技术革新、科研项目进行试验时,在规定的试验期内,试验项目发生事故,不列为行车责任事故。但由于违反操作规程以及其他人为事故,仍列为责任事故。

(5)下列事故可列为非责任事故:
①因自然灾害等原因使设备损坏造成行车事故的;
②因人为破坏(经公安部门确认)造成行车事故的;
③列车火灾、爆炸以及线路上障碍物造成行车事故而判明非城市轨道交通责任的;
④特殊情况经城市轨道交通公司领导审查,确定可列为非责任事故的。

(6)凡隐瞒事故、弄虚作假的,一经查实,列为该部门或人为责任事故。

3. 行车事故的责任划分

行车事故责任按责任程度,分为全部责任、主要责任、次要责任和一般责任。

(1)全部责任:负有事故损失及不良影响100%责任。

(2)主要责任:负有事故损失及不良影响60%~90%责任。

(3)同等责任:各方均负有事故损失及其不良影响的相同成分的责任。

(4)次要责任:负有事故损失不良影响30%~40%责任。

(5)一定责任:负有事故损失不良影响10%~20%责任。

(6)管理责任:根据事故性质承担。

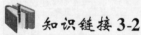

知识链接3-2

一般事故折算系数

运营事故的统计,以一般事故为统计基数。不同的地铁公司折算系数不尽相同,以下以某地铁公司为例说明:

(1)一起重大事故折合22件A类一般事故。

(2)一起较大事故折合11件A类一般事故。

(3)一起险性事故折合3.5件A类一般事故。

(4)一起一般事故 A 类系数为 1 件。
(5)一起一般事故 B 类系数为 0.5 件。
(6)一起一般事故 C 类系数为 0.2 件。

 案例分析 3-1

列车夹物动车(险性事故次要责任)

2008 年 6 月 25 日早 7:21:58,列车 A06 按时驶入某车站下行站台开门,7:22:09,列车开始关门。7:22:12,一名 20 多岁女子快步跑上站台,在车门即将关闭的瞬间将随身携带的包塞入车门。

站台岗值班站长(替岗)发现列车夹物,该乘客站在黄线内、紧贴车门,车门没有弹开,于 7:22:17 用对讲机连续呼叫:"司机等一下"。7:22:21,列车启动,值班站长发现该乘客在列车动车后,抓着包不松手,跟着列车跑,于是继续大声呼叫司机"停车",然后呼叫车控室,值班员立即于 7:22:30 按下下行紧急停车按钮并报行车调度员。

列车将行至站台中央时,该乘客于 7:22:29 奋力拔出包摔倒在站台上,此时列车在即将开出站台时停在下行站台端部,时间是 7:22:36。

1. 存在问题
(1)站台岗值班站长(替岗)发现列车夹物,车门没有弹开后,未及时吹口哨制止。
(2)用对讲机呼:"司机等一下",用语不标准。
(3)在用对讲机呼司机无应答时,未及时采取其他安全措施(如按压紧急停车按钮)。
(4)值班员在事故发生时未及时处理,22:30 才按下紧急停车按钮。

2. 整改措施
(1)客运部按照"四不放过"原则对事故进行了认真调查、分析,找出事故原因,并将此事故在全线范围内通报,组织车站员工学习并展开讨论。
(2)强化员工安全意识,组织学习并严格落实《接送列车一次作业标准》和值班员监控制度;要求站台岗接送列车时站在紧急停车按钮边上,做到及时发现问题,及时处理。
(3)组织员工进行《紧急停车按钮使用规定》及事故应急处理相关知识的培训,提高员工应急处理能力及紧急设备的操作熟练程度。
(4)客运部将该事故编写成案例,以通知形式下发到全线各站,通过组织学习、讨论,明确该类事件的处理程序和注意要点,防止列车夹人夹物的事件再次发生。

三、典型行车事故应急处理

1. 列车在区间临时故障停车的处理

列车在区间停留,会延误大量后续列车的运行,造成大面积晚点,影响企业形象。同时列车停在区间,尤其地下隧道内,容易引起车上乘客恐慌,情绪不稳。所以,当列车由于故障停在区间时,应积极采取措施尽快恢复运行。

(1)通知汇报

①接到司机区间停车通知后,应将区间内列车运行情况通知司机,并立即使用列车无线调度通信设备转告区间内有关列车。在停车原因消除前,不得再放行追踪、续行列车。

②报告列车调度员,接收向封锁区间开行救援列车的调度命令(当列车调度电话不通时,应由接到救援请求的车站值班员根据救援请求办理,救援列车以车站值班员的命令,作

为进入封锁区间的许可)。

③报告站长(值班干部)到岗盯控。

(2)处理办法

①调度命令下达后,揭挂"区间封锁"表示牌,在TDCS控显器中注明"区间封锁"。

②将救援方向通知请求救援的列车司机。

③与担当救援任务的司机联系做好救援准备,需转线时,提前将救援机车转入待发线路。

④准备、确认进路正确。

⑤与助理值班员核对调度命令正确后,指示发车。

⑥与司机核对、交付调度命令。

⑦发车条件具备后,办理发车。

⑧列车起动后向邻站和列车调度员报点。

⑨接到救援列车请求返回的通知后,开放进站信号,按规定接车。

⑩列车到达后,确认区间空闲,向邻站和列车调度员报点,并将救援情况汇报列车调度员,接收开通区间的调度命令,摘下"区间封锁"表示牌。

(3)注意事项

①车站值班员接到司机、运转车长的救援请求后,详细询问现场情况(停车原因、停车时间、地点、列车编组、机车型号、司机、车长姓名,需后部救援时应询问列车尾部停车地点)。

②接收调度命令后,对需派出的人员全面传达命令内容。

③如从请求救援的列车后部救援时,自接到请求救援20min后,方可向封锁区间开行救援列车。

④严格按接发列车程序办理接发列车,发现列车有异状等问题时,接发车人员应立即报告,同时按规定采取安全措施。

⑤执行车机联控。

案例分析3-2

列车故障救援事件

事故经过:

21:17,093列车运行到天宫院站—生物医药基地站上行区间处,MVB通信故障,列车HSCB断开,无法运行。21:22,行车调度员令004列车担当救援。21:39,004与093列车连挂完毕推进运行。

21:44,093列车在生物医药基地站清人。21:56,093列车到达南兆路车辆段,全线列车恢复正常运行。

此故造成:清人3列、晚到7列、最大晚点28min。受救援工作影响,义和庄站—天宫院站下行部分列车单线双向运行,黄村西大街站部分列车中途折返,造成西红门站台乘客滞留较多。

事故原因:

列车运行过程中车辆Dl13模块的X2播头有松脱迹象,播头时而连接、时而中断,造成车辆通信间歇性中断,列车在运行中紧急制动。

之后播头完全振动松脱,致使M1、M3车无法牵引。后又因列车级MVB故障,使M2车无法牵引。

安全警示:

"精检细修"是保障设备设施安全稳定的基础。

维护程序及维护指引的内容是检修工作完善的保障。编制维护指引时,应充分参考生产厂家维护手册中的维保要求,严格遵照维保要求,并根据实际经验不断细化。

运行车组织变化,车站第一时间启动客流组织预案,有效疏导乘客,才能避免事故影响扩大化。

2. 列车脱轨、冲突的处理

脱轨是指车轮落下轨面(包括脱轨后又自行复轨),或车轮轮缘顶部高于轨面(因作业需要的除外)。每辆只要脱轨1轮,即按1辆计算。

确认列车发生脱轨后,立即启动相应的疏散程序,组织相关车站现场疏导。在疏散中需要确认人员伤亡情况,并通报相关政府部门,请求相关部门支援。列车发生脱轨后,一般都会造成线路中断30min以上,需要采用公交接驳、小交路、单线双向等方式维持有限度的运营服务。

(1)通知汇报

①车站值班员接到在正线或到发线上脱轨的事故报告后,要立即呼叫已进入事故区间的列车停车,影响邻线行车时呼叫邻线运行的列车立即停车,通知发车站停止向该区间发出列车(影响邻线行车时邻线同时停止发车)。

②迅速转报列车调度员。

③立即向站长(值班干部)报告。

④站长(值班干部)到岗后,立即将情况报告车务段调度室。站长必须立即通知工务、电务、列检、通信、公安、供电领工区、卫生所、装卸作业所负责人。立即召集在站所有职工到××地点集合,立即启动应急预案。

⑤各救援小组接到通知后,携带机具、备品迅速赶到××地点集合。

(2)处理办法

救援工作由站长临时指挥,在上级事故应急处理领导小组到达后交由上级领导指挥。事故救援工作重点:

①积极组织抢救伤员。

②采取一切措施,起复脱轨车辆,清除线路上的障碍物,尽快开通正线线路。

③应于救援列车到达前,做好各项准备工作。主要包括清出限界、抢修被破坏的线路、疏散车辆、卸空重车、安装电话、接通照明、备足饮水、保护事故现场痕迹、测量数据、保存物证、初步查明事故原因、拟订起复方案、及时向救援列车报告、派员接引救援列车、按规定设置防护。

④装载易燃、易爆、有毒、放射性等危险品的车辆,需卸车、移动或起复时,应在专业人员的指导下进行,进行起复前,必须研究确定保证人身和作业安全的措施后,方准进行起复作业。

案例分析3-3

西班牙Valencia地铁列车脱轨事故

时间:2006年7月3日(星期一)西班牙当地时间下午13:00。

地点：西班牙东部城市瓦伦西亚(Valencia)地铁 Line 1 线，由西班牙广场站(Plaza de Espana)到耶稣站(Jesus)的曲线段隧道内。

事故经过：

西班牙东部城市瓦伦西亚(Valencia)地铁 Line 1 线，一列由西班牙广场站(Plaza de Espana)驶往耶稣站(Jesus)的列车于接近耶稣站前的曲线段隧道内出轨，4节车厢中有2节脱离轨道，至少41人死亡(包括司机员)。

事故后果：

(1) 41人死亡(5位非西班牙人)，其中有30位是女性，47人受伤。

(2) 大约150人从隧道与车站疏散，疏散耗时30min。

(3) 该事故造成4节车厢中有2节车厢出轨，并撞击隧道壁。

事故原因：

(1) 列车"黑盒子"纪录显示，列车在即将进入耶稣站前的曲线路段时，时速高达80km(该路段速限为时速40km)。

(2) 因司机员已死亡，官方推测，司机员在事发前可能失去知觉(可能为昏迷或心脏病发作)。

(3) 当地运输官员表示，初步已排除隧道崩塌或列车车轮破损的因素。

(4) 事故车司机员于4月开始担任司机员工作，缺乏驾驶经验和安全意识。

案例分析3-4

罗马地铁列车追撞事故

时间：2006年10月17日罗马时间上午9:37。

地点：维托·艾曼纽二世车站。

事故经过：

一列地铁A线列车异常驶入维托·艾曼纽二世车站，追撞停靠月台的另一列列车，致使被撞击的列车最后一节车厢与从后驶来的列车第一节车厢纠结在一起，许多乘客被挟在扭曲的车厢间，现场烟雾弥漫，照明丧失。

列车受损情况：

两列车损毁变形，其中后方列车的第一节车厢残骸卡进前方列车尾达3m。

人员伤亡与救护：

1人死亡，约110人受伤，其中6人伤势较重，死亡乘客与伤势较重人员皆位于前列车的最后一节车厢内。

事故可能原因：

事后罗马地铁立即展开了调查，有关调查结果及事故原因分析如下：

受损两列车皆为上线不到一年的新车，目前尚无机件故障迹象。基本排除车辆故障原因导致事故的发生。

根据肇事列车司机员与行控中心的通联记录与地铁公司人员表示，司机是接获行控中心指示越过红灯继续前进。(当运量较大时，类此调度可被接受，司机员被授权保持警觉以最大时速15km行进，事故后经调查，列车追撞时之时速约30km)

该国运输部已成立项目委员会深入调查。首要之务则为解读肇事列车之行车纪录器数据。至于最后调查结果，未作报道所以不详。

经验教训:

这是一起典型的人为原因引起的行车事故。主要原因就是司机和行车调度员都没有对行车工作引起高度的重视、违章作业,安全意识不强。

第一,司机没有按照非正常行车的规定超速行驶,属严重违章行为,并且在行车过程中没有加强瞭望,也没有及时与行控中心保持联系是造成这起事故的主要原因。

第二,这起事故的发生,行车调度员也有不可推卸的责任,作为行车调度员没有对非正常情况下行驶的车辆加强监控,并及时开放正确的行车信号和道岔,导致列车发生追撞。

3. 列车挤岔的处理

(1) 基本概念

车轮挤过或挤坏道岔,即为挤道岔事故,简称挤岔。

处于良好状态的道岔,一侧的尖轨与基本轨密贴,另一侧的尖轨与基本轨分离。

发生挤道岔事故后,由于车轮强行挤开与基本轨密贴的尖轨,往往造成尖轨弯曲变形,转辙机遭到破坏,使得道岔损坏,尖轨不能与基本轨密贴。

(2) 挤道岔时的处理

①对列车的处理。发生挤道岔事故后,要根据列车停留位置及道岔类别具体处理:

a. 列车已全部挤过道岔。通知维修部门对道岔进行检查,并根据损坏情况处理。

b. 列车停留在道岔。组织压在道岔上的列车顺道岔方向缓缓移动,待列车全部通过道岔后,由维修部门处理。

②维修部门的处理。

a. 检查道岔尖轨是否损坏。

b. 更换转辙机相关设备。

c. 检查试验。

d. 清理现场。

案例分析 3-5

基地内列车挤岔脱轨事故

1. 事故经过

2006 年 6 月 6 日 5:54,0910 车 0501 次完成车库准备作业后,信号楼要求在 A 端待命,司机臆测行车,挤上 47 号道岔,之后司机未向信号楼汇报便擅自违反行车规定退行,造成列车脱轨事故;6:27,检修调度打电话给工程车班,要求准备好工程车;6:38,0910 车准备进行复轨救援;7:05,当日 13 列电客车全部出库上线;7:23,车辆复轨救援开始实施,信号专业开始抢修,对 47 号道岔和 47DG 轨道电路受伤部件进行更换;9:35,电客车复位装置安装完毕,电客车开始复位;10:52,电客车复位成功。事故现象如图 3-1 所示。

2. 事故损失

此次事故造成轨道岔尖一组损坏;DZ6 电动转辙机 1 台、尖端杆 1 根、密贴调整杆 1 根、外表示杆 1 根、$95mm^2 \times 1.5m$ 钢轨连接线 2 根不同程度受损;0910 车 A 车一位端转向架部件多处损坏。

3. 原因分析

本案例事故的原因是司机违反作业规定,未按信号要求行车,造成挤岔。挤岔后司机又擅自向后倒车,造成掉道。《行车组织规则》中"列车运行条件"项要求,列车占用前方进路的许可是信号机显示的开放信号;《车辆基地运作规则》中"客车出入车辆基地"项规定,调车司机应根据调车员的信号,准确、平稳地操纵机车,时刻注意确认信号,不间断进行瞭望,正确、及时地执行信号要求,负责调车作业安全。

图 3-1　事故现场

4.防范措施

加强员工管理,完善相关规定。

加强演练培训,配齐作业设备。

健全规章制度,加强设备管理。

加强业务培训,制订学习计划。

4.列车冒进信号的处理

列车冒进信号是指在未经授权的情况下,列车前端任何一部分越过进路防护信号机显示的停车信号。

(1)通知汇报

①车站值班员通过控制台(控显器)发现列车冒进进站或出站(发车进路)信号时,必须立即使用列车无线调度通信设备呼叫列车紧急停车。如在敌对进路有车运行时,同时呼叫立即紧急停车。

②发现列车冒进进站或出站(发车进路)信号后,通知司机禁止移动。

③报告列车调度员。

④通知站长到车站值班员室监督作业。

(2)处理办法

①接车。

a.列车冒进进站信号后,使用调车信号按钮方式准备进路,对不能以调车信号按钮排列的道岔单操并锁闭,车站值班员、信号员(助理值班员)、站长(值班干部)共同确认接车进路正确。

b.车站值班员在接车条件具备后,通知调车组人员(无调车组时为助理值班员)以调车方式将列车领入站内或场。

②发车。

a.列车冒进出站(发车进路)信号后,车站值班员根据列车运行、线路有效长、列车编组等情况确定是否将列车退回线路内。

b.退回时,车站值班员应在进路准备妥当后(使用调车信号按钮方式准备进路,对不能以调车信号按钮排列的道岔单操并锁闭),无运转车长值乘的列车通知调车组人员(无调车组时为助理值班员)以调车方式将列车领回线路内。

c. 如不退回,车站值班员应在进路准备妥当后(使用调车信号按钮方式准备进路,对不能以调车信号按钮排列的道岔单操并锁闭,车站值班员、助理值班员、站长共同确认发车进路正确)发给司机如不退回,发车时发给司机规定的凭证(其中:按自动闭塞法,行车的凭证为绿色许可证。按半自动闭塞法行车,冒进出站信号机时,按超长列车行车凭证办理;冒进进路信号机时,为调度命令),直接开往区间。

超长列车头部越过出站信号机并压上出站方面的轨道电路发车时,列车调度员发布停止基本闭塞法,改用电话闭塞法行车的调度命令,占用区间的凭证为路票;越过进路信号机发车时,应发给司机调度命令。

超长列车头部越过出站信号机未压上出站方面的轨道电路发车时,车站值班员应向列车调度员请求超长列车头部越过出站信号机发车的调度命令,占用区间的凭证为出站信号显示的进行信号和允许超长列车头部越过出站信号机发车的调度命令。

 案例分析 3-6

列车越过出站信号灯事件

事故经过:

07:08,西单站下行076车因ATO模式超速,信号系统自动施加紧急制动。列车司机两次尝试ATPM模式驾驶列车失败后,司机以RM模式驾驶列车运行越过停车标、出站信号灯,在西单下行站台端门外停车。

07:10,司机打开客室车门,20多名乘客从内侧打开了第5号应急门下车,站务人员见状后立刻劝阻下车人员,并将该门关闭。

07:12,076车列车司机关闭客室车门后,驾驶列车退行,对标停车,重新打开车门进行乘降作业。

此事件中司机驾驶列车越过出站信号机,造成安全隐患。

事故原因:

(1)司机以RM模式驾驶列车的过程中,没有确认停车标及出站信号机的位置,驾驶列车越过规定停车位置及出站信号机,并在不具备乘客乘降的位置打开列车车门。

(2)负责监护工作的司机也未发现停车标及出站信号机,没有及时提醒驾驶司机。

(3)西单站站台设置的特殊性一定程度上导致了司机对停车标位置的臆测。

安全警示:

(1)安全意识需要不断灌输,故障处理需要经常性重复的培训。

(2)及时提醒并制止其他同事的不安全作业是地铁工作人员的责任。

(3)了解并熟悉作业环境是安全作业的基本保证。

5.列车压/撞人的处理

(1)发生列车压/撞人,应尽量避免二次压/撞,原则上先确保受伤人员及时得到抢救,并在条件许可的情况下尽快恢复运营,减少事故造成的不必要损失。

(2)根据现场情况尽快将伤者抬出轨行区处理,如伤者被列车压住时,需要将列车托起将人拉出后,再恢复行车。

(3)在处理过程中,如导致线路阻塞,可安排小交路维持有限的运营服务。

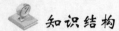
知识结构

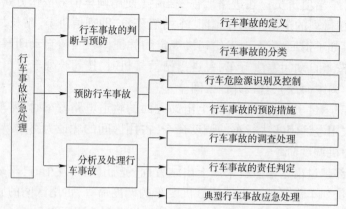

基本训练

一、简答题

1. 什么是行车事故？
2. 行车事故的处理原则是什么？
3. 行车事故的分类是怎样的？
4. 重大事故、大事故的调查处理程序是怎么样的？
5. 造成城市轨道交通事故的因素有哪些？

二、判断题

1. 由于我国各城市地铁在设备、规章上并没有完全统一，所以我国城市轨道交通系统没有统一的行车事故分类标准。借鉴铁路的行车事故分类标准，城市轨道交通系统行车事故按照事故的性质、损失及对行车造成的影响，分为重大事故、大事故、险性事故、一般事故和事故苗头。 （   ）
2. 城市轨道交通运营过程中所出现的大部分不安全现象都在行车工作中。 （   ）
3. 凡是在车站的站厅(指收费区内)、站台上、客运列车车厢内发生的危及乘客人身安全的事件，均属行车事故。 （   ）
4. 站台安全员接发列车要严格执行"一看、二接、三送"的一次作业程序。 （   ）
5. 区间疏导乘客应以行车调度员命令为准。 （   ）

三、选择题

1. 事故发生后，要以事实为依据，以有关法规、规章为准绳，按照（   ）的原则处理事故，查明原因，分清责任，吸取教训，制订措施，防止同类事故再次发生。

    A. 事故原因没有查清不放过　　　　B. 事故责任者没有严肃处理不放过
    C. 广大职工没有受到教育不放过　　D. 防范措施没有落实不放过

2. 造成轨道交通运营中断6h以上的属于（   ）事故。

    A. 一般　　　　B. 较大　　　　C. 重大　　　　D. 特别重大

3. 某日，在运营线路上发生一起列车追尾事故，导致乘客1人死亡、4人重伤，中断正线运营195min。根据《运营事故处理规则》，此起事故应定为（   ）事故。

    A. 运营事故　　　　　　　　　　B. 运营重大事故

C. 交通事故　　　　　　　　　　D. 运营大事故

4. 某日,2200 次列车在甲站进站时,站台边墙的电缆门突然打开,幸亏司机发现及时,迅速停车,没有酿成严重后果。此事应定性为(　　)事故。

A. 运营险性事故　　　　　　　　B. 运营一般事故

C. 运营事故苗头　　　　　　　　D. 严重不安全因素

5. 列车清客的组织办法内容包括(　　)。

A. 厅巡打开车站员工通道门,引导乘客退票或出站

B. 厅巡和站台保安引导乘客退票或在同站台或另一站台等候下一趟列车

C. 站台保安将站台乘客往站厅疏散

D. 厅巡负责打开员工通道,并协助客运值班员工作

四、实训演练

1. 模拟乘客坠入站台轨行区,进行事故分析及处理。

2. 区间客车救援应急处理程序。

五、交流与讨论

考察一地铁公司的行车事故处理流程,对于处理流程是否有好的建议?与同学们交流与分享。

项目四　火灾应急处理

 项目描述

该项目任务是要求城市轨道交通企业的员工了解和掌握车站基本的消防设备和设施的使用方法,如消火栓、灭火器、防烟面具、空气呼吸器等,掌握其配置情况,熟悉其配置地点,以便能独立熟练操作。通过理论学习与实践练习,提高员工的安全防火意识,增强员工的消防安全常识,使其能够在发生火灾时进行正确应急处理,减少火灾造成的人员伤害和财产损失。

 教学目标

1. 知识目标

◎认识城市轨道交通火灾;
◎明确地铁火灾应急救援;
◎熟知自动灭火系统、火灾自动报警系统、机电设备监控系统(EMCS);
◎掌握消防设备设施操作;
◎火灾的应急处理办法。

2. 技能目标

◎能够正确掌握消火栓系统的使用与消火栓操作实训,防烟面具的使用,空气呼吸器的使用;
◎作为一名值班站长或一名车站员工,在车站失火时正确疏散乘客;
◎作为一名值班站长或一名车站员工,能够进行车站火灾应急处置演练以及车站公共安全事件应急演练。

3. 素质目标

培养良好的岗位安全意识和职业素质,熟练掌握各类规章规则,严格执行工作程序、工作规范、工作标准和安全操作规程。

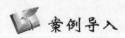

韩国大邱市地铁火灾事故

2003年2月18日9时53分,韩国大邱市1079号地铁列车到达中央路车站,在3号车厢内,有精神病史的56岁的金大中用打火机点燃装有汽油的塑料桶,扔进车厢,发生了韩国历史上最大的地铁蓄意纵火案。由于车厢内座椅上包着一层易燃的薄绒布,车厢间也没有隔断,3号车厢的火势迅速蔓延,整个列车浓烟滚滚。因为1079号列车已经到站,车门打开,部分乘客得以逃生。

3min 之后,39 岁的司机崔相烈驾驶另一列对开的 1080 号列车到达中央路站,他打开车门,浓烟立刻灌进来,又马上关上车门。司机向综合控制室请示怎么办,同时通知乘客等候,于是乘客坐着没动,失去了逃生时机。浓烟和大火自动切断车站的电源,站内一片漆黑。1080 号列车因为停电无法继续运行,6 节车厢迅速燃起大火。司机在逃生的同时拔出了主控钥匙,使得紧急电源切断,车厢陷入黑暗,同时车门无法打开。全列 24 个车门中,仅有 4 个车门被乘客中的地铁职工手动打开,许多普通乘客不知道如何手动开门,地铁列车车窗玻璃又很坚固无法打破,使得这一列车的遇难人数占了多数。

1300 多名消防队员经超过 3h 才扑灭这场地铁大火,但是车站内温度仍然很高,直到降温后才得以进入车站救援。这次大邱市地铁火灾事故一共造成 296 人死亡,146 人受伤,269 人失踪。大邱市地铁的火灾虽然是有人故意纵火而造成的,但是出现如此大的伤亡却是人们所没有预料到的,因为从事故现场站台到地铁地面出口步行只需 2min。

案例表明: 许多火灾事故中,有的人能火里逃生,有的却丧身火海,这固然与火势大小、起火地点、起火时间、建筑物内消防设施、扑救是否及时等因素有关,但受害者火场积极自救、互救而成功逃生是不乏先例的。能否成功从火场逃生取决于被困者的自救知识,更与地铁员工的应急处理能力息息相关。因此,掌握一定的消防知识,增强自救意识,提高逃生技能,对每一个人来说都是非常必要的。

任务一 认识城市轨道交通火灾

一、城市轨道交通火灾分析

1. 地铁火灾事故的危害性

(1) 氧含量急剧下降

地铁火灾发生时,由于隧道的相对封闭性,大量的新鲜空气难以迅速补充,致使空气中氧气含量急剧下降。有研究表明,空气中氧含量降至 15% 时,人体肌肉活动能力下降;降至 10%~14% 时,人体四肢无力,判断能力低,易迷失方向;降至 6%~10% 时,人即会晕倒,失去逃生能力;当空气中含氧量降到 5% 以下时,人会立即晕倒或死亡。

(2) 发烟量大

火灾时产生的发烟量与可燃物的物理化学特性、燃烧状态、供气充足程度有关。地铁列车的车座、顶棚及其他装饰材料大多是可燃性材料,地下隧道发生火灾时,由于新鲜空气供给不足,气体交换不充分,产生不完全燃烧反应,导致一氧化碳(CO)等有毒有烟气体大量产生(表 4-1),不仅降低了隧道内的可见度,同时加大了疏散人群窒息的可能性。

可燃物质燃烧时产生的有毒气体表　　表 4-1

可燃物名称	有毒气体	可燃物名称	有毒气体
木材	CO_2、CO	聚氟乙烯	CO_2、CO、氧化氢
羊毛	CO_2、CO、H_2S、NH_3	尼龙	CO_2、CO、乙醛氨
棉花、人造纤维	CO_2、CO	酚树脂	CO、氨、氰化物
聚四氟乙烯	CO_2、CO	三聚氰胺—醛树脂	CO、氨、氰化物
聚苯乙烯	苯、甲苯	环氧树脂	CO_2、CO、丙酮

(3) 排烟排热差

被土石包裹的地下隧道,热交换十分困难。发生火灾时不能像地面建筑那样,有80%的烟可以通过破碎的窗户扩散到大气中,而是聚集在建筑物内,无法扩散,易使温度骤升,较早地出现"爆燃"(表4-2);烟气形成的高温气流会对人体产生巨大的影响。这些流动性很强的烟和有毒气体,若不加以控制或及时排除,则会在地下通道内四处流窜,短时间内充满整个地下空间,给现场遇险人员和救灾人员带来极大的生命威胁。

火灾标准时间温度曲线值   表4-2

时间(min)	5	10	15	30	60	90	120	180	240	360
温度(℃)	556	659	718	821	925	986	1029	1090	1133	1193

(4) 火情探测和扑救困难

地铁的火灾比地面建筑的火灾扑救要困难得多,其难度相当于扑救超高层建筑最顶层的火灾。这是因为当地面建筑发生火灾时,可以直接在建筑物外从产生的火光、烟雾判断火场位置和火势大小;而地铁发生火灾时究竟在哪个部位,则无法直观火场,需要详细查询和研究地下工程图,分析可能发生火灾的部位和可能出现的情况,才能做出灭火方案。同时,由于地铁的出入口有限,而且出入口又经常是火灾时的冒烟口,消防人员不易接近着火点,扑救工作难以展开。再加上地下工程对通信设施的干扰较大,扑救人员与地面指挥人员通信、联络的困难,亦为消防扑救工作增加了障碍。

(5) 人员疏散困难

首先,地下隧道完全靠人工照明,致使正常电源照明比地面建筑自然采光差,加之火灾时正常电源被切断,人的视觉完全靠事故照明和疏散标志指示灯保证。此时如果再没有事故照明,隧道、站台内将是一片漆黑,人员根本无法逃离火场。再加上浓烟,使人员疏散极为困难。火场中产生的一些刺激性气体也会使人睁不开眼睛,看不清逃离路线。其次,地铁发生火灾时只能通过站台出口逃生。地面建筑内发生火灾时,人员的逃生方向与烟气的自然扩散方向相反,人往下逃离就可以脱离烟气的危害。而在地铁里发生火灾时,人只有往上逃到地面上才算是安全的,而人员的逃生方向与烟气的自然扩散方向一致,烟的扩散速度一般比人的行动快,所以人员疏散很困难。

2. 火灾的引发因素

(1) 电气线路、电气设备故障引发火灾。城市轨道交通车站(含列车)内电气线路、电气设备高度密集,这些电气线路和设备在运行中发生短路、过负荷、过热等故障是引发城市轨道交通火灾事故的重要因素。

(2) 人为引起火灾。工作人员违章操作、用火不慎,乘客携带易燃易爆危险品乘车、在城市轨道车站内吸烟、人为纵火等也可能引发城市轨道交通火灾事故。

(3) 环境因素引发火灾。主要包括城市轨道交通内部潮湿、高温、粉尘、鼠害等因素;城市轨道交通内部通风不畅、隧道散热不良等原因导致温度过高;隧道内漏水情况比较普遍,地下湿气不易排出,导致地下空间湿度大;老鼠等小动物啃咬电缆电线。环境因素可能造成电气设备、线路绝缘性能下降,造成电气设备短路引起火灾。

(4) 与城市轨道交通车站合建的外来建筑物带来的危害因素。特别是处于中心闹市区的城市轨道车站,常常与地面商业建筑合建。由于商场、车库、写字楼等商业场所具有较高的火灾风险,同时此类场所的风险管理和控制工作通常不由城市轨道交通企业控制,因此较城市轨道交通运营本身而言相对薄弱,一旦发生火灾、爆炸及其他灾害,不仅可能对城市轨道交通的正常运营带来影响,严重时甚至可能造成城市轨道交通财产和人身方面的重大损失。对于存在此类商业经营场所的城市轨道交通车站,除城市轨道交通本身风险以外的各种风险(包括火灾和爆炸的风险)不容忽视。

列车上引发火灾的原因如图4-1所示。

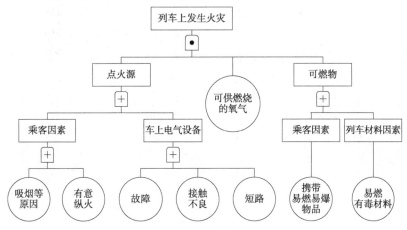

图4-1 列车上引发火灾的原因

3. 火灾的等级划分

特别重大火灾:指造成30人以上死亡,或者100人以上重伤,或者1亿元以上直接财产损失的火灾。

重大火灾:指造成10人以上30人以下死亡,或者50人以上100人以下重伤,或者5000万元以上1亿元以下直接财产损失的火灾。

较大火灾:指造成3人以上10人以下死亡,或者10人以上50人以下重伤,或者1000万元以上5000万元以下直接财产损失的火灾。

一般火灾:指造成3人以下死亡,或者10人以下重伤,或者1000万元以下直接财产损失的火灾。

4. 火灾的分类

依据《火灾分类》(GB/T 4968—2008)国家标准,火灾根据可燃物的类型和燃烧特性,分为A、B、C、D、E、F、K 7类,如表4-3所示。

《火灾分类》(GB/T 4968—2008)国家标准   表4-3

A类火灾	指固体物质火灾	这种物质通常具有有机物质性质,一般在燃烧时能产生灼热的余烬,如木材、煤、棉、毛、麻、纸张等火灾
B类火灾	指液体或可熔化的固体物质火灾	如煤油、柴油、原油、甲醇、乙醇、沥青、石蜡等火灾
C类火灾	指气体火灾	如煤气、天然气、甲烷、乙烷、丙烷、氢气等火灾
D类火灾	指金属火灾	如钾、钠、镁、铝镁合金等火灾
E类火灾	带电火灾	物体带电燃烧的火灾
F类火灾	烹饪器具内的烹饪物(如动植物油脂)火灾	烹饪器具内的烹饪物(如动植物油脂)火灾
K类火灾	食用油类火灾	通常食用油的平均燃烧速率大于烃类油,与其他类型的液体火相比,食用油火很难被扑灭,由于有很多不同于烃类油火灾的行为,它被单独划分为一类火灾

二、车站防火分区与防烟分区

地铁车站面积多在 5000～6000m²，一旦发生火灾，如无严格的防火分隔设施，势必蔓延成大面积火灾，造成不应有的损失。防火分区是指在建筑内部采用防火墙、耐火楼板及其他防火分隔设施(图4-2)分隔而成，能在一定时间内防止火灾向同一建筑的其余部分蔓延的局部空间。在建筑物内采用划分防火分区这一措施，可以在建筑物一旦发生火灾时，有效地把火势控制在一定的范围内，减少火灾损失。

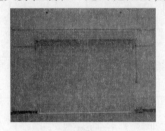  

a)防火卷帘门　　　　　　　　　　　b)挡烟垂壁

图 4-2　防火分隔设施

1. 防火分区

地铁车站公共区(站台、站厅、出入口)为同一防火分区，设有相应的大系统火灾模式；A端设备区、B端设备区为另外两个防火分区，分别设有相应的小系统火灾模式；每个防火分区均设有独立的疏散口。

(1) 车站站台、站厅公共区应划为一个防火分区。

(2) 车站设备管理区应与站厅公共区和站台公共区划为不同的防火分区，每个防火分区的最大允许建筑面积不应大于1500m²，如图4-3和图4-4所示。

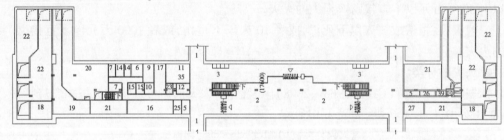

图 4-3　站厅层防火分区

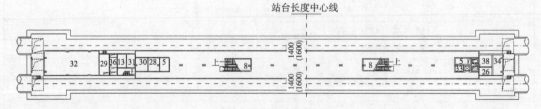

图 4-4　站台层防火分区

2. 防烟分区

车站火灾排烟模式是自动控制启动，必要时由车站值班员在IBP盘上人工启动。地铁每个防烟分区面积不大于750m²，地铁站厅与人行通道连接处或两个防烟分区连接处设置挡烟垂壁(它与垂直顶板的高度应大于500mm)，当结构梁底距离顶板垂直距离大于500mm

时,可以利用梁作为挡烟垂壁。站厅与站台连接的楼梯或扶梯开孔处,防烟分隔一般采用防火板隔开,防火板距离楼板顶部的距离大于500mm。

(1)公共区防烟区不应大于2000m²,设备管理区不应大于750m²。

(2)站台到站厅的楼扶梯开口四周的临空部位应设挡烟垂壁(图4-5)。

图4-5 站台到站厅的楼扶梯开口四周的临空部位的挡烟垂壁

(3)地下一层侧式站台与同层站厅公共区临界面门洞部位应设挡烟垂壁(图4-6)。

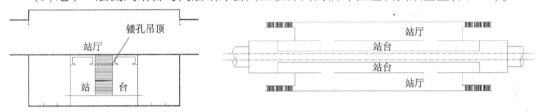

图4-6 地下侧式站台与同层站厅公共区临界面门洞部位的挡烟垂壁

(4)公共区与其他相连通部位的高差不满足500mm时,应设挡烟垂壁。

任务二 消防设备设施操作

站务员必须了解和掌握车站基本的消防设备和设施的使用方法,如消火栓、灭火器、防烟面具、空气呼吸器等,掌握其配置情况,熟悉其配置地点,以便能独立熟练操作。

一、消火栓系统的使用

消火栓是消防供水设施的终端,可在灭火时提供较高压力的水源供直接灭火或为消防车供水。城市轨道交通消火栓给水系统主要由消防水源(市政供水或消防水池)、消防水管、室内消火栓箱(包括水带、水枪、消防软管卷盘)和室外消火栓、消防水泵、消防水泵控制器等组成。室内消火栓箱一般都设置在建筑物公共部位的墙壁上,有明显的标志。

1. 消火栓系统构成

每座车站及相邻区间隧道的消火栓系统由消火栓泵、管道、若干消火栓箱组成。

车站内消火栓:车站内每隔45m设置一只消火栓箱,箱高1.8m、宽1.2m。箱内配有双头双阀消火栓一只、水带两盘、多功能水枪两只、消防电话插孔和水泵启动按钮,箱门面板上还装有手拉报警装置。

隧道内消火栓:区间隧道内消火栓水源来自相邻两座车站,其消防水管与相邻车站管道贯通。隧道内每隔45m设置一只消火栓箱,箱高0.9m、宽1.2m。箱内配有双头阀消防栓、水带、水枪、消防电话插孔和水泵启动按钮。

2. 室内消火栓的使用方法

使用时须两人以上,打开消火栓箱,一人拿出水带和水枪头,将水带的一端与出水阀门顺时针接好(如室内消火栓箱内或旁边装有消防泵按钮的,应先按压消防泵按钮),另一端接上枪头,拖往着火区域,做好灭火准备;另一人准备完毕,逆时针拧开水阀门,同时启动消防泵,进行灭火,灭火结束后,必须先关闭消防泵,最后顺时针拧紧出水阀,锁住消火栓即可,如图4-7所示。

1.打开室内消火栓箱　　2.取出消防水带,向着火点展开　　3.水带一端连接水源

4.连接水枪　　5.打开水阀门　　6.手握水枪头及水带,对准火源,即可灭火

图4-7　消火栓操作示意图

注:1.消火栓前2m以内不许堆放任何物品。
　　2.非火灾时不要使用。
　　3.扑救火灾后将消防水带晾干,并恢复原状态。

消火栓检测:手动启泵,即直接按消火栓箱里的启泵按钮,压力值应在0.15~0.2MPa。如果没有设计试验用的消火栓,则找到离泵最远最高的消火栓,斜45°喷射,观察喷射距离,一般充实水柱长10m以上即为正常,小于7m则不可使用。

3. 消防软管卷盘的使用方法

消防软管卷盘(图4-8)由阀门、输入管路、轮辐、支承架、摇臂、软管及喷枪等部件组成,以水作灭火剂,能在迅速展开软管的过程中喷射灭火剂的灭火器具。一般安装在室内消火栓箱内,是新型的室内固定消防装置,适用于扑救A类碳水化合物,如纸质、木质和棉麻织物等物质引起的火灾。

图4-8　消防软管卷盘示意图

使用消防软管卷盘时,首先打开箱门将卷盘旋出,拉出胶管和小口径水枪,开启供水闸阀即可进行灭火。消防软管卷盘除绕自身旋转外,还能随箱门旋转,比较灵活,不需将胶管全部拉出即能开启阀门供水。使用完毕后,先关闭供水闸阀,待胶管排除积水后卷回卷盘,将卷盘转回消火栓箱。

技能训练 4-1

消火栓系统与消火栓操作实训

工作任务:消火栓系统与消火栓操作

任务目标:1.熟悉室内消火栓的使用方法和使用时机。

2.了解室内消火栓的配置情况和注意事项。

3.培养遵章守纪、团结协作的意识,树立安全第一的指导思想。

任务实施:

1.作业目的

通过对室内消火栓的操作,熟悉室内消火栓的使用方法,掌握其配置情况,以便能独立熟练操作。

2.作业准备

(1)人员组织:2人。

(2)设备准备:室内消火栓。

(3)安全用具:绝缘靴、绝缘手套、安全帽。

(4)材料准备:记录笔、记录本。

3.操作程序

(1)取水带。打开消火栓箱,取出水带,见图4-9a)。

(2)抛水带。右手成虎口形握住水带的两个接头,用五指扣压水带外圈。同时,左手拇指分别插入水带两头接口内,并握紧两个水带头,两手协力托住水带,用力向正前方抛出,左手握水带头向上抽拉,使水带向正前方摊开,见图4-9b)。

(3)接水带。右手将水带接头与消火栓接着对接,并顺时针转动至卡紧为止,见图4-9c)。

(4)接水枪。打开阀门。迅速拿起另一头水带接头,将水枪头接上水带接口,将消火栓消防阀轮按逆时针方向转动打开,见图4-9d)。

(5)灭火。射水时将水枪对准火源根部采取包围灭火战术——阻火势和烟雾,使其向四周扩散,以便有效控制,直至将火扑灭,见图4-9e)。注意:用水灭火时如遇电气火灾,应先断电后灭火。

a)取水带

b)抛水带

c)接水带

d)接水枪

e)灭火

图4-9 消火栓的操作程序示意图

4. 注意事项

(1) 注意火场与消火栓的距离,车站内消防水带和消防软管长度一般为 25m。
(2) 用消火栓时注意着火物品是否带电,若属带电物品,必须先切断电源方可用水灭火。
(3) 定期检查消火栓,确保消火栓水压正常,物品齐全。

5. 实际操作

(1) 人员组织:2 人。
(2) 考核时间:20min。
(3) 测评标准见下表。

项目及配分		考核内容及评分标准
操作程序	35 分	1. 确认室内消火栓使用时机是否正确。每错一处扣 2 分
		2. 室内消火栓操作步骤是否正确。每错一处扣 3 分
		3. 室内消火栓操作结果是否正确。每错一处扣 3 分
质量	35 分	1. 室内消火栓使用时机确认是否符合要求。不符合要求,每处扣 2 分
		2. 室内消火栓操作过程是否符合要求。不符合要求,每处扣 3 分
		3. 室内消火栓操作结果否符合要求。不符合要求,每处扣 3 分
安全及其他	30 分	1. 未按规定穿戴个人劳保用品,每少一件扣 5 分
		2. 未按规定进行操作扣 5 分
		3. 出现设备损坏、人身伤害,扣 4 分
		4. 每超时 1min 扣 5 分,超时 2min 停止考核
合计	100 分	

二、灭火器的使用

灭火器是扑灭火灾的有效器具,担负的任务是扑救初起火灾。一具质量合格的灭火器,如果使用得当,扑救及时,可将损失巨大的火灾扑灭在萌芽状态。因此,灭火器的作用是很重要的。

1. 灭火器的类型和用途

灭火器的分类方法很多,通常按充装灭火剂的类型来划分。常见的有:手提式干粉灭火器、手提式二氧化碳灭火器、手提式泡沫灭火器、清水灭火器等,如图 4-10 所示。

a)手提式干粉灭火器　　b)二氧化碳灭火器　　c)泡沫灭火器　　d)清水灭火器

图 4-10　灭火器的类型和用途

干粉灭火器适用于易燃、可燃液体、气体及带电设备的初起火灾(ABC 类火灾),干粉灭火器药剂的主要成分是碳酸氢钠,即小苏打和磷酸氢二铵。二氧化碳手提式灭火器结构简单、操作灵活、使用方便,具有灭火速度快、效率高、可连续或间歇喷射等优点,适用于扑救油类、易燃液体、固体有机物、气体和电气设备的初起火灾。泡沫灭火器主要适用于扑救各种油类火灾、木材、纤维、橡胶等固体可燃物火灾。清水灭火器采用清水作灭火药剂,加入一定量的添加剂,可扑灭纸张、木材、纺织品等引起的 A 类火灾。

知识链接 4-1

灭火器的原理

1. 泡沫灭火器:

$$Al_2(SO_4)_3 + 6NaHCO_3 == 3Na_2SO_4 + 2Al(OH)_3\downarrow + 6CO_2\uparrow$$

2. 干粉灭火器:

$$3NaOH + 2AlCl_3 + 3NaHCO_3 ====2Al(OH)_3\downarrow + 3CO_2\uparrow + 6NaCl$$

3. 液态 CO_2 灭火器:

在常压下,液态的二氧化碳会立即汽化,一般 1kg 的液态二氧化碳可产生约 $0.5m^3$ 的气体。因而灭火时,二氧化碳气体可以排除空气而包围在燃烧物体的表面或分布于较密闭的空间中,降低可燃物周围或防护空间内的氧浓度,产生窒息作用而灭火。另外,二氧化碳从储存容器中喷出时,会由液体迅速汽化成气体,而从周围吸引部分热量,起到冷却的作用。

4. 水雾式灭火器:

灭火器在喷射后,呈水雾状,瞬间蒸发火场大量的热量,迅速降低火场温度,抑制热辐射,表面活性剂在可燃物表面迅速形成一层水膜,隔离氧气,降温、隔离双重作用,同时参与灭火,从而达到快速灭火的目的。

2. 城市轨道交通常用灭火器的使用

各个城市轨道交通企业配置的灭火器型号各不相同,但考虑到配置成本、通用性、维护及保养的方便性等因素,城市轨道交通车站的一般选择为在设备区配置二氧化碳灭火器,在公共区配置干粉灭火器。

(1) 手提式二氧化碳灭火器

二氧化碳灭火器特别适用于扑救车站设备区内的带电设备以及精密电气设备的初起火灾。使用时,先将灭火器提到起火地点,破铅封,拔出保险销,一只手握住喇叭筒根部的手柄,另一只手紧握启闭阀的压把,将喷嘴对准火源,压下鸭嘴,二氧化碳即从喷嘴喷出。对没有喷射软管的二氧化碳灭火器,应把喇叭筒往上扳 70°~80°,使用方法如图 4-11 所示。

图 4-11 手提式二氧化碳灭火器使用方法示意图

灭火器使用时,不能直接用手抓住喇叭筒外壁或金属连接管,以防手被冻伤。在喷射过程中应保持直立状态,切不可平放或颠倒使用。在室外使用时,应选择上风方向喷射,因为在室外大风条件下使用时,喷射的二氧化碳气体易被风冲散,灭火效果很差。在室内窄小空间使用时,灭火后操作者应迅速离开,以防窒息。用二氧化碳扑救室内火灾后,应及时打开门窗通风。另外,二氧化碳灭火器喷射距离一般是 2~3m,使用时应尽量接近火源,动作迅速,以防止冻伤。

二氧化碳灭火器钢瓶内气体存量要按其说明书定期检查(称重),质量减少 1/10 时应补充。二氧化碳灭火器不能放在高温和日照的地方,存放处温度不应超过 42℃。

(2)手提式干粉灭火器

干粉灭火器灭火机理为化学抑制,阻断燃烧的链式反应,灭火级别高、功能全,灭火迅速,具有电绝缘性能和较好的低温使用性能。常见的有 BC 和 ABC 两类。BC 类干粉灭火器适用于扑救易燃可燃液体和带电电气设备的火灾。ABC 类干粉灭火器适用于扑救固体可燃材料、易燃可燃液体和带电电气设备的火灾。

使用方法如图 4-12 所示。

图 4-12 手提干粉灭火器使用方法示意图

第一步:使用前,先将灭火器上下颠倒几次,让干粉预先松动,便于喷射。用手握住灭火器提把,平稳、快捷地提往火场。

第二步:除掉压把根部的铅封。在距离燃烧物 5m 左右的地方,拔出保险销。人应站在上风方向。

第三步:握住喷管。用一只手握住喷管,将灭火器喷嘴对准火源根部。手应握在胶质喷管处,以防冻伤。

第四步:开启压把。用另一只手按下压把。不要将灭火器的盖与底对着人,以免弹出伤人。

第五步:根部喷射。对准火焰根部,左右摇摆喷射,使粉雾横扫整个着火区。喷射时由外向内,由近而远,向前推移灭火。保持灭火器正立状态,先将喷嘴对准燃烧处,用力握紧开启压把,使灭火器喷射要上下左右扫射,在扑灭明火后,灭火时应果断、迅速,不要遗留残火,不让其复燃。扑救液体火灾时,不要冲击液面,以防止因液体飞溅而将火场扩大。

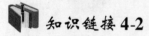知识链接 4-2

灭火器的检查方法

灭火器应每季度进行一次外观检查和维护,其内容包括:

(1)检查灭火器配置位置应无变动,无丢失或挪用。

(2)检查可见部位防腐层的完好程度。检查筒体外表是否有锈蚀情况,严重锈蚀的要报废,每周检查时要注意观察。

(3)检查灭火器铅封、拉环、安全插销、喷嘴、胶管等可见零部件应完整,无松动、变形、锈蚀或损坏,装配合理。

(4)检查储压式灭火器的压力表指针应在绿色区域,如指针在红色区域,应查明原因,检修后重新灌装。有压力表的灭火器,如干粉灭火器,其指针应指示在绿色区域,若在红色区域,说明压力偏小,需重新充装内容物;若在黄色区域,则说明压力过高,若是新充装的灭火器问题不大,但若是旧灭火器则比较危险,应重新充装,因为有可能会发生爆炸。

(5)检查灭火器的喷嘴畅通,如有堵塞应及时疏通。对于二氧化碳灭火器,一是检查喷嘴和喷射管道是否堵塞、腐蚀或损坏;二是刚性连接式喷嘴是否能绕其轴线回转,并可停留在任何位置,这样的检查每半年一次。

(6)干粉灭火器维护保养时,应将灭火器倒立摇晃两次,防止灭火剂结块。

技能训练 4-2

灭火器的使用与保养实训

工作任务:灭火器的使用与保养

任务目标:1.熟悉灭火器的使用与保养方法。

2.了解灭火器的配置情况和注意事项。

3.培养遵章守纪、团结协作的意识,树立安全第一的指导思想。

任务实施:

1.作业目的

通过对灭火器的操作,熟悉灭火器的使用与保养方法,掌握其配置情况,以便能独立熟练操作。

2.作业准备

(1)人员组织:2人。

(2)设备准备:手提式灭火器。

(3)安全用具:绝缘靴、绝缘手套、安全帽。

(4)材料准备:记录笔、记录本。

3.操作程序

第一步:识别灭火器的型号,如图 4-13 所示。

第二步:判断火势,正确选用相关类型的火火器。

第三步:对灭火器进行检查,看是否能正常使用,如图 4-14 所示。

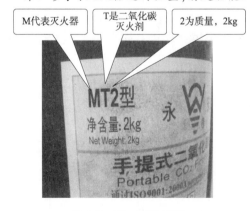

图 4-13 灭火器型号图示

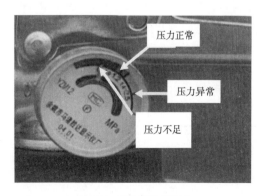

图 4-14 灭火器检查图示

第四步:站在上风位置,迅速采取正确的操作方法,将火源扑灭。

(1)摇——防止灭火器内灭火剂凝固,影响灭火效果,如图4-15a)所示。

(2)拔——拔出保险栓,如图4-15b)所示。

(3)瞄——瞄准火焰根部,如图4-15c)所示。

(4)压——压下灭火器手柄,如图4-15d)所示。

(5)扫——左右扫射,如图4-15e)所示。

a)摇动灭火器

b)拔出保险栓

c)瞄准火焰根部

d)压灭火器手柄

e)左右扫射

图4-15 灭火器的操作程序示意图

4. 注意事项

(1)检查灭火器上的压力显示颜色分为绿区、黄区和红区,如果指针指在绿色区域内,表示该灭火器可以正常使用;在黄区内则表示灭火器已经接近最后的使用期限;如指针指向红色区域,则说明内部压力已泄漏无法使用,应赶快送维修部门检修或者更换新灭火器。检查灭火器保质期,超过保质期的应及时更换。出厂满五年的,即使未开启使用过,也必须送专业维修单位检修,此后,每年必须检测一次,以确保灭火器安全可靠。

(2)先断电源。若是电器引发的火灾,扑救时应先切断电源,以防触电。

(3)勿与水喷。不要与水同时喷射在一起,以免影响灭火效果。

5. 实际操作

(1)人员组织:2人。

(2)考核时间:20min。

(3)测评标准见下表。

项目及配分		考核内容及评分标准
操作程序	35分	1.确认两种灭火器使用时机是否正确。每错一处扣2分
		2.两种灭火器操作步骤是否正确。每错一处扣3分
		3.灭火器检查方法是否正确。每错一处扣3分

续上表

项目及配分		考核内容及评分标准
质量	35 分	1. 两种灭火器使用时机确认是否符合要求。不符合要求,每处扣 2 分
		2. 两种灭火器操作过程是否符合要求。不符合要求,每处扣 3 分
		3. 灭火器检查方法是否符合要求。不符合要求,每处扣 3 分
安全及其他	30 分	1. 未按规定穿戴个人劳保用品,每少一件扣 5 分
		2. 未按规定进行操作扣 5 分
		3. 出现设备损坏、人身伤害,扣 4 分
		4. 每超时 1min 扣 5 分,超时 2min 停止考核
合计	100 分	

三、防烟面具的使用

防烟面具用于火灾中个人逃生时使用,可防护热气流、热辐射、毒烟、毒气、一氧化碳等有害气体或有害烟雾对头、面部及呼吸系统的伤害。

1. 防烟面具的组成结构

防烟面具由面罩和滤毒罐(或过滤元件)组成。面罩包括罩体、眼窗、通话器、呼吸活门和头带(或头盔)等。滤毒罐用以净化染毒空气,内装滤烟层和吸着剂,也可将这两种材料混合制成过滤板,装配成过滤元件。较轻的(200g 左右)滤毒罐或过滤元件可直接连在面罩上,较重的滤毒罐通过导气管与面罩连通。

2. 防烟面具的使用方法

防烟面具的使用方法如图 4-16 所示。

❶ 不必惊慌保持冷静,打开包装盒并取出呼吸器头罩。

❷ 拔掉滤毒罐前孔和后孔的两个红色橡胶塞。

❸ 将头罩戴进头部,向下拉至颈部,滤毒罐应置于鼻子的前面。

❹ 拉紧头带,以妥当地包住头部。平静地深呼吸,并选择最安全通往紧急出口的路线出逃,若走不出就等待救援,站在窗前,使自己易于被人发现。

图 4-16 防烟面具的使用方法

技能训练 4-3

防烟面具的使用实训

工作任务：防烟面具的使用

任务目标：1. 熟悉防烟面具的使用方法和使用时机。

2. 了解防烟面具的配置情况和注意事项。

3. 培养遵章守纪、团结协作的意识，树立安全第一的指导思想。

任务实施：

1. 作业目的

通过对防烟面具的使用，熟悉防烟面具的使用方法，掌握其配置情况，以便能独立熟练操作。

2. 作业准备

(1) 人员组织：2 人。

(2) 设备准备：防烟面具。

(3) 安全用具：绝缘靴、绝缘手套、安全帽。

(4) 材料准备：记录笔、记录本。

3. 操作程序

(1) 打开包装盒，从缺口处撕开包装袋。

(2) 拿出面具并拔去内、外罐塞，将面套套入头部。

(3) 调正眼窗，扣正口鼻罩。

(4) 用手拉紧头带，扣上尼龙搭扣，尝试可正常呼吸时即可。

4. 注意事项

(1) 防烟面具保质期 3 年。

(2) 安全使用时间 15min。

(3) 每岗一具，随岗交接。

(4) 日常检查，不符合标准上报安全保卫科。

5. 实际操作

(1) 人员组织：2 人。

(2) 考核时间：20min。

(3) 测评标准见下表。

项目及配分		考核内容及评分标准
操作程序	35 分	1. 确认防烟面具使用时机是否正确。每错一处扣 2 分
		2. 防烟面具操作步骤是否正确。每错一处扣 3 分
		3. 防烟面具操作结果是否正确。每错一处扣 3 分
质量	35 分	1. 防烟面具使用时机确认是否符合要求。不符合要求，每处扣 2 分
		2. 防烟面具操作过程是否符合要求。不符合要求，每处扣 3 分
		3. 防烟面具操作结果否符合要求。不符合要求，每处扣 3 分

续上表

项目及配分		考核内容及评分标准
安全及其他	30 分	1. 未按规定穿戴个人劳保用品,每少一件扣 5 分
		2. 未按规定进行操作扣 5 分
		3. 出现设备损坏、人身伤害,扣 4 分
		4. 每超时 1min 扣 5 分,超时 2min 停止考核
合计	100 分	

四、空气呼吸器的使用

空气呼吸器是在灭火或进入火灾现场疏散人员时,短时隔离烟尘、提供压缩空气供人员呼吸的专业消防设备。

1. 空气呼吸器的组成结构

面罩:为大视野面窗,面窗镜片采用聚碳酸酯材料,具有透明度高、耐磨性强等优点,具有防雾功能。网状头罩式佩戴方式,佩戴舒适、方便,胶体采用硅胶,无毒、无味、无刺激,气密性能好。

气瓶:为铝内胆碳纤维全缠绕复合气瓶,工作压力 30MPa,具有质量轻、强度高、安全性能好的优点,瓶阀具有高压安全防护装置。

瓶带组:瓶带卡为一快速凸轮锁紧机构,并保证瓶带始终处于一闭环状态。气瓶不会出现翻转现象。

肩带:由阻燃聚酯织物制成,背带采用双侧可调结构,使重量落于腰胯部位,减轻肩带对胸部的压迫,使呼吸顺畅。并在肩带上设有宽大弹性衬垫,减轻对肩的压迫。

报警哨:置于胸前,报警声易于分辩,体积小、重量轻。

压力表:大表盘,具有夜视功能,配有橡胶保护罩。

气瓶阀:具有高压安全装置,开启力矩小。

减压器:体积小、流量大、输出压力稳定。

背托:背托设计符合人体工程学原理,由碳纤维复合材料注塑成型,具有阻燃及防静电功能,质轻、坚固,在背托内侧衬有弹性护垫,可使配戴者舒适。

腰带组:卡扣锁紧、易于调节。

快速接头:小巧、可单手操作,有锁紧防脱功能。

供给阀:结构简单、功能性强、输出流量大、具有旁路输出、体积小。

2. 空气呼吸器的检查方法

空气呼吸器的检查如图 4-17 所示。

a)

b)

c)

d)

图 4-17 空气呼吸器的检查

(1) 目视检查气瓶:

①检查气瓶表面是否有严重损伤。

②检查背板是否有裂痕、背带是否有划伤、压力计有无破损。

(2)目视检查面罩:检查面罩清晰度以及面罩是否已有缺损,特别是侧缘面屏、阀门和束带部分。

(3)检查气瓶压力:正常压力不低于28MPa,关闭气瓶开关,观察压力表的读数,在1min内,压力下降不大于2MPa,表明供气系统气密良好。

(4)检查报警装置:泄压并检查报警是否正常。轻轻按动供气阀,观察压力值变化,当压力降至5~6MPa时,警报器汽笛发出声响。

3.空气呼吸器的使用方法

空气呼吸器的使用方法如图4-18所示。

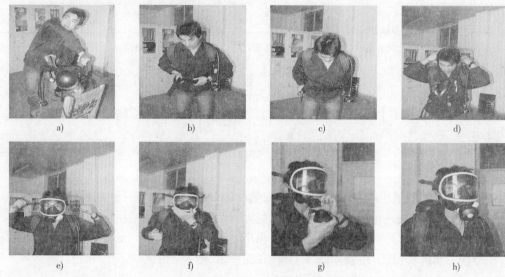

图4-18 空气呼吸器的使用方法

(1)两手抓紧呼吸器固定架,向上翻起,自由滑动到两臂肩膀支撑位置。

(2)两手系紧腰带。

(3)固定压力表附件。

(4)自下而上戴起面罩。

(5)用双手拉紧固定带。

(6)进行气密检查。用手掌心堵住面罩的接口,使面罩紧贴面部,如果在10s之内,操作人员感觉到气憋,说明面罩的气密性良好。

(7)打开呼吸器总阀,将面罩与空气呼吸器软管正确连接。

(8)深呼吸并进入工作区域。

 技能训练4-4

空气呼吸器的使用实训

工作任务:空气呼吸器的使用

任务目标:1.熟悉空气呼吸器的使用方法和使用时机。

2.了解空气呼吸器的配置情况和注意事项。

3.培养遵章守纪、团结协作的意识,树立安全第一的指导思想。

任务实施：

1. 作业目的

通过对空气呼吸器的使用，熟悉空气呼吸器的使用方法，掌握其配置情况，以便能独立熟练操作。

2. 作业准备

(1) 人员组织：2 人。

(2) 设备准备：空气呼吸器。

(3) 安全用具：绝缘靴、绝缘手套、安全帽。

(4) 材料准备：记录笔、记录本。

3. 操作程序

(1) 使用前准备工作

①佩戴前首先打开气瓶开关，随着管路、减压器系统中压力的上升，会听到警报器发出短暂的音响，气瓶完全打开后，检查空气的储存压力，一般在 28~30MPa。

②关闭气瓶开关，观察压力表的读数，在 5min 时间内压力下降不大于 2MPa，表明供气管系统高压气密完好。

③高压系统气密完好后，轻轻按动供给阀膜片，观察压力表值变化，当气瓶压力降至 4~6MPa 时警报汽笛发出音响，同时也是吹洗一次警报器通气管路。

(2) 佩戴使用方法

①呼吸器背在人体身后，根据身材可调节肩带、腰带，并以合身牢靠、舒适为宜。

②全面罩的镜片应经常保持清洁、明亮，将面罩与供约束阀相连并将全面罩上一条长脖带套在脖子上。使用前，面罩跨在胸前，以便佩戴使用。

③使用前，首先打开气瓶开关，检查气瓶的压力，使供给转换开头处于关闭状态，然后将快速插头插好。

④佩戴上全面罩，进行 2~3 次的深呼吸，感觉舒畅有关的阀件性能必须可靠，屏气时，供给阀门应停止供气，用手按压检查供给转换开关的开状态或关闭状态。一节正常时，将全面罩系带收紧，使全罩与面部有贴合良好的气密性，系带不必收得过紧，面部应感觉舒适，此时深吸一口气，转换开关，自动开启，供给人体适量的气体使用。

⑤检查全罩与面部是否贴合良好并气密，方法是：关闭气瓶开关，深呼吸数次，将呼吸内气体吸完，面罩应向人体面部移动，面罩内保持负压，人体感觉呼吸困难，在向面罩利呼吸阀有良好气密性。

⑥使用后可将全面辊系带卡子松开，从面部摘下全面罩，同时将供给阀转换开关置于关闭状态。

4. 注意事项

(1) 佩戴者在使用过程中，应随时观察压力表的指示数值。当压力下降至 5~6MPa 时，警报器会发出警报声响，佩戴者应立即撤离现场。

(2) 使用完毕后及时复位。工作完毕，正确拆除连接软管→松开面罩固定夹，将面罩摘下，同时将供给阀转换开关置于关闭状态→关闭呼吸器总阀→松开腰带，卸下空气呼吸器放回原位。

5. 实际操作

(1) 人员组织：2 人。

(2)考核时间:20min。

(3)测评标准见下表。

项目及配分		考核内容及评分标准
操作程序	35 分	1. 确认空气呼吸器使用时机是否正确。每错一处扣 2 分
		2. 空气呼吸器操作步骤是否正确。每错一处扣 3 分
		3. 空气呼吸器操作结果是否正确。每错一处扣 3 分
质量	35 分	1. 空气呼吸器使用时机确认是否符合要求。不符合要求,每处扣 2 分
		2. 空气呼吸器操作过程是否符合要求。不符合要求,每处扣 3 分
		3. 空气呼吸器操作结果否符合要求。不符合要求,每处扣 3 分
安全及其他	30 分	1. 未按规定穿戴个人劳保用品,每少一件扣 5 分
		2. 未按规定进行操作扣 5 分
		3. 出现设备损坏、人身伤害,扣 4 分
		4. 每超时 1min 扣 5 分,超时 2min 停止考核
合计	100 分	

五、自动灭火系统

在城市轨道交通工程中,自动灭火系统保护对象的火灾类型主要包括 A 类和 E 类火灾。如主变电站、变配电站、信号设备室及车站控制室等保护对象,属于车站的重要部位,不但设备价格昂贵,而且发生火灾等意外事故时容易导致城市轨道交通中断,影响整个城市轨道交通的运行安全。因此,上述场所均采用自动灭火系统进行保护。

自动灭火系统由存储输送灭火介质的管网子系统和探测报警的控制子系统组成,平时由后者监视防护区的状态,并按预先设定的控制方式启动灭火装置,达到扑救防护区火灾的目的。地铁自动防灾技术的发展如图 4-19 所示。

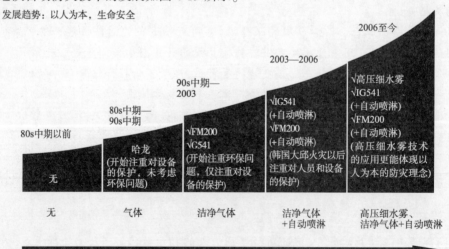

图 4-19 地铁自动防灾技术的发展

1. 气体灭火系统

气体灭火系统是指平时灭火剂以液体、液化气体或气体状态存储于压力容器内,灭火时以气体(包括蒸汽、气雾)状态喷射作为灭火介质的灭火系统。其能在防护区空间内形成各方向均一的气体浓度,而且至少能保持该灭火浓度达到规范规定的浸渍时间,实现扑灭该防护区的空间、立体火灾。

目前常用的气体灭火系统主要归纳为以下几大类:二氧化碳、气溶胶、惰性气体灭火系统、卤代烃类化学气体灭火系统。其中二氧化碳灭火系统和气溶胶灭火系统不适用于城市轨道交通。根据灭火介质的不同,气体灭火系统可分为七氟丙烷、惰性混合气体(以下简称IG-541)、三氟甲烷、IG-541(又名烟烙尽,含52%氩气+40%氮气+8%二氧化碳)、IG-55(氮气50%+氩气50%)、IG-01(纯氩气)、IG-100(纯氮气)等气体灭火系统。

气体灭火系统主要用于保护车站内火灾危险性较高的或重要的设备房,如高低压室、整流变电室、环控电控室、信号设备室、通信设备室、屏蔽门控制室等,部分主变电站、集中冷站的重要设备房也设有气体灭火系统。

(1)气体灭火系统的类型及特点

①卤代烃类气体灭火系统。卤代烃类气体灭火剂通过化学作用抑制燃烧过程中的化学反应达到灭火目的,其特点见表4-4。常用的有两种,即七氟丙烷和三氟甲烷,按储存压力又分为2.5MPa(低压)与4.2 MPa(高压)两类。影响其灭火效果的主要因素与其他气体灭火系统相同,一方面是防护区封闭情况,另一方面是灭火介质来源受限,不可以持续灭火。

卤代烃类气体灭火系统的特点 表4-4

优　　点	缺　　点
适用范围广,适用于任何一种防护区类型,对中、小空间场所的保护具有技术和经济方面的优势	在灭火过程中产生的热腐蚀产物(如HF)容易对精密仪器造成损害,气体喷放后需要及时开启排风系统
灭火效率高,其单位体积防护区空间所用气量要远低于通过物理作用达到灭火目的的其他灭火剂,该类系统储气量较少,单个气瓶占用的面积较少,是惰性气体类灭火系统的1/2	卤代烷灭火剂与哈龙气体都属于氟系列的灭火剂,在大气中存活时间长,同时温室效应值高,不利于环保
前期造价较低,在规模小、防护区集中的车站,在造价上有一定的优势,与惰性气体灭火系统比较,造价比约为3:4	灭火介质单价高,占初期投资比例高,维护充装费用要高于惰性气体灭火系统

②惰性气体类灭火系统。惰性气体类灭火系统的原理是,主要靠物理窒息作用将防护区内的氧气浓度降低至不支持燃烧的范围而达到灭火的目的,其特点见表4-5。影响其灭火效果的主要因素与其他气体灭火系统相同,一方面是防护区封闭情况,另一方面是灭火介质来源受限,不可以持续灭火。目前最常见的有三种,即氮气、烟烙尽INERGEN(IG-541)和氩气。惰性气体灭火介质取自于大气,属环保型灭火剂。

惰性气体类灭火系统的特点 表4-5

优　　点	缺　　点
是纯天然的洁净气体灭火剂,使用它灭火时,只是将气体放回大自然中去,不会对大气臭氧层产生任何破坏作用,是真正的绿色环保灭火剂	高达15MPa(20MPa)的储存压力使系统对各产品部件的承压标准、密封效果、输送管道的施工质量及维护管理提出了较高的要求
在灭火过程中无任何分解物,平时以气态储存,喷放时不会形成浓雾或造成视野不清,使人员在火灾时能清楚地分辨逃生方向	以窒息的物理作用灭火,设计浓度高,气瓶数量多
系统保护距离较长,一般在车站两端各设置一个气瓶室即能满足消防系统要求,建筑布置灵活,能充分体现组合分配式系统的优点	惰性气体单个气瓶室占用的面积相对卤代烷灭火系统大,虽然总的气瓶室数量少,但气瓶室占用的总面积与卤代烷灭火系统相差无几
维护充装费用要低于卤代烃类气体灭火系统	灭火时会产生较高正压,所以对防护区结构要求较高

(2)气体灭火系统的组成与工作原理

气体灭火系统由药剂储存和喷放设备、报警和控制设备组成,如图 4-20 ~ 图 4-23 所示。药剂储存和喷放设备主要包括气体钢瓶、钢瓶固定支架、瓶头阀电磁启动器、瓶头阀手动启动器等。报警和控制设备主要包括火灾探测器、控制盘、手拉开关、紧急停止开关、手动/自动选择开关、警铃、蜂鸣器和闪灯、气体释放指示灯等。

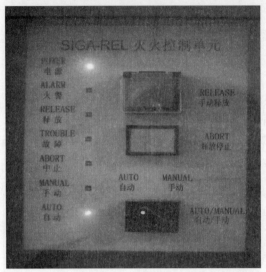
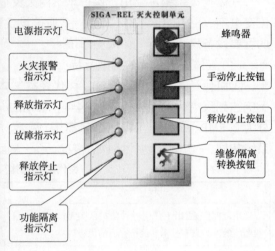

图 4-20　气体灭火控制盘(SIGA-REL)及其功能

图 4-21　气瓶间内部设备　　　　图 4-22　气体灭火保护房间外部设备

气体灭火系统联动原理(图 4-24):

①防护区内的任一探测器探测到火灾信号后,气体灭火报警主机启动设在该防护区域内的警铃,同时向 FAS 提供火灾预报警信号。

②当两种不同类型探测器,或者两个不同地址位、不同灵敏度的同类探测器收到火灾报警信号后(需要对预报警信号进行断定操作,加速火灾确认时间,如不进行断定操作,30s 后也会由预报警转为报警),向 FAS 系统输出火灾确认信号,并同时向气体灭火控制器发送启动信号,

图 4-23　气体灭火保护房间内部设备

气体灭火控制器进入延时状态,气体灭火报警主机启动设在该防护区域内外的声光报警器。

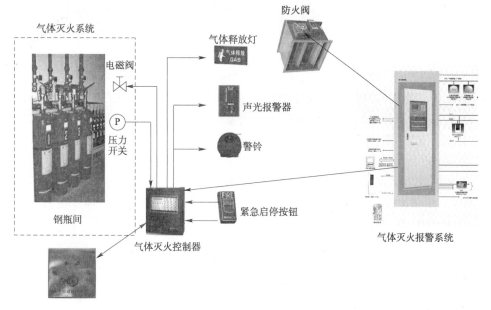

图4-24 气体灭火系统联动原理

③延时结束后,气体灭火控制器输出有源信号至启动瓶上的电磁阀释放气体。气体通过管道输送到防护区。

④压力开关上的触点开关动作并将气体释放信号传至气体灭火控制器,由气体灭火控制器联动气体灭火报警主机启动防护区外的释放指示灯。

(3)气体灭火系统的控制方式

气体灭火系统对其覆盖的各个防护区可以独立实现以下三种控制方式:自动控制方式、手动控制方式和人工应急机械控制方式。该系统的动作程序如图4-25所示。

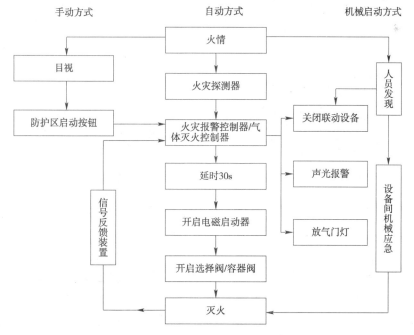

图4-25 气体灭火系统的动作程序

①自动控制。正常状态下,气体灭火控制器的控制方式选择在"自动"位置,灭火系统处于自动控制状态。当手自动转换开关置于"自动"位置时,针对该防护区的灭火控制方式处于全自动状态,在此状态下,当灭火控制器接收到同一防护区两个火灾探测器同时探测到火险信号时,即进入自动灭火控制程序。

②手动控制。在防护区有人员工作或值班时,控制方式选择"手动"位置,灭火系统处于手动控制状态。若某保护区发生火情,按下火灾报警灭火控制器(或气体灭火控制器)面板上的"启动"按钮,即可按"自动"程序启动灭火系统,实施灭火。也可在确认人员已经全部撤离的情况下,按下该区门口设置的"紧急启动"按钮,即可立即按"自动"程序启动,释放灭火剂实施灭火。

③机械应急手动控制。在无论何种原因致使灭火系统无法采用自动和手动控制方式启动时,操作人员可以采用人工应急机械手动控制方式启动灭火系统。具体步骤为:

a. 确认发生火灾的防护区的名称;
b. 确认防护区内的人员已撤出,并有效防止人员误入;
c. 确认影响灭火效果的设备或装置以及门窗已经关闭;
d. 尽快到达该防护区对应的灭火系统气瓶间;
e. 按照标牌指引,找到对应该防护区的启动气体存储装置;
f. 拉出该存储装置上电磁启动装置机械应急启动手柄下的保险卡环;
g. 按下手柄即可释放启动气体(氮气),从而启动气体自动灭火系统,释放灭火剂,实施灭火。

2. 细水雾灭火系统

(1)细水雾灭火系统的灭火原理

细水雾灭火系统(图4-26)是指通过细水雾喷头在适宜的工作压力范围内将水分散成细水雾,在发生火灾时向保护对象或空间喷放进行扑灭、抑制或控制火灾的自动灭火系统。细水雾雾滴直径很小,比表面积大,火场的火焰和高温将它迅速气化,体积可膨胀1700倍以上,使空间的氧气含量降低;雾滴气化时吸收大量热量,使燃烧物体及周围的温度下降,达到迅速灭火的目的。

a细水雾灭火系统遇火　　　　b细水雾灭火喷头

图4-26　细水雾灭火系统

细水雾灭火系统的灭火机理(图4-27)主要通过吸收热量(冷却)、降低氧浓度(窒息)、阻隔辐射热三种方式达到控火、灭火的目的。与一般水雾相比较,细水雾的雾滴直径更小,水量也更少。

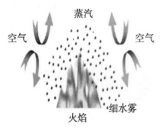
a)冷却

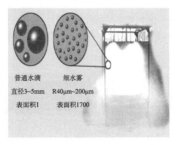
b)窒息

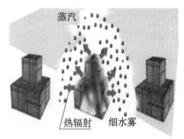
c)阻隔辐射热

图 4-27 细水雾灭火机理

(2)细水雾灭火系统的特点

细水雾灭火系统的特点如表 4-6 所示。

细水雾灭火系统的特点　　表 4-6

优　　点	缺　　点
灭火介质水源容易获取,灭火的可持续能力强	灭火速度较气体灭火系统慢
优良的火情抑制能力,既起冷却作用又有效隔绝辐射热	系统选型和设计受水雾本身和被保护对象的影响大,个性化要求高
有效去除火灾区域内的烟气	灭火介质为水,这样对保护区电源系统的要求也较高
可承受一定限度的通风,对防护区密闭要求相对较低	系统喷放后对电子、电气设备造成的二次危害程度,需要通过实体火灾试验来确定
无浓度方面的限制,对人体无害,环保性能高	
既可局部应用,保护独立的设备或设备的一部分,又可作为全淹没系统,保护整个防护区	
对大、中空间场所的保护具有技术和经济方面的优势	

(3)高压细水雾灭火系统的应用

高压细水雾灭火系统,是目前国际上应用非常广泛的一种高效节水、绿色环保的灭火系统,可替代气体灭火、水喷雾和水喷淋系统。工作压力为 10~16MPa,可与自动报警系统进行联动,具有自动、手动两种控制方式。可实现远距离、超高层建筑直接输送,性能稳定,工作可靠,系统响应时间短,维护方便,性价比高。不同灭火技术的比较见表 4-7。

不同灭火技术的比较　　表 4-7

性能项	高压细水雾	低压细水雾	水喷淋	干粉	气体
冷却作用	最强	较强	一般	一般	无
窒息作用	仅在火源处	有限	无	一般	充满整个空间
对人体影响	安全	安全	安全	刺激呼吸道	造成人员窒息
对环境污染	无	灭火时间长	用水量大	化学污染	造成温室效应
预警时间	不需要	不需要	不需要	需要	必需
对电器元件影响	小	大	大	大	小
区域隔离要求	不需要	不需要	不需要	不需要	必需
二次充装费用	不需要	不需要	不需要	高	高
维护费用	低	低	低	高	高
爆炸危险性	无	无	无	有	有

目前国内大部分地铁仍然在使用七氟丙烷或者惰性气体（IG-541）气体灭火系统保护车站控制室、通信、信号机械室、变配电室等重要电气设备房间。但气体灭火剂价格昂贵，容易泄露，工程建设投资和运营费用较高，另外系统误喷后也会对人员和环境产生不利影响。高压细水雾灭火系统是一项预防扑救火灾的新技术，在国内地铁部分线路得到广泛应用（图4-28、图4-29）。

图4-28 高压细水雾灭火系统在地铁隧道中的应用

图4-29 高压细水雾主机（车控室）

泵式高压细水雾灭火系统操作方法与步骤（图4-30）如下：

①自动启动控制操作。

将火灾报警灭火控制器上的控制方式选择为"自动"，水泵控制柜的控制方式选择为"自动"，则系统处于自动控制状态。一般情况，系统处于此种控制方式。

当防护区发生火情时，系统将按自动启动程序喷放细水雾实施灭火。

确认火灾扑灭后，按下火灾报警灭火控制器上的复位按钮，即可停止喷放细水雾。

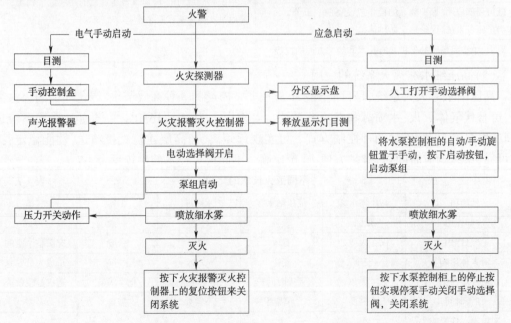
图4-30 泵式高压细水雾灭火系统操作方法与步骤

②电气手动启动控制操作。

不论火灾报警灭火控制器处于"自动"或"手动"方式，当人为发现火情时，执行以下操作程序启动灭火系统：

按下相应防护区的手动控制盒上的启动按钮或火灾报警灭火控制器上相应保护区的启动按钮,即可启动系统实施灭火。

确认火灾扑灭后,按下火灾报警灭火控制器上的停止按钮,即可停止喷射细水雾。

在自动状态下,具有电气手动控制优先功能。

③应急启动控制操作。

当电气控制失灵需应急操作时,应执行以下操作程序启动灭火系统:

先手动打开相应防护区选择阀,将水泵控制柜控制方式置于"手动"方式,然后按下水泵控制柜上启动按钮,即可喷放细水雾实施灭火。

确认火灾扑灭后,按下水泵控制柜上的停止按钮,即可停止喷射细水雾。

④系统复位操作。

灭火后,应及时复位系统,使系统处于正常工作状态,执行以下操作程序:

如为自动启动控制,按下火灾报警灭火控制器上的复位按钮,即可关闭水泵,选择阀复位。

如为电气手动启动控制,同样按下火灾报警灭火控制器上的复位按钮,即可关闭水泵,选择阀复位。

如为应急启动控制,按下水泵控制柜上的停止按钮,手动复位手动选择阀。

六、火灾自动报警系统

火灾自动报警系统(Fire Alarm System,简称 FAS)是为了及早发现、通报火灾,以便及时采取措施扑灭火灾而设置于建筑物内的一种自动消防设施。

通常,城市轨道交通每一条线的火灾自动报警系统以环网方式,将各车站的报警控制器构成一个整体网络,在控制中心能对全线报警系统实行监控管理,随时掌握全线动态情况,在其所管辖范围内,对火灾状况进行监测报警并实施有关消防操作。火灾自动报警系统主要实现火灾监测的报警、其他系统消防设备的监视及控制、系统故障报警、消防电话通信等重要功能。

1. 火灾自动报警系统的工作原理

火灾自动报警系统是由触发器件、火灾警报装置以及具有其他辅助功能的装置组成的火灾报警系统。它能够在火灾初期,将燃烧产生的烟雾、热量和光辐射等物理量,通过感温、感烟和感光等火灾探测器变成电信号,传输到火灾报警控制器,并同时显示出火灾发生的部位,记录火灾发生的时间。一般火灾自动报警系统和自动喷水灭火系统、室内消火栓系统、防排烟系统、通风系统、空调系统、防火门、防火卷帘、挡烟垂壁等相关设备联动,自动或手动发出指令,启动相应的防火灭火装置(图4-31)。

知识链接 4-3

FAS 系统的互联系统

1. 气体灭火系统

FAS 主机和气灭主机之间采用光纤跳线连接于主机的网卡上,气灭系统向 FAS 发送系统内故障及报警状态,FAS 负责将气灭系统的故障及报警信息发送到 FAS 图形工作站,利用图形软件显示出来,方便值班及维护人员查看。

2. 门禁系统

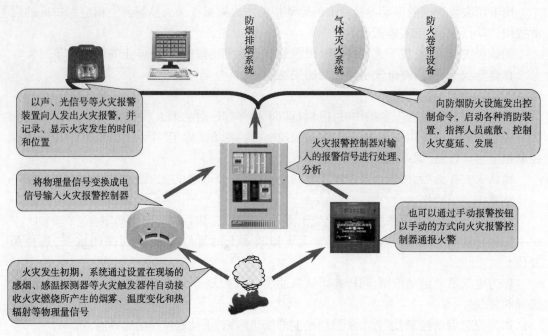

图 4-31 火灾模式下的系统间联动模型图

当车站确认火灾发生时,FAS 系统将通过模块控制门禁系统打开全站所有门禁,方便火灾时人员逃生疏散。FAS 与门禁系统的接口在 IBP 盘上接线端子处,且盘面有联动与非联动转换开关,方便检修作业。

3.AFC(自动售检票)系统

当车站确认火灾发生时,FAS 系统将通过模块控制 AFC 系统打开全站所有闸机,方便火灾时人员逃生疏散。FAS 与 AFC 系统的接口在 IBP 盘上接线端子处,且盘面有联动与非联动转换开关,方便检修作业。

4.垂直电梯

当车站确认火灾发生时,乘客禁止乘坐垂直电梯,FAS 系统将通过模块控制车站所有垂直电梯归于首层,且处于开门状态。

5.卷帘门

车站卷帘门分为两种:用于疏散通道的卷帘门和用于防火隔断的卷帘门。

(1)安装在疏散通道上的防火卷帘,其控制要求是:当烟感报警后,防火卷帘下降至距地1.8m;当温感报警后,防火卷帘下降到底。

(2)仅作为防火隔断的防火卷帘,在烟感报警后,防火卷帘应一次下降到底。

6.非消防电源

当车站确认火灾发生时,FAS 系统将通过模块控制车站所有非消防电源切断,防止电气火灾的发生。

2.火灾自动报警系统的设备分布

地铁火灾报警系统主要由设备在各地铁车站、区间隧道、控制中心大楼、车辆段、停车场、主变电站等与地铁运营有关建筑与设施的火灾报警系统设备以及相关的网络设备和通信接口组成。

系统分为三个级别,如图4-32所示。

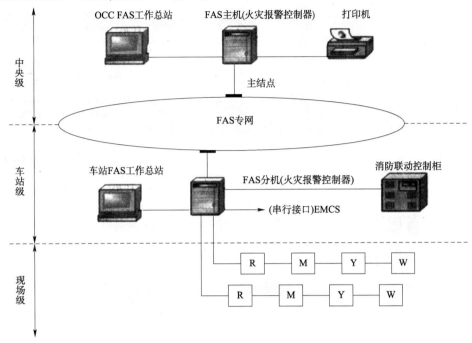

图 4-32　FAS 系统的结构图

(1) 中央监控管理级

中央控制管理级设置在控制中心,作为地铁消防的指挥和控制中心,用于监视地铁全线下属所有区域的火灾报警、消防联动和故障情况。中央监控管理级在 OCC 配备防灾报警主机,FAS 主机由两套火灾报警控制器和 OCC 两台互为热备用的 FAS 监控总站(操作员工作站)组成(图4-33)。FAS 主机通过 FAS 专网与各防灾报警分机保持通信。

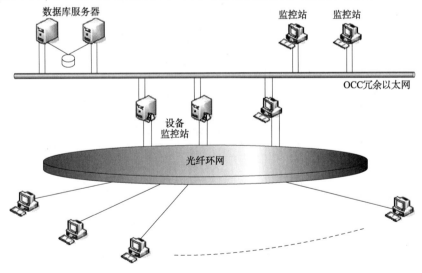

图 4-33　中央级 FAS 构成框图

(2) 车站监控管理级

车站级设备包括火灾报警控制盘与站级计算机图形中心、站内的自动报警设备、手动报警器、消防紧急电话等(图4-34)。

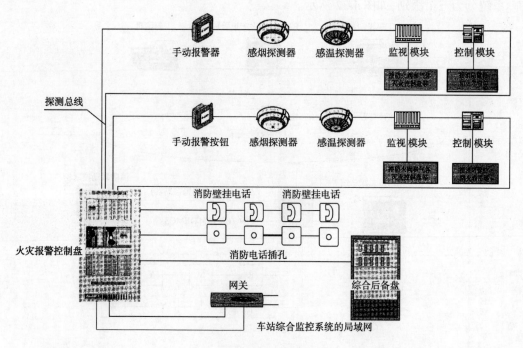

图 4-34 车站级 FAS 构成框图

(3)现场控制级

现场外部设备包括智能烟感器、智能温感器、普通烟感器、普通温感器、感温电缆、对射探头、手拉报警器、破玻报警器(手拉报警器和破玻报警器统称为手动报警器),如图 4-35 所示。

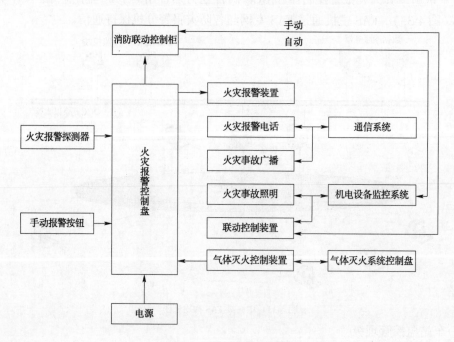

图 4-35 FAS 现场设备网络图

火灾探测设备、手动报警设备、中心处理设备如图 4-36 ~ 图 4-38 所示。

a)智能感烟探测器　　b)智能感温探测器　　c)红外对射式感烟探测器　　d)红外火焰探测器

图 4-36　火灾探测设备

a)破玻式手动报警按钮　　b)消防电话插孔　　c)插孔电话　　d)火灾报警控制器

图 4-37　手动报警设备

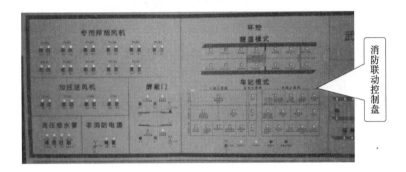

图 4-38　中心处理设备

3. 火灾自动报警系统的功能

(1) 火灾报警功能。系统通过现场火灾探测器监测到火灾情况时,控制盘便产生火灾报警信号。

(2) 消防设备的监视功能。对其他系统设备,如防火阀、气体灭火系统、消防水泵等进行监视,当设备动作或异常时便产生监视报警,如防火阀关闭、气体灭火系统启动手动、气体灭火系统报一级火警等。

(3) 系统故障报警功能。当系统本身存在故障时,车站级控制盘及中央级计算机进行故障报警,如烟感器"极脏"等。

(4) 消防设备的控制功能。当发生火灾需要对某些消防设备进行控制时,系统可以通过控制模块(辅助继电器)对其他系统的某些消防设备进行强行启动,如关闭防火阀、启动消防水泵、降下防火卷帘门等。

(5) 消防通信功能通过电话插孔、挂箱电话使现场与车控室进行直接通话。

火灾自动报警流程如图 4-39 所示。

4. 火灾自动报警系统的火灾模式

火灾模式就是在确认(包括自动确认和人工确认)火灾灾情的情况下,火灾自动报警控制盘所执行的一系列操作。火灾模式的启动包括:自动启动、手动启动(半自动启动)和人工启动三种方式。

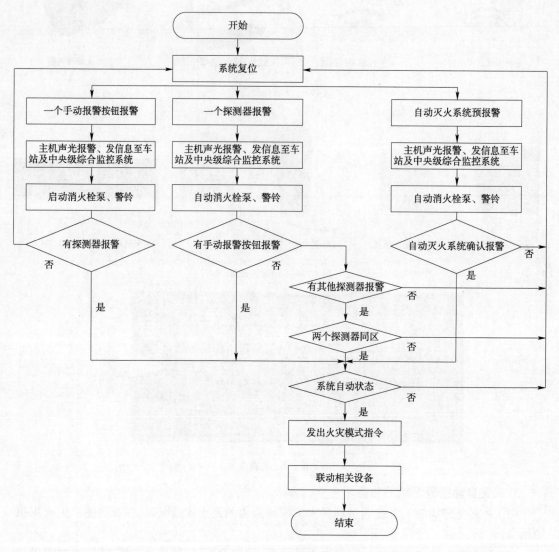

图4-39 火灾自动报警流程图

(1)自动启动方式

当同一防火分区的任两个烟感探测器都产生火灾报警时,火灾自动报警控制盘将认为现场发生火灾的可能性较大,将自动启动火灾模式。

(2)手动启动方式(半自动启动方式)

当一防火分区的任一个烟感探测器产生火灾报警时,值班人员到现场确认火灾情况。如果现场确实发生火灾,值班人员可触发设置在现场的任一个手动报警器(包括破玻报警器和手拉报警器)进行确认。系统控制盘接收到确认报警后,将自动启动火灾模式。

(3)人工启动方式

当人员发现现场发生火灾时,利用通信工具通知车控室。车控室值班员可在火灾自动控制盘上或图形命令中心(GCC)上直接人工启动火灾模式。

任务三 火灾应急处理与救援

发生火灾后,若事故发生在区间及地铁列车,由司机负责,根据需要,行车调度员安排事故区间邻近车站值班站长(或站长)到达事故现场后,由该值班站长(或站长)负责;若事故发生在车站或车辆基地,由值班站长(或站长)、基地调度员负责。

现场组织救援的原则为:采取各种措施,稳定乘客情绪、维持秩序,尽力保证乘客安全;现场责任人判明现场情况及时报告,做到"信息畅通,及时反馈";以控制事态、减小影响为目的,动员和组织力量进行抢险。

一、火灾的应急处理原则

(1)贯彻"救人第一,救人与灭火同步进行"的原则,积极施救。

(2)火灾发生的5min内是关键时期,灭火要把握好这个关键时期,做好两项工作;一是使用灭火器材灭火和疏散人员,二是同时报火警。

(3)做好个人防护,及时穿戴防烟面具、荧光服等防护用品。

(4)火灾发生后,车站行车值班员或司机应立即报告行车调度员、公安,车站视情况报"119""110""120",报告时语言应简明、扼要。

二、车站火灾应急处理

1.车站火灾应急处理的基本方法

车站发生火灾时,人员往往由于CO中毒、缺氧窒息、火烧或高温烘烤,以及建筑物倒塌而伤亡。据测试,人们在地铁火灾事故中如果不能在6min内迅速有效地逃生,就很难有生还的可能性。因此,地铁配备良好完善的应急处理设施和保障安全疏散通道的畅通显得尤为重要。车站火灾的分级处理见表4-8,应急处理卡片如图4-40所示。

车站火灾的分级处理　　　　　　　　　　　　　表4-8

事件处理等级	车站火灾应急处理方法	行车组织调整
一级处置	局限于火情能直观确认在小范围内,周边无可燃物品,可判定火势无法蔓延,现场烟雾较小,能立即扑灭	正常运行
二级处置	现场火势猛烈或燃烧产生的烟雾较大(含燃烧部位不明确,无法现场判断),对乘客造成影响;火情事件导致乘客恐慌,并自行疏散	对行车组织进行车调度调整,采取不停站通过
三级处置	发生纵火/爆炸等袭击事件、火灾已蔓延至轨行区或相邻防火分区	对事发车站所在区间停运,组织小交路运行,禁止列车进入事发车站,进入区间的列车安排退回,若不能退回,则不停站通过事发车站

车站火灾应急处理的基本程序如下:

(1)火警警报响起时,值班站长通过FAS、BAS系统确认报警位置,派1名车站员工前往该范围查看。

(2)车站员工携带无线电对讲机前往事发地点,找出报警原因;实时通知值班站长是否发生火警,火警是否已触动了防火系统。

图 4-40　车站火灾应急处理卡片

(3) 如警报为误报,值班站长要及时通知行车调度员及站内所有员工。

(4) 若发生火警,现场员工视情况需要手动操作防火系统;或在安全的情况下,使用灭火器灭火;与现场保持安全距离,并警告其他人远离该处,直至消防人员到场。

(5) 值班站长确定火警警报属实后,若火势较大,应立即通知行车调度员召唤消防人员到场,并遵照车站疏散程序组织乘客撤离。

(6) 启动车站排烟模式。

(7) 乘客疏散完毕后,关闭车站出入口(紧急出入口除外)。

(8) 如火势很大,值班站长应组织员工撤离车站到紧急集合地点集中,并安排人员在指定出入口引领消防人员到现场灭火。

(9) 消防人员到场后,值班站长汇报有关情况,将灭火工作交给消防人员,并加入到应急处理救援工作中去。

(10) 协助事故调查工作。

(11) 值班站长接到可以恢复运营的指令后,清理现场,恢复运营。

车站发生火灾后,先进行灭火,判断火势无法扑灭时,首先要做好乘客的疏散组织工作,站务员必须熟练掌握本站各个区域的疏散组织路线,组织乘客远离火源和烟雾。按就近原则,在站台时,关停逆行的扶梯,组织站台乘客远离火源,从扶梯、楼梯上站厅后疏散,其疏散组织示意图如图4-41所示。在站厅时组织乘客往出入口疏散,其疏散组织示意图如图4-42所示。

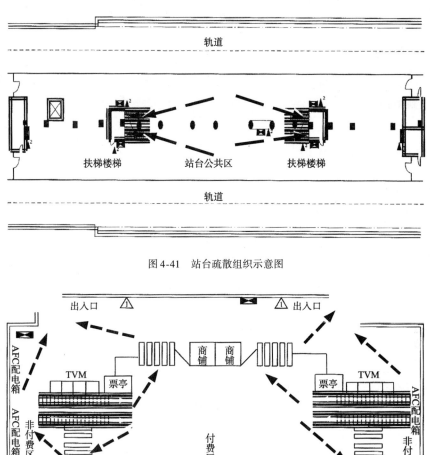

图4-41 站台疏散组织示意图

图4-42 站厅疏散组织示意图

乘客疏散完毕再疏散员工,站务员须熟练掌握本站设备区的疏散路线,按照房内疏散指示图及疏散指示标志就近疏散出站。

个别结构复杂或特殊的车站为了满足火灾疏散需要,在站台两端、站厅、设备区尽头布置了紧急疏散专用通道,直接通往站外,站务员须按就近原则,组织乘客或员工从紧急疏散专用通道疏散出站。

火灾的发现通常有车站控制室、控制中心的监控设备发现和现场作业人员、乘客发现两种情况。在确认火灾发生后,车站行车值班员、列车司机等有关作业人员必须迅速将火灾发生时间、地点和部位及其他有关情况向控制中心和"119"火警报告,并由控制中心向公司、公安分局和有关部门报告。

车站内火灾分为站台火灾和站厅火灾,无论何者都应该立即采取紧急措施,第一时间安全疏散乘客,同时停止车站空调水系统,将地铁站的普通通风空调模式改为火灾情况下的通风模式。其疏散程序分别见表4-9和表4-10。

站台火灾紧急疏散程序　　　　　　　　　　　　　　　　　　　　　　　　表 4-9

职责＼人员	值班站长	行车值班员	客运值班员	站台站务员	站厅站务员	售票员	其他人员
1. 发现火灾,向值班站长报告,并试图灭火		√	√	√			√
2. 报告控制中心,要求停止本站列车服务,并请求支援	√						
3. 宣布执行火灾紧急疏散计划	√						
4. 指示环控操作人员执行灭火排烟模式		√					
5. 关掉广告灯箱电源		√	√				
6. 担任事故处理主任,指挥疏散和灭火	√						
7. 向控制中心报告火灾情况		√					
8. 关停扶梯、设置闸机为自由释放状态		√					√
9. 指引乘客疏散出站		√	√	√	√		√
10. 张贴安民告示,拦截乘客进站					√	√	√
11. 引导消防员到火灾现场	√			√			√

注:所有员工在完成疏散工作后,参加灭火。

站厅火灾紧急疏散程序　　　　　　　　　　　　　　　　　　　　　　　　表 4-10

职责＼人员	值班站长	行车值班员	客运值班员	站台站务员	站厅站务员	售票员	其他人员
1. 发现火灾,向值班站长报告,并试图灭火		√	√	√	√		√
2. 报告行车调度员发生火灾及请求支援	√	√					
3. 宣布执行疏散计划	√						
4. 指示环控操作员执行排烟模式		√					
5. 关掉广告电源		√	√				
6. 担任"事故处理主任",指挥和灭火	√						
7. 向行车调度员报告火灾情况		√					
8. 并停扶梯、设置闸机为自由释放状态		√			√		√
9. 指引乘客疏散出站			√		√		√
10. 张贴安民告示,拦截乘客进站					√	√	√
11. 引导消防队到火灾现场	√				√		

2. 车站火灾应急处理的具体程序

（1）站厅发生火灾的处理程序（表4-11）

站厅发生火灾的处理程序　　　　　　表4-11

岗　位	处　理　程　序
厅巡 （售票员1）	(1) 确认并报告车控室火灾位置、大小、火灾性质等，进行第一时间的灭火； (2) 确认火灾不可扑救后，立即疏散乘客出站； (3) 确认站厅乘客疏散完毕后，报车控室； (4) 听从值班站长安排
行车值班员	(1) 接收到火警信息后，将情况报告值班站长； (2) 确认发生火灾后，报行车调度员、环控调度员、"119"、地铁公安、"120"； (3) 广播宣布执行站厅火灾应急处理程序，并反复广播引导乘客疏散； (4) 按压 AFC 和扶梯紧急按钮，将闸机设为紧急模式，关闭广告照明，确认相应的火灾模式已启动； (5) 及时将乘客疏散和灭火情况报告行车调度员，并与行车调度员、值班站长保持联系
值班站长	(1) 接到火警通知后，立即到现场确认； (2) 确认发生火灾后通知车控室，宣布执行火灾应急处理程序，组织疏散乘客和灭火； (3) 消防队到现场后，将有关信息通报给消防负责人后，视情况组织员工灭火或撤退；当撤退时，负责确认所有站内人员的疏散完毕； (4) 安排人员在出口拦截乘客进站
客运值班员	(1) 接到执行火灾应急处理程序的通知后，收好钱和票，关闭票亭电源，赶到车控室，确认所有闸机已设为紧急模式，相应的通风排烟模式开启，广告照明已关闭，扶梯已关停； (2) 完成(1)后，拿对讲机、手提广播到站厅组织乘客疏散； (3) 接收到站台乘客疏散完的信息后，最后确认站厅乘客全部疏散出站后，报车控室； (4) 听从值班站长安排
售票员2	(1) 接到执行火灾应急处理程序的通知后，收好钱和票，关闭票亭电源，将闸机和边门打开，关停站厅扶梯，疏散乘客出站； (2) 确认站厅乘客全部疏散出站后，报车控室； (3) 听从值班站长安排
站台岗	(1) 接到执行火灾应急处理程序的通知后，立即从远离火灾的一端疏散站台乘客，关停站台扶梯； (2) 当站台停有列车时，立即通知司机火灾信息，可将站台乘客疏散到列车上，通知司机立即关门动车； (3) 确认站台乘客疏散完毕后，报车控室； (4) 听从值班站长安排
保洁人员	(1) 接到执行火灾应急处理程序的通知后，到车控室拿"安民告示"，到出入口进行张贴，并关停出入口扶梯； (2) 等候消防队到来后，引导到现场灭火
司机	(1) 当行车调度员通知在火灾站的后方站扣车时，在站台开门待令，并做好乘客广播； (2) 接到车站发生火灾的通知后，行车调度员决定在火灾站停车时，司机做好乘客广播，通知车上乘客在该站不下车； (3) 如行车调度员决定在火灾站通过时，司机做好乘客广播并加强瞭望确认进路； (4) 当列车停在火灾站时，立即关门动车开往下一站（区段站司机必须确认凭证和进路）

注：1. 当进行现场处理时，要注意做好个人防护。（下同）
　　2. 当员工需撤离到站外时，需到紧急出口外进行集中，由值班站长点名确认，并向行车调度员留下联系人及其电话。（下同）
　　3. 换乘站发生类似紧急情况时，车站要进行联动处理。（下同）
　　4. 对于厅巡岗和站台岗合并的车站，由事故处理主任根据车站实际情况做好人员岗位的安排。

(2)站台发生火灾的处理程序(表4-12)

站台发生火灾的处理程序　　　　　　表4-12

岗　位	处 理 程 序
站台岗	(1)确认并报告车控室火灾位置、大小、火灾性质等,进行第一时间的灭火; (2)确认火灾不可扑救后,立即向站厅疏散乘客,并关停站台扶梯; (3)确认站台乘客疏散完毕后,报车控室; (4)听从值班站长安排
行车值班员	(1)接收到火警信息后,命令站台岗到报警点确认火警,并将情况报告值班站长; (2)确认发生火灾后,报行车调度员、环控调度员、"119"、地铁公安、"120"; (3)广播宣布执行站台火灾应急处理程序,并反复广播引导乘客疏散; (4)按压 AFC 和扶梯紧急按钮,将闸机设为紧急模式,关闭广告照明,确认相应的火灾模式已启动; (5)及时将乘客疏散和灭火情况报告行车调度员,并与行车调度员、值班站长保持联系
值班站长	(1)接到火警通知后,立即到站台确认; (2)确认发生火灾后通知车控室,宣布执行火灾应急处理程序,组织疏散乘客和灭火; (3)负责最后确认站台所有乘客已疏散完,及时将现场情况报车控室; (4)消防队到现场后,将有关信息通报给消防负责人后,视情况组织员工灭火或撤退;当撤退时,负责确认所有站内人员的疏散完毕; (5)站厅安全时,到车控室指挥; (6)安排人员在出口拦截乘客进站
客运值班员	(1)接到执行火灾应急处理程序的通知后,赶到车控室,确认所有闸机已设为紧急模式,相应的通风排烟模式开启,广告照明已关闭,扶梯已关停; (2)完成(1)后,拿对讲机、手提广播到站厅组织乘客疏散; (3)接收到站台乘客疏散完的信息后,最后确认站厅乘客全部疏散出站后,报车控室; (4)听从值班站长安排
厅巡 (售票员1)	(1)接到执行火灾应急处理程序的通知后,收好钱和票,关闭票亭电源,将闸机和边门打开,疏导乘客出站; (2)关停站台扶梯,到站台协助灭火; (3)灭火工作交给消防队员后,到出口拦截乘客进站
售票员(2)	(1)接到执行火灾应急处理程序的通知后,收好钱和票,关闭票亭电源,将闸机和边门打开,利用手提广播疏散乘客出站; (2)确认站厅乘客全部疏散出站后,报车控室; (3)听从值班站长安排
保洁	(1)接到执行火灾应急处理程序的通知后,到车控室拿"安民告示",到出入口进行张贴,并关停出入口扶梯; (2)等候消防队到来后,引导到现场灭火
司机	(1)当行车调度员通知在火灾站的后方站扣车时,在站台开门待令,并做好乘客广播; (2)如行车调度员决定在火灾站通过时,司机做好乘客广播并加强瞭望确认进路; (3)当列车停在火灾站时,立即关门动车开往下一站(区段站司机必须确认凭证和进路)

(3) 车站设备房(有气体保护)火灾的处理程序(表4-13)

车站设备房(有气体保护)火灾应急处理程序　　　　表4-13

岗　位	处　理　程　序
站台岗	(1) 接到执行火灾应急处理程序的通知后,立即组织站台乘客向站外疏散; (2) 确认站台乘客疏散完毕后,报车控室; (3) 协助灭火
行车值班员	(1) 接收到火警信息后,通知值班站长、客运值班员立即到报警点确认; (2) 确认发生火灾后,报行车调度员、环控调度员、"119"、地铁公安和"120",根据情况向行车调度员申请列车在本站通过; (3) 现场不能控制时,广播通知所有岗位执行设备区火灾应急处理程序,并反复广播引导乘客疏散; (4) 按压AFC和扶梯紧急按钮,将闸机设为紧急模式; (5) 及时将火灾情况报告行车调度员,并与行车调度员、值班站长保持联系; (6) 需要员工疏散时,要确认广告照明、一般照明以及电扶梯等已关闭,并要随身携带与行车调度员联系的无线电台
值班站长	(1) 接到火警通知后,立即携带相应钥匙等与客运值班员到现场确认; (2) 将报警房间外的气体控制打为手动,通过闻和触感房门的温度判断是否发生火灾; (3) 初步判断无发生火灾、气体无喷放时,打开房间门观察确认(如为高/低压室,不可直接进入); (4) 确认发生火灾后,立即关闭房门,手动操作释放气体灭火; (5) 当火灾不可控制时,担任事故处理主任,宣布执行设备区火灾应急处理程序,组织疏散; (6) 消防队到现场后,将有关信息通报给消防负责人后,据情况组织员工撤退并负责确认所有站内人员疏散完毕; (7) 安排人员在出口拦截乘客进站
客运值班员	(1) 接到火警通知后,立即与值班站长赶到现场确认; (2) 配合值班站长进行现场确认,当值班站长需要进入房间确认时,负责维持房门敞开状态,并及时进行信息传递; (3) 火灾不可控制时,立即赶到车控室,在EMCS上确认相应的火灾模式开启(注意确认疏散指示开启); (4) 确认所有闸机已设为紧急模式,关闭广告照明,按照环控调度员的指示操作有关设备,确认行车值班员报警情况; (5) 协助灭火
厅巡 (售票员1)	(1) 接到执行火灾应急处理程序的通知后,收好钱和票,关闭票亭电源,将闸机和边门打开,疏导乘客出站; (2) 关闭电扶梯; (3) 到出口拦截乘客进站并做好解释工作
售票员(2)	(1) 接到执行火灾应急处理程序的通知后,收好钱和票,关闭票亭电源,将闸机和边门打开,利用手提广播疏散乘客出站; (2) 确认站厅乘客全部疏散出站后,报车控室; (3) 听从值班站长安排
保洁	(1) 接到执行火灾应急处理程序的通知后,到车控室拿"安民告示",到出入口进行张贴,并关停出入口扶梯; (2) 等候消防队到来后,引导到现场灭火
司机	(1) 当行车调度员通知在火灾站的前方站扣车时,在站台开门待令,并做好乘客广播; (2) 接到车站发生火灾的通知后,行车调度员决定在火灾站停车时,司机做好乘客广播,通知车上乘客在该站不下车; (3) 如行车调度员决定在火灾站通过时,司机做好乘客广播并加强瞭望确认进路; (4) 当列车停在火灾站时,立即关门动车开往下一站(区段站司机必须确认凭证和进路)

(4) 车站设备区火灾的处理程序（表4-14）

车站设备区火灾应急处理程序　　　　　　　　表4-14

岗　位	处　理　程　序
站台岗	(1) 接到执行火灾应急处理程序的通知后，立即组织站台乘客向站外疏散； (2) 确认站台乘客疏散完毕后，报车控室； (3) 听从值班站长安排
行车值班员	(1) 接收到火警信息后，立即通知值班站长、客运值班员到报警点确认； (2) 确认发生火灾后，报行车调度员、环控调度员、"119"、地铁公安和"120"，根据情况向行车调度员申请列车在本站通过； (3) 现场不能控制时，广播通知所有岗位执行设备区火灾应急处理程序，并反复广播引导乘客疏散； (4) 按压 AFC 和扶梯紧急按钮，将闸机设为紧急模式； (5) 及时将火灾情况报告行车调度员，并与行车调度员、值班站长保持联系，确认保洁人员到紧急出口外接消防人员； (6) 撤退时，随身携带与行车调度员联系的无线电台
值班站长	(1) 接到火警通知后，立即携带相应房间钥匙等到现场，确认发生火灾后，担任事故处理主任，宣布执行设备区火灾应急处理程序，组织灭火； (2) 确认火灾不可控制时，关闭火灾房间的防火门，及时组织疏散乘客； (3) 消防队到现场后，将有关信息通报给消防负责人后，视情况组织员工灭火或撤退；当撤退时，负责确认所有站内人员的疏散完毕； (4) 安排人员在出入口拦截乘客进站； (5) 负责与各方的协调与沟通
客运值班员	(1) 接到火警通知后，立即赶到现场，确认火灾不可控制时，立即赶到车控室，在 EMCS 上确认相应的火灾模式开启（注意确认疏散指示开启，下同）； (2) 确认所有闸机已设为紧急模式，按照环控调度员的指示操作有关设备，确认行车值班员报警情况； (3) 听从值班站长安排
厅巡 （售票员1）	(1) 接到执行火灾应急处理程序的通知后，收好钱和票，关闭票亭电源，将闸机和边门打开，疏导乘客出站； (2) 关闭电扶梯； (3) 到出口拦截乘客进站并做好解释工作
售票员(2)	(1) 接到执行火灾应急处理程序的通知后，收好钱和票，关闭票亭电源； (2) 将闸机和边门打开，利用手提广播疏散乘客出站； (3) 确认站厅乘客全部疏散出站，后报车控室； (4) 听从值班站长安排
保洁	(1) 接到执行火灾应急处理程序的通知后，到车控室拿"安民告示"，到出入口进行张贴，并关停出入口扶梯； (2) 等候消防队到来后，引导到现场灭火
司机	(1) 当行车调度员通知在火灾站的前方站扣车时，在站台开门待令，并做好乘客广播； (2) 接到车站发生火灾的通知后，行车调度员决定在火灾站停车时，司机做好乘客广播，通知车上乘客在该站不下车； (3) 如行车调度员决定在火灾站通过时，司机做好乘客广播并加强瞭望确认进路； (4) 当列车停在火灾站时，立即关门动车开往下一站（区段站司机必须确认凭证和进路）

三、列车火灾应急处理

列车发生火灾时往往由乘客首先发现,然后再通知给司机和控制中心。因此,当列车发生火灾时,首先应确认火灾的严重程度,决定列车是否继续运行到下一个车站或在区间紧急停车疏散乘客。当列车还可以继续运行到下一个车站时,火灾的处理方法按车站发生火灾处理,应急处理卡片如图4-43所示。

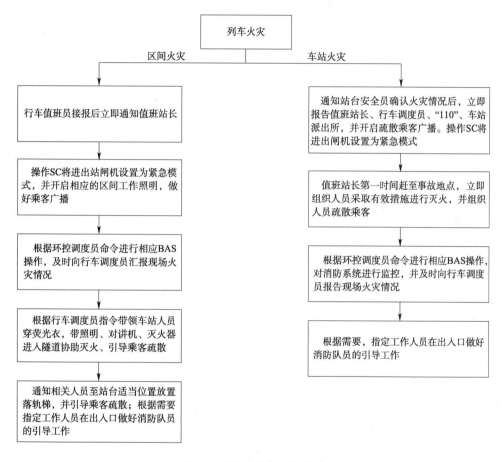

图4-43 列车火灾应急处理卡片

1. 站内列车火灾的应急处理

列车在车站发生火灾时,司机应迅速打开站台侧所有车门,使用车内灭火器进行扑救,对乘客进行广播疏散,配合车站工作人员的引导将乘客疏散到安全区域,见表4-15。

列车在站台发生火灾的应急处理程序　　　　　　　　　　　　表4-15

岗　位	处　理　程　序
司机	(1)接到火警信息后,立即打开车门、屏蔽门,通知站台岗到现场确认,报告行车调度员; (2)确认列车发生火灾后,广播指引乘客疏散;立即降下受电弓(收回集电靴),施加停车制动; (3)做好个人防护,到现场进行灭火; (4)严格执行行车调度员的指挥,充分配合事故处理主任的工作; (5)火灾扑灭后动车前,负责确认车况,并报行车调度员

续上表

岗 位	处 理 程 序
站台岗	(1)确认并报告车控室/司机火灾位置、大小、火灾性质等(初步判断),通知司机将该车扣在车站处理,关停站台扶梯; (2)第一时间用灭火器灭火,疏散客车内乘客; (3)在火灾不可扑救后,停止扑救,疏散列车和站台的乘客出站; (4)检查确认客车内/站台没有乘客遗留后,报车控室; (5)听从值班站长安排
行车值班员	(1)接收到火警信息后,命令站台岗到报警点确认火警,并将情况报告值班站长; (2)确认发生火灾后,将列车扣在车站处理,报行车调度员、"119"、地铁公安、"120"; (3)广播宣布执行列车站台火灾应急处理程序,并反复广播引导乘客疏散; (4)按压 AFC 和扶梯紧急按钮,将闸机设为紧急模式,关闭广告照明,确认相应的火灾模式已启动; (5)及时将乘客疏散和灭火情况报告行车调度员,并与行车调度员、值班站长保持联系; (6)当接到区间火灾列车正开往本站时,立即宣布执行列车站台火灾应急处理程序
值班站长	(1)接到火警通知后,立即到站台确认; (2)确认发生火灾后,通知车控室宣布执行列车站台火灾应急处理程序,组织疏散乘客和灭火;在使用水灭火前,要先确认有关设备已停电; (3)负责最后确认列车、站台乘客疏散完,报车控室; (4)消防队到现场后,将有关信息通报给消防负责人后,视情况组织员工灭火或撤退;当撤退时,负责确认所有站内人员的疏散完毕; (5)站厅安全时,到车控室指挥; (6)安排人员在出口拦截乘客进站
客运值班员	(1)接到执行火灾应急处理程序的通知后,赶到车控室,确认所有闸机已设为紧急模式,相应的通风排烟模式开启,广告照明已关闭,扶梯已关停; (2)完成(1)后,拿对讲机、手提广播到站厅组织乘客疏散; (3)接收到列车、站台乘客疏散完的信息后,最后确认站厅乘客全部疏散出站后,报车控室; (4)听从值班站长安排
厅巡(售票员1)	(1)接到执行火灾应急处理程序的通知后,收好钱和票,关闭票亭电源,将闸机和边门打开,疏导乘客出站; (2)关停站台扶梯,到站台协助灭火; (3)灭火工作交给消防队员后,到出口拦截乘客进站
售票员(2)	(1)接到执行火灾应急处理程序的通知后,收好钱和票,关闭票亭电源,将闸机和边门打开,利用手提广播疏散乘客出站; (2)确认站厅乘客全部疏散出站后,报车控室; (3)协助灭火
保洁	(1)接到执行火灾应急处理程序的通知后,到车控室拿"安民告示",到出入口进行张贴,并关停出入口扶梯; (2)等候消防队到来后,引导到现场灭火

当客车发生火灾时,车站应紧急组织两支援队伍,采取两边夹攻办法,速战速决,扑灭火灾。车站应立即通过广播向车内乘客和候车乘客发出火灾警报,立即执行火灾紧急疏散计划,指明乘客应从哪一线路撤离,停止路线上的其他地铁开行和其他乘客进入火场,并派车站作业人员组织引导乘客利用车站楼梯、出入口疏散乘客、快速撤离,努力把混乱情况控制在最低限度,车站的检票口和安全出口进行抢救,并将重伤员及时送往医院。

(1)如在一岛两侧式的车站,客车 3 号车厢在 Ⅰ 道或 Ⅱ 道着火燃烧,灭火作战示意图见图 4-44。措施如下:

①值班站长担任事故处理主任,通知电力调度员切断电源后,组织站务人员组成第一批救援队伍,利用二站台(或三站台)消防水源灭火;

②站长或客运值班员带领售票员,组成第二救援队伍,佩戴防毒面具进入客车抢救伤员;

③值班员负责向行车调度员报火警及指令环控设备的操作。

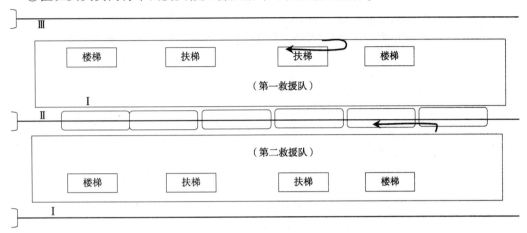

图 4-44　灭火作战示意图

(2)如停在岛式站台的客车着火,则一般出动两支救援队伍,从站厅两端楼梯下到站台,一支紧急灭火,另一支上车抢救伤员。

2. 区间列车火灾的应急处理

列车在运行过程中,在区间隧道内发生火灾时会使乘客撤离和救援处理更困难,应尽量驶入前方车站,利用前方车站来组织疏散乘客。如果列车不能驶入前方车站,停在区间隧道,必须紧急疏散乘客。列车司机应通过广播要求乘客保持镇静,告示乘客撤离的路线和方法,并组织乘客撤离列车,步行至邻近车站或引导乘客从有安全指示灯光显示的紧急出口疏散至安全地点。组织乘客撤离时,应切断牵引电流,打开隧道内的安全照明灯,通风排烟方向应与乘客撤离方向相反。同时,邻近车站应派作业人员前往事故现场,协助乘客撤离和进行扑救灭火。及时对伤员进行抢救,并将重伤员送往医院。本区间的列车运行立即中止,另一条隧道也应立即停止正常的行车。处理流程如图 4-45、表 4-16 所示。

列车在区间发生火灾的应急处理程序　　　　　表 4-16

岗　位	处 理 程 序
司机	(1)接报警信息后,迅速向行车调度员报告,并广播安抚乘客,指引乘客使用车厢座位下的灭火器进行灭火,尽量维持运行到车站处理; (2)当列车维持运行到车站后,按照列车在站台火灾处理; (3)列车被迫停在区间后,立即降下受电弓(收回集电靴),施加停放制动。三号线司机可以先打开疏散平台侧的车门,广播引导乘客疏散,再报行车调度员;但四号线司机须先报行车调度员,在行车调度员通知已经停电后,方可打开疏散平台侧的车门组织乘客疏散; (4)到火灾点进行初步扑救; (5)判断火灾不可控制后,停止扑救,引导乘客疏散; (6)确认列车上乘客疏散完毕后,报行车调度员,跟随乘客疏散,并沿途确认没有乘客遗留; (7)配合车站值班站长的工作; (8)火灾扑灭后动车前,负责确认车况,并报行车调度员

续上表

岗 位	处 理 程 序
行车值班员	(1) 接到列车停在区间发生火灾的通报后,报值班站长,通知站台岗将相应端的屏蔽门端门设为敞开状态; (2) 报"119"、地铁公安、"120"; (3) 接到停运的通知后,广播宣布执行列车区间火灾应急处理程序,并反复广播引导乘客疏散; (4) 按压 AFC 和扶梯紧急按钮,将闸机设为紧急模式,关闭广告照明,确认相应的火灾模式已启动; (5) 接到进行区间疏散的通知后,立即通知值班站长执行; (6) 及时将乘客疏散和灭火情况报告行车调度员,并与行车调度员、值班站长保持联系
值班站长	(1) 接到报告,立即通知厅巡(售票员1)顶替站台岗,带齐事故处理物品和站台岗、客运值班员进入区间引导疏散乘客; (2) 与司机取得联系,组织乘客向车站疏散,用灭火器或隧道消防栓灭火,做好与司机的沟通和合作; (3) 对列车上乘客疏散情况进行确认,确保所有乘客撤离,并将现场情况及时通报行车值班员; (4) 消防队员到火场后,将灭火工作交给消防队员;或火势失去控制时,命令现场员工疏散到车站; (5) 确认乘客从车站全部疏散后,到车控室指挥处理; (6) 安排人员在出口拦截乘客进站
站台岗	(1) 听到指令后立即打开事故一侧的端墙门,穿上荧光衣,戴好防毒面具; (2) 和值班站长到现场疏散列车上的乘客,并进行灭火; (3) 与值班站长保持好联系,并听从值班站长的安排; (4) 向车站撤离时,确保乘客完全疏散; (5) 在打开的端墙门处立岗,及时传递信息
客运值班员	(1) 接到执行火灾应急处理程序的通知后,赶到车控室,确认所有闸机已设为紧急模式,相应的通风排烟模式开启,广告照明已关闭,站台扶梯已关停; (2) 完成(1)后,拿对讲机、手提广播到站台指挥组织乘客疏散; (3) 确认列车、站台乘客疏散完后,报车控室; (4) 到车控室协助行车值班员
厅巡(售票员1)	(1) 收好钱和票,关闭票亭电源,关停站台至站厅层的扶梯,穿荧光衣,到站台顶替站台岗; (2) 指引乘客向站厅疏散,确认疏散情况和乘客受伤情况,并将信息及时报告车控室; (3) 指引消防队进入火场; (4) 原站台岗回站后,回站厅负责站厅的工作
售票员(2)	(1) 收好钱和票,关闭票亭电源,打开通道门、闸门,组织站厅乘客疏散; (2) 确认乘客疏散完后报车控室; (3) 负责站厅的工作
保洁	(1) 接到执行火灾应急处理程序的通知后,到车控室拿"安民告示",到出入口进行张贴,并关停出入口扶梯; (2) 等候消防队到来后,引导到现场灭火

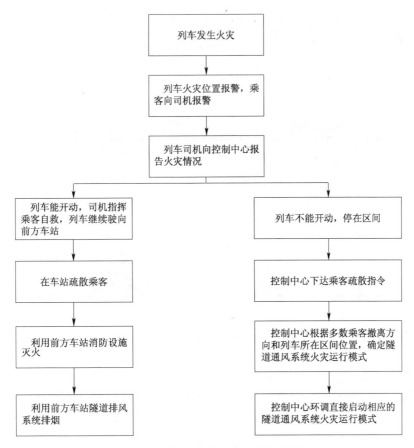

图 4-45 列车在区间发生火灾的处理流程

小思考 4-1

列车在区间发生火灾时,乘客疏散方向和隧道通风方向如何确定?

(1)列车头部着火时(图 4-46)

乘客疏散方向:从车尾下车后步行至后方车站;

隧道通风方向:向列车前进方向送风。

图 4-46 列车头部着火且停在区间任意位置

(2)列车车尾着火时(图 4-47)

乘客疏散方向:从车头下车后步行至前方车站;

隧道通风方向:向列车后退方向送风。

图 4-47 列车尾部着火且停在区间任意位置

(3) 列车中部着火且停在近前方车站时(图4-48)

乘客疏散方向:从两端下车后分别步行至前后方车站;

隧道通风方向:向列车前进方向送风。

图4-48 列车中部着火且停在近前方车站

(4) 列车中部着火且停在近后方车站时(图4-49)

乘客疏散方向:向两端疏散;

隧道通风方向:向列车后退方向送风。

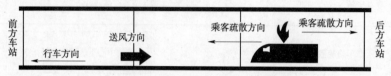

图4-49 列车中部着火且停在近后方车站

(5) 列车中部着火且停在区间中部(图4-50)

乘客疏散方向:向两端疏散;

隧道通风方向:向列车前进方向送风。

图4-50 列车中部着火且停在区间中部

 案例分析4-1

香港地铁纵火事故成功疏散的启示

2004年1月5日,香港地铁尖沙咀至金钟车站之间发生了一起列车纵火事件。该日上午一名精神病男子携带易燃物品进入一辆荃湾线列车,在即将进入金钟站时,点燃该物品,威胁到乘客安全。9:12,一辆前往中环站的列车(编号T61)的车长向控制中心报告,列车发生火警紧急事故,要求金钟站职员候命协助。当列车进入金钟站,有烟从列车冒出。地铁迅速安排列车上的乘客疏散;9:16,疏散完成,随即将金钟站关闭。疏散乘客约1200人,只有14名乘客因吸入烟被送往医院,但很快就全部康复出院。

香港地铁之所以能够在短短的4 min内对1200名乘客进行安全疏散,主要是因为香港地铁定期举行各种公众教育活动,提醒乘客危险品有可能危害公众及乘客的安全,以及与各紧急服务部门进行定期演习,训练员工在紧急事故时的应变及疏散程序等。

 知识链接4-4

站台、站厅和隧道发生火灾时疏散应注意的问题

1. 发生在站厅部位的火灾

站厅部位主要设有供电、机电、通信等设备用房,位于站台、客车轨道与直通室外安全出

口的中间部位。当该处发生火灾时,火势烟雾会沿着通道向地上蔓延,这时,乘客要确定自己所处的位置,保持清醒的头脑,如果乘客在起火部位的周围,要以最快的速度,选用距地面距离最近的安全出口逃生;如果乘客所处的位置在起火点的相反方向,不要向起火点方向靠近,在车站工作人员的指挥下,向火灾蔓延的相反方向,沿着疏散指示标志撤离。

2. 着火客车迫停在站台时

当客车发生火灾迫停在站台两侧时,起火部位与电客车大致有三种位置关系,即起火部位位于车头、车中或车尾。当起火部位位于车头时,乘客要向车尾疏散;当起火部位位于车尾时,乘客要向车头方向疏散;若火灾发生在客车的中部,起火处前部车厢的乘客将向前方车站疏散,起火处后部车厢乘客将向后方车站疏散。此时火灾会产生大量的烟雾、毒气,从车顶部位向下压下来,将照明灯遮挡,影响乘客的视力,造成能见度很低;还会使乘客吸入大量的毒气,发生中毒昏迷现象;同时还会造成停电。这时,被困人员要采用以下方法:

(1)服从站台指挥人员的指挥,确认起火的部位;
(2)确定自己所处的位置、距起火点的距离及火势大小,选择正确的逃生路线;
(3)身体成为匍匐状态或弯腰,避开烟雾毒气的袭击;
(4)用水将衣服、手绢等物品弄湿,捂住口鼻,严防烟雾毒气吸入体内,防止中毒;
(5)要使用打火机、手机、手电筒等一切可以利用的发光体,寻找疏散标志;
(6)车门打不开时,在未着火的部位将面向站台方向的玻璃窗砸开,从车内到达站台;
(7)乘客身上着火时,不要乱跑,应就地打滚,将身上的火扑灭;
(8)保持冷静,不能慌张,以免发生混乱,造成乘客间相互拥挤、踩踏,造成伤亡事故。

3. 着火客车迫停在区间隧道的任何位置时

乘客自然分成两部分分别向隧道两端进行疏散,疏散过程中注意事项如下:

(1)服从站台指挥人员的指挥,确认起火的部位;
(2)确定自己所处的位置、距起火点的距离及火势大小,选择正确的逃生路线;
(3)千万不能砸碎玻璃从车窗下到轨道内部,以防轨道带电伤人;
(4)当车头发生火灾时,乘客从车头向车尾部疏散,经过司机驾驶室门向前一个站台的上下行隧道联络通道疏散,然后通向前一个站台沿着疏散指示标志指示的方向撤出;
(5)当车尾发生火灾,乘客从车尾向车头部疏散,经过司机驾驶室门向下一个站台的上下行隧道联络通道疏散,然后通向下一个站台沿着疏散指示标志指示的方向撤出;
(6)当车中部发生火灾,乘客从中部向车头、车尾部疏散,经过司机驾驶室门向前一个站台和下一个站台的上下行隧道联络通道疏散,然后通向前一个站台和下一个站台沿着疏散指示标志指示的方向撤出。

4. 站台工作人员应注意的问题

准确地确定起火位置,火势大小,被困人员数量;启动所有的应急设备;镇定自若,利用事故广播系统,正确引导被困人员(乘客、职工)按照疏散指示标志疏散,不能造成站台、站厅内的乘客慌乱,避免造成现场混乱,发生拥挤、踩死人的现象;积极采取措施,控制火灾蔓延。

 演练方案 4-1

车站火灾应急处理演练方案

一、演练目的

为贯彻"预防为主,防消结合"的方针,确保车站运营安全,有效应对可能发生的火灾及意外事故,减少和避免因事故所造成的损失和不良影响,并结合车站实际情况,特制订本次演练。

二、人员安排

行车值班员1名,车站值班员1名,值班站长1名,站台站务员1名,厅巡员2名,售票员1名,票务员1名,保安1名,消防人员2名,"120"救护人员2名,义务消防队员2名,站厅购票、进、出站乘客若干名,上、下行站台候车乘客人员若干名。

三、物质准备

喊话器2个、应急疏散指示灯1个、灭火器2个、担架1副、急救箱、对讲机5个、手提式钱箱1个。

四、演练情景假设

11月12下午15:00,站台保洁休息室因微波炉开关短路引燃堆积的杂物,车控室FAS/BAS报警。行车值班员接到报警后,立即派人赶到火灾事故现场,确认火灾是否属实,能否进行先期扑灭,接到现场人员确认后(并且不能扑灭初期火灾)后,车站立即启动火灾应急预案,直至火灾扑灭,人员撤出危险区域,且持续时间约0.5h。

五、演练流程

1. 演练开始

(1)各参演人员到位,值班站长向车站指挥报告准备完毕。

(2)车站指挥向演练总指挥报告:演练准备工作完毕,请指示。

(3)演练总指挥用对讲机宣布演练开始。

2. 演练过程

(1)行车值班员发现FAS发出火灾报警信号,通过FAS主机信息确定着火地点后,值班员携带对讲机迅速赶到现场进行确认。

(2)行车值班员到达着火地点后,发现原因是室内杂物起火燃烧,火势较大,影响乘客安全及设备、设施,不能进行人工扑救,立即向车站值班员报告现场情况并初期灭火(模拟)。

(行车值班员:"车站值班员,站台保洁休息室内发生大火,现无法扑救,请求救援。")

(3)车站值班员收到汇报后,立即报告值班站长,值班站长到车控室,命令启动车站火灾应急预案,通知票务员和售票员停止售票,携带喊话器和应急疏散指示灯,赶赴站厅层组织工作人员疏散乘客。

(车站值班员:"值班站长,大坪站台保洁室发生大火,现无法扑救,请求救援。")

(值班站长:"车站值班员,请通知各岗位人员启动火灾应急预案。")

(4)车站值班员立即通过广播告知各岗位员工启动预案(仅播放设备房及办公区域广播两遍),根据突发事件汇报程序依次上报(环控调度员、运输部值日人员、中心站站长、轨道分局值班民警、安保部、火警"119"和急救"120"),并通知车站义消队员到站支援。

(车站值班员:"报告环控调度员,大坪车站保洁室发生火灾,车站现已启动应急预案。")

(车站值班员:"报告值日领导,大坪车站保洁室发生火灾,车站现已启动应急预案。")

(车站值班员:"报告站长,大坪车站保洁室发生火灾,车站现已启动应急预案。")

(车站值班员:"报告民警,大坪车站保洁室发生火灾,车站现已启动应急预案,请求支援。")

(车站值班员:"报告安保部,大坪车站保洁室发生火灾,车站现已启动应急预案。")

（车站值班员："'119'，轻轨大坪车站发生火灾，请求救援。"）
（车站值班员："'120'，轻轨大坪车站发生火灾，有人受伤，请求救援。"）

（5）车站值班员利用广播向乘客通报火灾情况，引导乘客有序疏散，稳定乘客情绪，并保持与运调中心联系。同时行车值班员按压AFC紧急按钮，打开所有进出站闸机(模拟)。
（车站值班员："各位乘客请注意，因车站发生险情，请听从工作人员的指引，尽快离开车站，不要拥挤，照顾好身边的老人和小孩。我们会保证您的安全，谢谢合作。"）

（6）值班站长到达站厅，站台和站厅层各工作人员在值班站长的组织下，迅速执行预案，引导乘客进行疏散：
（值班站长："厅巡员A将靠车控室方向出站的乘客引导至D口出站"）
（值班站长："厅巡员B将靠大坪正街方向出站的乘客引导至B口出站"）
（值班站长："保安请阻止乘客进站，并等待消防人员到达"）
①站台站务员迅速将站台乘客向站厅层疏散；
②厅巡员在闸机外引导乘客分别从B口、D口进行疏散；
③厅巡员在另一边的进站闸机外阻止乘客进站，并用喊话器告知站厅乘客疏散；
④售票员停止售票，迅速锁好车票及票款，关好门窗，打开特殊通道门，在售票亭外引导乘客疏散；
⑤保安迅速到B口、D口控制乘客进站(模拟)，迎候消防人员并带到起火点；
⑥票务员停止工作，锁好门后，迅速赶到站厅引导乘客疏散。
（①-⑥："各位乘客请注意，因车站发生险情，请从B口、D口尽快离开车站，不要拥挤，照顾好身边的老人和小孩。我们会保证您的安全，谢谢合作。"）
备注：现场喊话使用："各位乘客请往这边出站，注意安全，听从工作人员指引。"

（7）下行站台工作人员在疏散乘客的过程中，发现其中一名女性乘客摔倒在地，立即上前安抚乘客，了解受伤情况，随后，立即通知值班站长该乘客伤势较重，因离起火点较近，需使用担架转移。
（站台站务员："值班站长，站台有一女乘客在疏散过程中摔伤，需要担架救助疏散"）

（8）值班站长利用对讲机通知行车值班员，携带担架急救箱立即赶赴站台。(义消队员达到车控室报道。)
（值班站长："请行车值班员携带担架和医药箱立即赶赴站台，救助乘客疏散。"）

（9）行车值班员和接到通知后的义消队员将受伤乘客抬上担架，通过特殊通道抬到车控室外进行应急救治。值班站长留在站台疏散剩余乘客，并随时注意火情变化。

（10）消防人员赶到时，工作人员必须坚守各自岗位，并配合消防人员进行灭火和乘客救助工作，直至火灾被扑灭。

（11）消防人员赶赴车站，保安人员将消防人员带到起火现场，进行灭火救援。

（12）医护人员到达车站，行车值班员将受伤乘客移交"120"救护(模拟)，立即将情况通知值班员。
（行车值班员："车站值班员，受伤乘客已安全移交'120'处置。"）

（13）车站值班员接到晕倒乘客已移交"120"救护后，立即向值班站长汇报。
（车站值班员："值班站长，受伤乘客已安全移交'120'处置"。）

（14）车站火灾扑灭，车站工作人员配合消防人员调查。

（15）车站值班员向环控调度员、部值班人员、站长和安保部汇报车站火灾扑灭、乘客救援等情况并分别将整个事件情况简要地向以上部门汇报。

(车站值班员:"报告环控调度员,大坪车站火灾已扑灭,所有乘客已经疏散出站。")

给其他领导汇报用语相同。

(16)车站值班员汇报完毕后向值班站长报告。

(车站值班员:"值班站长,现已将车站情况向上级部门汇报完毕。")

(值班站长回答:"明白"。)

3.演练结束

(1)由参演值班站长向车站指挥报告演练结束。

(2)由车站指挥向领导报告:演练工作已完毕。

(3)各参演人员集中对演练进行点评和总结。

六、演练要求

(1)布置、汇报用语清楚、简练、准确。

(2)演练全过程必须严肃认真,犹如火灾真实发生但不得慌乱。

(3)正确、合理使用对讲机,不得抢频、长时间占频,避免通话混乱。

(4)各岗位应尽量安抚乘客情绪,组织乘客有序疏散。

(5)为避免本次演练给真正的乘客造成恐慌,影响正常营运,如有乘客问及时,请所有参加演练人员向乘客做好解释工作。

 知识结构

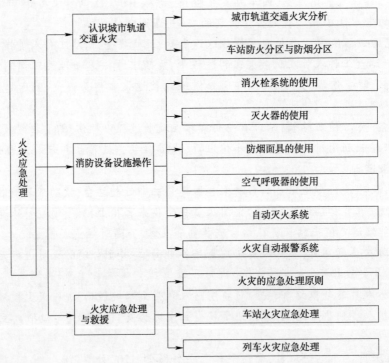

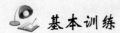 **基本训练**

一、简答题

1.地铁火灾有何特点?

2. 说明灭火器与消火栓的使用方法。

3. 试述火灾自动报警系统的组成和功能。

4. 如何根据火灾类型选择灭火系统?

5. 在地铁火灾救援工作中,行车值班员的职责是什么?

二、判断题

1. 造成30人以上死亡,或者100人以上重伤,或者1亿元以上直接财产损失的火灾称为重大火灾。( )

2. 红色的消防标志牌用于说明各种消防设备、设施安装的位置,引导人们在发生火灾时采取合理正确的行动。( )

3. 地下线路运行中发生火灾时,应立即停车。( )

4. "ABC干粉灭火器"的含义是能灭A类、B类和C类火灾。( )

5. 对带电物体燃烧引发的火灾,可用干粉、二氧化碳灭火器灭火。( )

三、选择题

1. 消防设施不包括( )。
   A. 防烟排烟系统　　　B. 日常广播　　　C. 应急照明　　　D. 安全疏散设施

2. 下列关于灭火器的使用,正确的是( )。
   A. 泡沫灭火器一般能扑救A、B、C类火灾,当电器发生火灾,电源被切断后,也可使用泡沫灭火器进行扑救
   B. 可燃金属火灾,则可使用扑救D类的二氧化碳灭火器进行扑救
   C. 二氧化碳灭火器主要用于扑救贵重设备、仪器仪表、易燃金属及油类的初起火灾
   D. 一般灭火器都标有灭火类型和灭火等级的标牌,使用者一看就能立即识别该灭火器适用于扑救哪一类火灾

3. 使用二氧化碳灭火器时应避免( )。
   A. 将灭火器提到起火地点,放下灭火器,拔出保险销
   B. 一只手握住喇叭筒根部的手柄,另一只手紧握启闭阀的压把
   C. 灭火后操作者迅速离开
   D. 直接用手抓住喇叭筒外壁或金属连接管

4. 关于车站防火安全管理规定,以下哪一项说法不正确( )。
   A. 严禁乘客和工作人员携带易燃、易爆和有毒物品进站
   B. 站厅内禁止吸烟,站台、管理区可以吸烟
   C. 车控室、票务室等重点部位,严禁无关人员进入
   D. 值班站长每天应经常巡视站厅、站台及设备区域的安全情况

5. 发生火灾时,( )用标准用语进行广播宣传和疏散引导,稳定乘客情绪,引导乘客使用车内灭火器灭火和进行紧急疏散。
   A. 维修调度人员　　　B. 电力调度人员　　　C. 行车调度人员　　　D. 列车司机

四、实训演练

了解和掌握车站基本的消防设备和设施的使用方法,具体而言为消火栓、灭火器、防烟面具、空气呼吸器等,掌握其配置情况,熟悉其配置地点,以便能独立熟练操作。

五、交流与讨论

作为一名值班站长或一名车站员工,在车站失火时应该怎样疏散乘客、对于处理流程是否有好的建议?与同学们交流与分享。

项目五　运营伤亡事件应急处理

 项目描述

凡城市轨道列车运行、调车作业过程中和乘客乘车有关的场所,因运营公司过错,造成乘客及非在岗作业的员工伤残死亡,均列为城市轨道运营伤亡事故。本项目任务是掌握城市轨道交通乘客伤亡的处理程序,熟悉事故现场处理程序,掌握事故报告流程,能够对各种客伤事件进行预防及处理。预防乘客伤亡及员工工伤等人员伤害的发生,并在该事件发生之后能进行迅速处理,掌握相关的急救知识,一旦发生人员伤害事件能分清责任、进行妥善处理,并从中受到教育。

 教学目标

1. 知识目标

◎了解客运伤亡事件的基本概念、客伤事件的原因以及紧急救护的概念;
◎明确客伤事件处理原则、客伤事件处理程序以及意外伤害急救原则;
◎熟知客伤事件预防措施;
◎掌握客伤事故现场处理、现场急救应采取的初步措施以及常见急救具体措施。

2. 技能目标

◎能够进行自动扶梯客伤应急处理;
◎掌握心肺复苏术的使用时机,熟悉心肺复苏术的操作程序;
◎通过外伤止血急救处理演练,熟悉外伤止血急救处理的操作;
◎能够进行屏蔽门夹人夹物应急处理;
◎熟悉外伤止血急救处理的操作流程。

3. 素质目标

培养良好的岗位安全意识和职业素质,熟练掌握各类规章规则,严格执行工作程序、工作规范、工作标准和安全操作规程。

上海地铁屏蔽门夹人事件

2007年7月15日下午3时34分,上海轨道交通1号线上海体育馆站下行(往莘庄方向)站台上,一名男性乘客在上车时被夹在屏蔽门和列车之间,列车正常启动后,该乘客不幸被挤压坠落隧道不幸身亡。事故发生后,车站立即拨打急救电话,将这名男子送往医院。不过,这名男子在送往医院前已经死亡。

上海地铁运营有限公司表示,当时,列车蜂鸣器与屏蔽门灯光已经发出警示,列车即将开动。在这种情况下，这名乘客仍强行上车，由于车内拥挤，他未能挤进车厢。这时，屏蔽门已经关闭，列车正常启动，这名男子遂被挤压坠落隧道。

地铁运营商提醒乘客，一旦发生危急状况不要慌张，一是车门内的紧急拉手可以应对突发情况，二是屏蔽门内也有紧急拉手，可以帮助受困乘客解围。

"我当时在出事车门的隔壁第二个车厢，突然听到车厢内有乘客在高声地叫喊，列车启动后又停了下来，这才看到屏蔽门上都是血。"现场目击者张先生说。

在《新闻晨报》6月对1号线屏蔽门的供应商——美国西屋月台屏蔽门公司的采访中，该公司称为了避免夹人事故再次发生，公司正考虑在屏蔽门内侧安装安全开关，如果有人碰到安全开关，列车就会暂停开动。

案例表明：轨道交通车站和列车是人群比较集中的公共设施，由于人员、设施与设备、环境等因素影响，城市轨道交通运营过程中的各种人员伤害发生的频率也在相应增加。人员伤害事件的发生，会给城市轨道交通企业造成在声誉上的严重影响及经济上的重大损失，给人员伤害事件的责任者带来经济损失和家庭负担，同时也给伤者带来身体痛苦和心灵创伤。因此，作为城市轨道的工作人员，避免人员伤害的发生是城市轨道交通企业所必须认真做好的工作，本项目将重点学习运营伤亡事件应急处理。

任务一 乘客伤亡事件应急处理

一、乘客伤亡事件的基本概念

1. 乘客伤亡事件的定义

乘客伤亡事件，是指乘客在轨道交通管辖的运营区域发生的人身伤害及伤亡事件，简称客伤。随着客流增长，客伤量也明显增加，尤其是扶梯客伤的持续发生，同时由于社会关注度及乘客维权意识的日益增强，地铁客伤事件呈现"难控制、难处置、难善后"的特点。

客伤事件发生的时间段集中发生在早高峰后及晚高峰期间，这是每天控制客伤事件发生的重点时段。同时，节日期间随客流增大而增多，也是客伤事件发生的高峰时间。

2. 乘客人身伤害范围

（1）乘客自验票进入闸机时起至出闸机时止，对运输期间发生的乘客人身伤害，轨道交通运营单位承担运输责任。通常包括（但不限于）以下情况：

①地铁设备设施损坏未及时修复且未设置警示、防护造成的；

②地铁施工作业造成的；

③列车紧急制动造成的；

④地铁范围内垂直电梯、自动扶梯突然停止运行或启动造成的；

⑤屏蔽门、车门夹人造成的（属乘客强行上下车的情况除外）；

⑥地铁设备设施发生故障造成的；

⑦车站或列车内湿滑未及时清理或未设置防护警示造成的（因不可抗力造成的除外）；

⑧闸机夹人造成的（乘客强行出闸，无票尾随出闸等情况除外）。

（2）其他非乘客自身责任在付费区内造成的：

①无票人员在地铁付费区内发生的人身伤亡，比照乘客办理；

②无票人员（包括已购票但未验票入闸的人员）在地铁非付费区内发生的人身伤亡，因

地铁设备设施或管理所致的,比照乘客办理;因其自身原因所致的,原则上不予承担责任。

(3)有下列情形之一造成的乘客人身伤害,地铁不承担运输责任:

①违反"地铁运营管理办法"而造成的乘客本人或他人伤害;

②不可抗力造成的乘客人身伤害;

③自身健康原因造成的乘客本人或他人伤害;

④能证明是故意、重大过失造成的乘客本人或他人伤害;

⑤因第三者责任(包括斗殴或制止斗殴)造成乘客人身伤害时,受害者直接向施害的第三者索赔,地铁公司原则上不予承担责任;

⑥利用地铁站通道穿行或在车站逗留、休息等无票人员因自身原因造成的伤亡,地铁车站只提供基本援助(如拨打"120"等),原则上不予承担责任。

3. 客伤事件产生原因及应对措施

(1)客伤事件的产生原因

①设施设备不完善;

②乘客自身防范意识差;

③服务指引不到位;

④季节和天气;

⑤客流量;

⑥车站卫生;

⑦内部管理。

(2)客伤事件的应对措施

①加强法律依据;

②规范设备采购和日常管理;

③转变用户群体观念行为;

④加强服务指引及设备设施;

⑤规范运营单位日常管理。

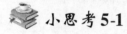
小思考 5-1

如何避免客伤事件的发生?

(1)站厅工作人员遇老、幼、行动不便乘客注意提醒、帮助,加强站间联控制度,将需要帮助乘客的情况通报其目的地车站,目的地站工作人员注意护送其出站。

(2)遇两名乘客齐抬重物或乘客推有重物的手推车或推有人的轮椅,不允许其乘坐电梯。

(3)遇大雨、大雪天气,及时采取防滑措施:铺设防滑物品如地毯、麻袋等;设置防滑警示标志;及时清除站内的积水、积雪。

(4)发现乘客在乘坐电梯时摔倒,应立即关停电梯,并按照应急处理预案处置。

(5)站台岗注意防止乘客抢上抢下列车,当发现列车夹人夹物时,立即采取紧急安全措施,按压紧急停车按钮及通知司机。

(6)注意在客伤现场取证及寻找目击证人,留下证言和证人联系方式。

(7)及时报保险公司备案。

二、乘客伤亡事件应急处理办法

1. 客伤事件处理原则

（1）要以维护地铁公司形象、保护地铁公司最大利益为原则，以人为本，给予乘客以必要的帮助。

（2）车站在处理客伤事件时要第一时间进行取证，尽可能得到旁证及当事人签字确认。

（3）及时将（前期）处理结果报告相关部门，以备后续处理。

2. 客伤事件应急处理程序（图5-1）

乘客受伤现场处理程序（图5-1）如下：

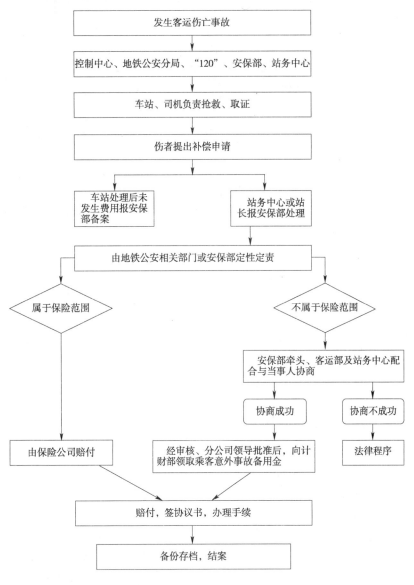

图 5-1　客伤事件处理程序

（1）车站现场工作人员发现或接到受伤乘客求救时，应立即报告当值值班站长并赶赴现场，了解伤（病）者情况及初步原因。各岗位人员行动指引见表5-1。

乘客受伤的各岗位人员行动指引 表5-1

岗 位	职 责
值班站长	(1)马上赶赴现场,疏散围观乘客; (2)安抚乘客并与乘客进行沟通了解情况; (3)对伤势轻微的伤者或需要急救者进行简单救助,如伤者要求或伤势严重时应及时拨打"120"急救电话; (4)寻找目击证人,按照地铁企业《实施细则》附件二要求做好取证记录; (5)安排人员保护现场(如需恢复现场,应在恢复现场前进行拍照取证)并做好记录,收集有关资料,并协助保险公司或公安进行处理; (6)如因地铁设备造成事故,应停止该设备运作(影响列车运行的设备除外),并通知维修责任部门到现场检查处理,并出具相关运行记录; (7)汇总资料,填写地铁企业《实施细则》附件三,上报车务部综合技术室和安全监察部
行车值班员	(1)立即报行车调度员和保险公司,视情况请求急救中心和地铁公安支援,再按照地铁企业《实施细则》附件一要求进行汇报; (2)派人到指定出入口引导急救中心人员进站; (3)将情况报告站长、车务部有关人员; (4)通过CCTV观察现场,加强与值班班长、行车调度员联系; (5)尽可能联系伤者家属
车站其他员工	(1)需要时,对乘客外伤进行简单救护; (2)疏散围观乘客,协助寻找两名目击证人记录证人有关资料,以便协助调查; (3)设置隔离带,保护好现场; (4)协助事故调查
行车调度员	(1)接到报告后,报告主任调度员; (2)如事件影响列车运行,则应扣停列车、调整列车的运行; (3)按照地铁企业《实施细则》附件一要求进行汇报

(2)如因地铁设备造成事故,应立即停止该设备运作(影响列车运行的设备除外),并报告车站控制室。

(3)疏散围观群众,寻找目击证人,收集、记录有关证人资料。

(4)需要时,对乘客外伤进行简单的包扎处理。

(5)如调查需要,应保护好现场,必要时对有关区域进行隔离,并用相机记录现场有关情况。

(6)必要时,根据值班站长安排,站务人员到紧急出入口引导急救中心人员进站。

(7)必要时协助警方进行事故调查。

三、乘客伤亡事件的责任界定

根据历年统计数据显示,客伤数量逐年增加,尤其是扶梯客伤的持续发生,成为地铁企业客伤处理的难点。根据客伤的现场处理过程情况,目前客伤案件媒体关注度较高,医院的偏向性强,乘客的索赔意识强烈,常常采取纠集多人滞留车站不走、在网上或媒体上虚假宣传、直接到地铁企业争吵等不正常途径解决问题,一味坚持"只要在地铁范围内受伤,地铁企业就应该负责"等错误观念,不听工作人员的解释,给现场客伤处理带来很大困扰。

具体而言,客伤事件发生后,依据以下流程处理:

(1)明确客伤事件发生的地点,初步确定是否属于地铁企业责任范围。

①上列车到下列车之间的列车运输过程中,如脚踏进列车与站台空隙、落轨/进入线路、列车内受伤、因车门/屏蔽门开关而受伤等,一般属于地铁企业承担无过错责任的范围,如果证明乘客有故意行为或自身健康原因,企业才能免责或减轻责任。

②在站厅、站台、地铁拥有产权的通道、出入口内,乘客发生如扶梯摔伤、站内摔伤、闸机夹伤/刮伤等,一般属于过错责任的范围,地铁企业依据过错程度按比例承担相应责任,即有过错才有责任,无过错即无责任;过错大责任大;过错小责任小。

(2)确定乘客是否有故意或过失行为,地铁企业是否尽了安全保障义务,做好证据收集,用以减轻或免除地铁责任。具体以扶梯和屏蔽门客伤证据收集要点分析见表5-2。

扶梯和屏蔽门客伤证据收集要点 表5-2

	证明乘客有责的证据要点	减轻或免除地铁责任的证据要点
扶梯摔伤	(1)乘客携带大件行李,没有握紧扶手带(通过录像或目击证人笔录、口述录音证实,注意要在录音中询问当事人姓名,从而保证证据效力); (2)在扶梯上奔跑打闹(通过录像或目击证人笔录签字、口述录音证实); (3)自身健康原因造成,如突发疾病(通过录像录音观察当事人精神状态或通过病人病历了解); (4)老人或小孩没有家人陪同(可以证明家人没有尽到安全照顾义务,可以适当减轻地铁责任); (5)第三方蓄意伤害,如打架等(可以证明由第三方承担责任,交公安处理)	(1)扶梯的运行是否正常(如果录像无法直接观察到伤发生位置,可以通过扶梯两端的运行状态录像或前后乘客上下扶梯的状况进行判断,注意保存这些位置的录像); (2)警示标志是否完好无缺(注意通过录像或照相截图证实事发时间地铁企业的警示标识是完好无缺的,如果可能,尽量在图片中同时包括当事人和警示标识,确保图片证据的效力); (3)乘客当时的精神状态,受伤的部位、程度等(如果通过录像、录音证实乘客有突发疾病或醉酒状况,地铁企业可以免责); (4)扶梯检修记录(注意保存好扶梯检修单)
因车门/屏蔽门开关而受伤	(1)乘客有手扶车门/屏蔽门或倚靠车门/屏蔽门、冲门、阻拦车门或屏蔽门关闭的故意行为(主要通过站台录像证实或目击证人录音证实,因此,客伤处理人员到现场处理过程中,务必携带录音笔便于取证); (2)打架、第三方蓄意伤害等故意(通过报公安处理,注意地铁企业不要介入到当事人的纠纷,避免受害者将责任转移到企业); (3)乘客携带大件行李,延误车门或屏蔽门关闭(注意确定上行或下行站台屏蔽门/车门的编号,描述乘客行李大小及数量,有条件的最好拍照保存); (4)自身健康原因造成,如突发疾病	(1)确认站台边缘是否有障碍物,地面是否有渍水或油污等(通过现场录像或拍照证实,注意将当事人拍摄进图片中,增强证据说服力和关联性); (2)确认事情发生时屏蔽门的状态:开/关门提示音是否有响,车站广播是否有提醒; (3)确认开/关门状态是否正常(通过车载录像或站台摄像头监控查看下载); (4)确认警示标志是否完好无缺(尽量在图片中同时包括当事人和警示标识,确保图片证据的效力)

四、典型乘客伤亡事件应急处理

经对客伤事件的类别进行统计,乘客在扶梯上受伤与车门、屏蔽门夹伤事件占客伤事件的大多数。上述两项是客伤事件的最主要类别,见表5-3。

某地铁 2010 年客伤事件统计 表 5-3

客伤类别	数量(件)	比例(%)
电扶梯摔伤	275	53.30
车门屏蔽门夹伤	79	15.31
站内摔伤	51	9.89
脚踏列车站台空隙	38	7.37
闸机开关门受伤	8	1.55
治安事件	24	4.66
第三方原因	28	5.43
其他	13	2.52

1. 自动扶梯伤亡事件处理

处理程序见表 5-4。

车站扶梯群体性或严重性客伤事件应急处理程序 表 5-4

岗 位	处 理 程 序
现场(或首先赶到的)员工	(1)现场发现或接收到扶梯发生人员伤亡事故的信息后,立即到现场处理; (2)大声通知乘客紧急停止,请其抓住扶手后,按下紧急停止按钮,引导其他乘客安全离开扶梯; (3)将现场情况报告给车控室; (4)挽留至少两名目击者做证人; (5)将目击证人移交给客运值班员处理; (6)听从值班站长指挥,协助安抚伤员
行车值班员	(1)通知值班站长、客运值班员以及离现场近的岗到现场处理,安排人员到现场维持秩序,封锁现场; (2)报中心站长、地铁公安、"120"、行车调度员、值助、部门客伤害负责人; (3)安排人员暂停扶梯的使用,并做好防护,未得到事故处理负责人的允许,严禁任何人动用该扶梯; (4)安排保洁(或其他员工)到车站出入口接应"120"人员,记录"120"人员到达车站时间和离开车站时间; (5)记录好整个事件处理经过的时间
值班站长	(1)担任事故处理主任赶往现场,初步确认现场受伤乘客人数、伤情及扶梯周边客流情况,判断是否需要相关车站派人支援,确认需要支援的地点、人数及工作内容,确保支援人员准确,及时到位; (2)做好现场取证工作; (3)转移受伤乘客到扶梯旁边的空地,安排人员对受伤乘客进行安抚和初步的救治; (4)如果受伤人数较多的,对于伤势轻微的征询乘客意见后转移到车站会议室,做好乘客的安抚工作,对于伤势较重就地进行关心和询问,安慰其耐心等待"120"的救助,并根据现场情况进行围蔽,但要保持必要的通风; (5)如果受伤乘客已经昏迷时,安排人员将乘客转移到客流较少的出入口通道内; (6)如果受伤乘客身体部位被扶梯卡住无法取出的,确认受伤部位和乘客状况,立即报"119""120"; (7)密切留意现场是否有乘客用手机拍照或打电话的情况,如发现有异常情况的,及时安排人员上前表示关心和慰问,分散其注意力; (8)现场伤者转移完毕,扶梯设备经维修人员检修确认安全后,车站现场恢复运营秩序(如公安机关要求保持现场状况的,按公安要求办理)

续上表

岗 位	处理程序
客运值班员	(1)到现场负责专项跟进目击证人工作并将目击证人带到会议室书写目击经过； (2)对现场扶梯警示标识、地面状态及伤员情况等进行拍照、录音； (3)对于伤势较轻能自行走动的乘客安排其他员工扶他们到会议室等地进行笔录等工作
保洁（或其他员工）	在车站出入口接应"120"人员到事发现场

(1)值班站长接到事故报告后，迅速组织人员赶赴现场。

(2)如事故情况较为严重须临时关闭自动扶梯的，要立即启动紧急停机装置。期间要做好对正在乘坐扶梯人员的提醒工作。关闭扶梯后，要封锁扶梯的上下两端(图5-2)，并对乘客做出"该扶梯停止使用"的文字说明。

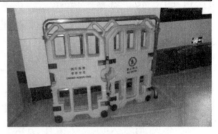

图5-2 扶梯维保隔离栏

(3)对受害人员进行紧急救治。如果伤者伤势较轻且车站有能力救护的情况下，将伤者带离事故现场进行解决。否则，立即拨打"120"，在至少有一名车站员工陪同的前提下，前往指定医院进行救治。

(4)挽留目击者，了解事故概况并做好记录，同时保留目击者的个人资料(姓名、住址、单位、联系方式等)。

(5)如受害人已经死亡，应向驻站警务人员报告，并协助进行处理。处理过程中，要对事故现场进行隔离，疏散围观群众，维护正常的运营秩序。

(6)事故处理完毕后，要尽快清理事故现场并对自动扶梯进行相应检查。待其性能良好后立即恢复正常运行。

案例分析 5-1

自动扶梯客伤事件

1. 事件概况

2006年7月19日下午15:50许，某地铁一名女乘客时某在乘下瓦房南端站厅付费区上行自动扶梯时，违反安全乘坐扶梯的要求，站在扶梯左侧并且将身体上半部伏在扶梯扶手上，回头向下张望；当该乘客运行至扶梯与站台顶板夹角处，头部卡在夹角处，导致伤害事故发生。两名乘客将其搀扶至扶梯上口并告知车站值班人员，当班站长与值班人员立即取急救箱到事发区域，迅速给该乘客包扎，并应乘客的要求及时通知家属，同时将该乘客送往下瓦房医院。

2. 原因分析

当时自动扶梯处于正常运行状态，并设有"小心碰头"标志，乘客头部卡在夹角处是由于其自身原因，因此，此事件的责任不在城市轨道交通单位。

3. 处理措施

(1)在确认此事件责任不在运营单位的情况下，与乘客进行协商。考虑到事情发生在城市轨道管辖范围内，出于人道主义，同意给予乘客适当经济补偿。

(2)签订客伤处理协议，约定补偿后双方不再在经济等各方面发生任何关系。

2. 车门/屏蔽门夹人夹物事件处理

（1）车门/屏蔽门夹人夹物处理要点

①站台保安应站在站台两端的楼扶梯口值岗，车门和屏蔽门关闭之际，应尽可能提前阻止乘客抢上抢下，发现夹人夹物后，就近人员须第一时间采取有效措施：立即按压紧急停车按钮（在去按压紧停按钮的途中，可向司机显示停车手信号），避免夹人夹物动车。

②行车值班员在列车到站期间应加强监控，观察站台保安/站台人员是否有异常，需要时，可按压 MCP 盘紧停按钮。

③司机在关门期间应重点监控是否有抢上乘客，如有，不要急于动车，应重点观察站台保安/站台人员是否显示紧停手信号。

④列车车门夹人夹物动车后应及时汇报清楚（如：夹人/物车门位置和编号等），并由司机统一处理，车站不得开启屏蔽门或应急门来处理车门夹人夹物。司机动车后接到夹人夹物处理命令后，应先进行客室广播（如：列车临时停车广播）再迅速前往现场处理。

⑤车站站台人员应熟记车站楼扶梯口对应的列车车厢号码和车门编号，便于及时准确地汇报。

⑥车站人员及时通知自动监控部调度恢复站台紧急停车按钮盖板。

（2）列车未启动时处理程序

①如接到报告或观察到夹人（夹物）后，立即重新打开车门和屏蔽门，待人和物撤离后，再关闭屏蔽门和车门。

②如司机发现而站台保安未发现夹人夹物处所时，应通过端墙电话通知车控室，各岗位行动指引见表5-5。

列车未启动时各岗位行动指引 表5-5

岗位	职责
站台保安/站台人员	（1）发现列车车门/屏蔽门夹人夹物且没有自动弹开释放，立即就近按动紧急停车按钮（在去按压紧停按钮的途中，可向司机显示停车手信号）； （2）在赶赴现场查看的同时将情况报告车控室； （3）将人或物撤出后，向车控室报告，并向司机显示"好了"信号；值班站长到场后，协助调查处理
行车值班员	（1）发现异常或接到报告后，通知值班站长前往处理，并向行车调度员汇报； （2）通过 CCTV 观察现场情况； （3）需要时，通知公安或运管办到现场协调处理； （4）接到人或物撤出通知后，取消紧停，并汇报行车调度员
值班站长	（1）赶赴现场处理，调查事件原因； （2）如发生客伤事故，按《客伤处理程序》办理； （3）如是乘客抢上抢下造成时，寻找目击证人，并记录详细资料； （4）事件处理完毕后，将有关情况通报行车调度员，对乘客进行教育，对蛮不讲理的乘客，通知运管办到场处罚
司机	（1）如接到报告或观察到夹人夹物及站台人员显示停车手信号后，应重新打开车门和屏蔽门，待人和物撤离后，再关闭屏蔽门和车门； （2）如司机发现而站台保安未发现夹人夹物处所时，应通过端墙直线电话通知车控室； （3）凭站台保安"好了"信号，关闭车门和屏蔽门，确认车门、屏蔽门无夹人夹物及屏蔽门和车门之间空隙无滞留人或物； （4）凭行车调度员指令动车

续上表

岗 位	职 责
行车调度员	(1)接到报告后,了解现场情况,必要时,指示有关人员按章处理,监控事件处理经过和结果,提醒相关人员防止夹人夹物开车; (2)接到事件处理完毕报告后,提示司机动车

③凭站台保安"好了"信号,关闭车门和屏蔽门,确认车门、屏蔽门无夹人夹物。

(3)列车已动车时处理程序

①列车产生不明原因紧急制动后,汇报行车调度员(如运行中获知夹人夹物信息应立即停车),各岗位行动指引见表5-6。

列车已动车时各岗位行动指引　　　　　表5-6

岗 位	职 责
站台保安/站台人员	(1)发现列车车门/屏蔽门夹人夹物,列车已启动,立即就近按动紧急停车按钮; (2)立即将情况报告车控室,如列车尚未出站且所在位置在站台有效范围内,应前往夹人夹物现场了解情况和处理; (3)如列车未停车,应立即报车控室
行车值班员	(1)发现异常或接到报告后,立即向行车调度员汇报,并通知值班站长到现场处理(如列车未停止运行,应立即向行车调度员汇报,不能与行车调度员立即通话时,应通知前方站扣停列车进行处理); (2)利用CCTV观察现场情况;需要时,通知公安或运管办现场协调处理; 接到行车调度员通知后,取消紧停,恢复正常运作
值班站长	(1)赶赴现场,协助司机处理; (2)调查事件原因,并检查是否对车站设备造成影响,将有关情况通报行车调度员
行车调度员	(1)接到报告后,通知司机前往现场处理; (2)通知前方站安排人员到指定车厢了解情况和采取相应的处理措施; (3)接到司机夹人夹物事件处理完毕报告后,通知车站取消紧停,指示司机动车; (4)如对设备造成影响时,还应通知相关部门前往处理和指示后续列车的运行
司机	(1)列车产生不明原因紧急制动后,汇报行车调度员(如运行中获知夹人或夹物信息应立即停车); (2)接到行车调度员(乘客报警)有关夹人夹物处理指示后确认具体位置,做好乘客安抚广播; (3)携带800M电台前往现场,采用单个车门紧急解锁方式处理(解锁前要确保附近乘客的安全),严禁按压驾驶室门控按钮开门; (4)处理完毕后,恢复车门,汇报行车调度员,凭行车调度员指令动车

②接到行车调度员或乘客报警有关夹人夹物处理指示后确认具体位置,做好乘客安抚广播。

③前往现场采用单个车门紧急解锁方式处理(解锁前要确保附近乘客的安全)。严禁按压驾驶室门控按钮开门。

④处理完毕,恢复车门,汇报行车调度员。凭行车调度员指令动车。

(4)接报非站台侧车门夹人夹物后有关人员处理程序

①接到行车调度员通知或紧急报警得知车门夹人夹物后,前往现场处理(携带800M无线便携台)。

②采用单个车门紧急解锁方式妥善处理夹人夹物(解锁前要确保附近乘客的安全)。处理完毕,恢复车门。

③如在站台,根据站台工作人员"好了"手信号关门,确认车门、屏蔽门无夹人夹物。如

在区间,则汇报行车调度员。

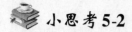

小思考 5-2

屏蔽门夹人夹物何时才能按压紧停按钮?

(1) 车门与屏蔽门间隙有乘客或物品滞留,车门、屏蔽门已经正常关闭,且检测设备显示正常,车务人员发现时;

(2) 车门夹人夹物,车门、屏蔽门已经正常关闭,且检测设备显示正常,车务人员发现,且列车尚未动车时;

(3) 车门夹物,车门、屏蔽门已经正常关闭,检测设备显示正常,列车已经动车,站台岗观察所夹物品影响行车时;

(4) 对于列车因车门检测电路故障启动车门旁路,车务人员发现任何夹人夹物的情况时;

(5) 对于屏蔽门出现故障启动互锁解除,车务人员发现任何夹人夹物的情况时。

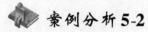

案例分析 5-2

列车车门的客伤

1. 事故情况

一名乘客在某地铁车站站台下行线越过安全线候车,在列车停稳开门的瞬间,该乘客被身后的乘客推挤,致使其右手撑扶在移动中的列车车门上,因反应不及而夹插在车门的缝隙间,该乘客本能地将被夹住的右手往外拉,致使其右手大拇指第一节脱落。

2. 原因分析

该乘客违反了《地铁管理条例》及《地铁乘客守则》中的有关规定;

发生拥挤时本人缺乏自我保护意识;

个别乘客缺乏社会公德;

该事故的责任在乘客本人。

3. 善后处理

事发后,车站予以简易处理,后出于人道主义精神急送伤者至医院抢救;在了解和收集有关资料的同时,为其联系单位和亲友。

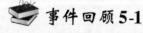

事件回顾 5-1

列车车门夹物事件

事件经过:

14:48:1Q247 列车在西单下行出站时,因安全门系统向信号系统反馈安全门打开的信号,信号系统向列车发布紧急制动指令,车头越过停车标一卡车后停车。

14:51:车站人员现场检查后,确认下行 15 道安全门处一背包被夹在车门外,在列车车门关闭的情况下无法取出。

14:53:列车退行后开启车门,乘客将背包拽回车内。

14:58:列车重启车载信号系统(以下简称 VOBC 系统)后发出。

1Q247 列车在西单站进行站台作业完毕后正常发车,行驶大约 20m 后列车紧急制动停车。查看信号系统设备的回放记录,在 007 列车发车后,信号系统接收来自安全门系统的安全门开启信号,信号系统将西单站下行站台区域轨道关闭,并取消已经排列好的007列车的发出进路,引发007列车紧急制动。依据安全门系统的相关记录,在007列车发车后安全门系统捕捉到间隔小于1s的安全门打开、闭合信号。依据行车调度员命令,2名站务人员对安全门及车门情况进行查看。站务人员在第15道滑动门处发现M1车A1门夹住背包。

背包是双肩背的样式,颜色为深色,约A3纸大小,包不是装满物品的状态,包的厚度约10cm,背包带的厚度不足10mm。背包的一条背包带已经断掉,与背包一同位于车门和安全门之间,高度约为成年人大腿的高度。背包的另一条背包带被车门夹住,从站台侧未看到用于调整松紧的背包带扣,站务人员判断该背包带扣被夹在车门内侧,从外侧无法将背包取出。

现场处理:

行车调度员安排列车退行对标停车并开启车门。司机使用非限制人工驾驶模式操作列车退行对标停车后打开列车车门,乘客自行将书包收回。随后列车重启VOBC系统,重启成功后列车发出。

此事件造成:到晚6列(5分以上2列),最多晚点6min。

任务二 道床伤亡事件应急处理

城市轨道交通进入网络化阶段后,如果发生乘客进入轨道的事件,将会对整个线网运营造成大的影响,并极有可能造成伤亡事件发生。在站台设立屏蔽门和安全门的条件下,大多数乘客通过翻越屏蔽门进入轨道是为了捡拾掉落的物品以及在乘车时进入相反站台欲通过轨道到达对面站台,还有就是个别轻生的乘客一时想不开而进入地铁轨道自杀;另一种乘客掉入轨道是由于在车门关闭,而屏蔽门未关闭情况下,乘客夹在其中央,此时司机开动列车将其卷入轨道造成。道床伤亡应急处理卡片如图5-3所示。

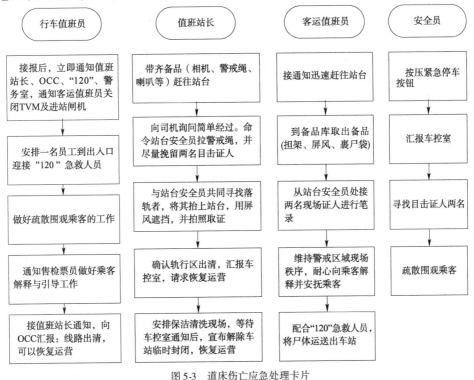

图5-3 道床伤亡应急处理卡片

一、人员擅入轨行区的应急处理

当遇到有人员擅自进入轨行区时,站务员主要负责协助事故处理主任(值班站长)工作,应及时报车站控制室(值班员报行车调度员做好行车安排),在现场寻找两名目击证人配合调查取证,待线路防护好后跟随值班站长,穿好荧光衣,携带对讲机、手电筒,进入线路寻找擅自进入的人员。处理流程见表5-7。

轨行区掉落人员应急处理流程 表5-7

涉及岗位人员	行 动 内 容
站务员	(1)站务员发现事故发生时,须立即启动事故发生一侧线路的紧急停车按钮; (2)向值班站长报告站台发生轧人事件,并通知追拍车站控制室内的紧急停车按钮
行车值班员	(1)行车值班员启动车站控制室内相应的紧急停车按钮; (2)向行车调度员报告事项:申请分断牵引电流,并请求紧急支援(公安、消防、急救)
值班站长	(1)值班站长通过手持台通知车站员工有关事故,将手持台调至频道; (2)接到OCC的指示,值班站长担任现场指挥人指挥事故处理,启动应急预案,设置事故控制点,直到事故处理主任到达为止; (3)密切监视现场情况,做好与行车调度员的联系工作和与上级的联系汇报工作; (4)确认现场情况,通知站务人员启动客流控制方案
行车值班员	值班员通过广播、乘客信息显示屏(PIS)向乘客发布服务延误信息,建议换乘其他交通工具
客服中心站务员、安保	客服中心站务员和安保人员到站台进行支援,维持站台秩序
站务员	(1)站务员以调度命令进行事故列车的清客工作; (2)清客完毕后,向司机显示一切妥当手信号; (3)设置防护带、稳定乘客情绪、引导乘客出站、查找目击证人
行车值班员	接到行车调度员通知接触网已经停电命令,立即通知值班站
值班站长、值班员	(1)从事故列车司机处收取列车钥匙; (2)获得行车调度员授权后,立即前往事发地点并穿戴好安全防护; (3)接管现场,向司机和站台人员(如有必要)询问事故详情
站务员、值班员	(1)搜索到被撞到的人之后,伤员并非被压在车轮下可以移动; (2)发现伤员后,用粉笔做好人员在落轨位置的标记
行车值班员	按照行车调度员的指令,在需要的时候启动AFC降级模式
值班站长、值班员、站务员	(1)将伤者移离轨道; (2)有急救证的员工给伤者进行初期的伤势处理,并通知其家属
站务员	(1)通知紧急出口人员准备迎接救护人员及告知其伤员安置的位置; (2)当急救人员抵达时,应向急救人员的主管讲述当时的情况,立即将伤员交给救护人员处理; (3)引领急救人员将该人从紧急出口抬离车站
值班员	(1)与行车调度员联系,通知各岗恢复正常运营; (2)如司机不能继续驾驶列车,通知行车调度员尽快安排替代司机
值班站长	(1)在不影响运营的时段,安排工作人员用粉笔画出乘客撞到在轨道上的位置,并用沙遮盖血渍; (2)通过手持台命令车站员工将手持台频道调回车站频道,并恢复车站正常运营; (3)将手持台频道调回车站频道,取消管制
车站人员	配合公安人员调查

案例分析 5-3
乘客擅自进入区间(3 级 B 类事故)

2009 年 6 月 17 日 9:47~9:55,一男性乘客由某地铁 T 站站厅专用通道进入付费区,乘下行电梯到达下行站台,由下行站台东端下到区间,翻越三轨到达上行区间,爬上隔音屏,在隔音屏上向 Q 方向行走,9:57,维修部工作人员在上行站台,看到 T 至 Q 区间约 150m 隔音屏转弯处有个人在向 Q 站方向行走,且上行列车正驶到此处并减速。他将此情况告诉下行站务员,站务员朝此方向看了一下,无法肯定是否有人,于是到紧急停车按钮旁呼叫车控室,告知值班员,值班员通过 CCTV 观察未发现异常后通知值班站长上站台查看。9:58 值班长上到下行站台,此时上行站台列车正在站内关门,下行列车已停于区间约 150m 转弯处。9:58:41,A05 车司机从 T 站下行出站后,发现区间有人正从上行翻越接触轨到下行,立即鸣笛并采取紧急制动,停车后开门查看,发现该男子在列车头部右侧倒地受伤,立即报告控制中心。

9:59,行车调度员通知 T 站和 Q 站准备担架下区间救援。10:03,接触轨停电,T 站值班员和站务员、Q 站值班站长和保安四人于 10:07 到达事发地点,10:25 将此人抬到 Q 站交于"120"送往军工医院救治。10:28 恢复运营。

1. 存在问题

(1)未严格执行"专用通道管理办法",专用通道未锁闭;

(2)9:00、9:30 两次站厅与站台换岗时间段(较短),站厅处于无人管理状态;9:43,BOM 岗去卫生间未通知站长,导致第三次站厅处于无人管理状态,伤者进入车站(9:45~10:00 因技术原因问题无录像),导致事故发生;

(3)值班员在岗疏忽对站厅、站台的 CCTV 监控,未及时发现人员未购票进站且进入区间;

(4)站台岗工作期间坐在椅子上,未能严格执行站台岗位的巡视职责;

(5)值班站长未能及时掌控车站各岗位换岗情况和补岗到位,负有车站管理责任。

2. 整改措施

(1)车站各岗位要严格按照作业标准作业,加强安全巡视,不得脱岗,不得在岗位上做与工作无关的事情;站台岗除了接送列车外,还要在列车间隙加强巡视,密切关注乘客动态,及时提醒乘客不要逾越黄线,不要在站台上嬉戏、打闹。

(2)站台岗要站在视野开阔的位置,若站在楼梯口等影响视野的地方值岗一律视为脱岗。

(3)车站专用通道平时要上锁,对需要使用专用通道的乘客要认真查验其车票或免费证件,使用完后注意恢复上锁状态。

(4)车站员工要提高警惕,对于疑似影响安全的情况一律按照"疑似从有"的原则,及时采取按压紧急停车按钮等安全措施,防止安全事故的发生。

(5)值班员应加强监控,特别是两车同时进站时注意加强对无站务员值守的一侧站台情况的监控;平时注意增加安全宣传广播次数,加强对乘客的安全宣传。

(6)值班站长应加强班组管理,在班中加强巡视,对违章违纪情况要及时制止并纠正,严格按照考核制度进行考核;加强员工安全意识和岗位责任意识教育,不断提高员工的综合业务素质,提高员工履行岗位责任意识的自觉性,防范乘客意外伤害,将乘客的损伤降至最低限度。

(7)在现场救援过程中注意取证。

二、地外伤亡事件的应急处理

关于城市轨道交通地外伤亡的分类,可以分为地铁外部人员伤亡事故与地铁外部人员伤害事故。凡在城市轨道交通列车运行和调车作业中,发生列车撞轧人员、与其他车辆碰撞等情况,招致地铁外部人员及非在岗作业的地铁员工伤残死亡,均列为地铁外部人员伤亡事故(简称地外伤亡事故)。在城市轨道交通运营场所,除上一条款中所述原因外,由于其他原因发生的地铁外部人员及非在岗作业的地铁员工伤残死亡,均列为地铁外部人员伤害事故(以下简称地外伤害事故)。

1. 地外伤亡事件的原因与处理原则

(1)地外伤亡的主要原因

①行人违反规定,在轻轨路基上行走,在轻轨上逗留、游逛;

②拦车、扒车、追车、拉门、别门、踢门、挤靠车门、抢上抢下车;

③盗窃轨道物资摔死、摔伤,借轨道交通自杀、他杀。

(2)地外伤亡的处理原则

地外人员伤亡现场处理原则是:及时处理事故,尽快恢复列车正常运行,力争减少损失,防止事故扩大,将影响降低到最低限度。

①凡发生地外伤亡事故,应立即采取紧急措施进行处理,及时抢救伤员、尽量减少损失、尽量获取证据、尽快恢复运营。如属列车或调车碰轧所致,司机应立即停车,其他有关人员要立即显示停车信号。

②城市轨道交通员工发现人员伤亡时,应立即报告行车调度员或就近的车站值班员、车厂调度员、列车司机,同时,立即报告轨道公安分局、驻站(厂)公安警务站执勤人员。

③发生地外人员伤亡时,站务人员须挽留事故现场证人,并及时报告公安机关处理。涉及刑事案件的,站务人员协助公安人员全力缉捕作案嫌疑人员。在对伤亡事故进行上报和处理的同时,应尽快通知伤亡者家属。

④轨道交通各站须常备担架、遮盖物、塑料手套等救护物品。尸体由事故车站或就近车站的站台岗队员在车站员工的协助下,按照轨道交通公安分局的要求,用担架运送到指定地点。

⑤地外伤亡事故的调查和处理,发生地外伤亡事故,由轨道交通公安分局负责判明事故性质、分清事故责任和出具结论证明,有关部门和个人应予以协助配合。

⑥轨道交通员工应坚守工作岗位,严格执行规章制度,防止地外伤亡事故的发生。由于轨道交通员工失职造成的地外伤亡事故,对事故责任者要严肃处理,构成违法犯罪的要追究法律责任。

2. 事故现场处理流程

(1)车站内发生地外伤亡的处理

①车站值班站长(或站长)担任事故处理主任,应立即安排员工赶赴现场,报告轨道交通公安分局驻站公安人员,及时封锁站台,疏散围观群众,保护现场。

②车站值班站长(或站长)组织对事故现场做好标志和记录:

a. 列车停车时间、地点、车次、司机姓名;

b. 列车停车后,机车越过死伤者的距离;

c. 对死伤者的证件及贵重物品,会同司机察看;

d. 了解并判明死伤者姓名、年龄、性别、服务单位、居住地址及亲属、同行人员等;

e. 记录事故现场目睹人员、介绍事故经过,见证人签字或盖章证明,必要时可画简图,以供处理参考。

③对伤者进行必要的现场急救,将伤者送往医院救治:

a. 对受伤者采取包扎止血措施。可用鞋带、线腰带、草绳等(不能用铁丝)绑紧止血,但不宜过紧,以防肢体坏死。

b. 迅速送就近医院急救伤者。请拦截公路车辆,将受伤人员送就近医院抢救;情况紧急时,设法将伤者抬上列车,司机直接通过车站值班员报告行车调度员,该列车开到就近有医院的车站停车。行车调度员通知车站准备好救护车,及时送医院抢救。

c. 必要时,安排一名车站人员协助公安人员,陪同伤者前往医院。初步判断属于轨道交通责任时,住院需交纳的押金由车站在保险应急基金中垫付。

④对死亡人员的处理:经确认已死亡(不少于两人以上确认),须由轨道交通公安部门认定,尸体由车站护卫人员在车站员工的协助下,按照公安部门的要求移出线路,尽快出清线路。公安人员到达以前,站务人员应对死亡现场做好现场保护,劝留证人。

凡发生经初步判定属轨道交通责任的地外伤亡事故,车站要及时通知负责乘客保险的保险公司员工赶赴现场(或所送医院),车站的员工待保险公司工作人员到达后,将有关单据移交给保险公司的工作人员处理。

(2)在区间发生地外伤亡的处理

①列车在区间运行撞轧行人、线路内有人死伤时,司机一经发现应立即停车。并立即报告行车调度员,由行车调度员指定车站值班站长担任事故处理主任,带领公安人员、车站员工、护卫队员,按行车调度员命令进入事故区间,与司机取得联系后,将死者送往前方车站。现场处理同车站内。

②车站接到伤亡事故报告后处理方法:

a. 立即报告行车调度员;

b. 车站值班站长带领公安人员、车站员工、护卫队员按行车调度员命令进入事故区间,与司机取得联系;

c. 将死者送往前方车站。

③列车在区间停车后,必须对列车按规定进行防护。

④处理死伤人员及撞坏其他车辆时,受到死伤者的亲属或同行人员的阻拦不让开车时,应设法报告行车调度员,由地方和轨道交通部门处理。任何人不得以任何借口妨碍开通线路和列车正常行车。遇阻拦开车时,乘务员不宜留下,以便列车尽快开车。

⑤应尽快报告地方政府和公安部门,并通知伤亡家属和所属单位。

(3)车场发生地外伤亡的处理

车场发生地外人员伤亡时,车场调度员应立即安排人员赶赴现场,担任事故处理主任,报告轨道交通公安分局人员,参照"车站内事故处理"迅速组织抢救和处理。

3. 地外伤亡事件的责任划分和善后处理

《城市轨道交通管理办法》中规定:城市轨道交通运营过程中发生乘客伤亡的,城市轨道交通运营单位应当依法承担相应的损害赔偿责任;能够证明伤亡人员故意或者自身健康原因造成的除外。

(1) 地外伤亡事件的责任划分

凡属下列情况之一,造成伤亡事故者,由当事本人负责,由此造成轨道交通运营损失以及伤害他人的,视情节轻重移交有关部门追究相应责任:

①在车站站台黄色安全线与站台边缘之间候车、行走、坐卧或放置物品;
②拦车、扒车、追车、拉门、别门、踢门、挤靠车门、抢上抢下车;
③在未开放或非售票的站、场乘车;
④非紧急状态下动用紧急或安全装置;
⑤擅自操作有警示标志的按钮、开关装置;
⑥擅自进入轨道、隧道和其他有警示标志的区域;
⑦攀爬、跨越或钻越围墙、栏杆、闸机。

学龄前儿童、行动不便的老人、残疾人、弱智人士、精神病人、突发病人和酗酒者等,应由健康成人陪同进站乘车,否则,站务人员应劝其离开车站。如不听劝阻,强行进站乘车,发生伤亡事故,应由其本人、家属或法定监护人负全部负责。

(2) 地外伤亡事件的善后处理

①凡属于轨道交通公司责任造成的伤亡,其医疗费用、丧葬费用等,按照有关规定,由轨道交通公司负担。

②凡属于以上两种情况的,以及利用轨道交通自杀,伤者的医疗费、死者的丧葬费用,由伤亡者本人、家属、法定监护人或其所在单位负责,轨道交通公司不负担任何费用。利用轨道交通进行他杀者,由司法机关按照刑法以及有关法律处理。

③无人认领的尸体,由轨道交通公安负责处理,费用由公司负担。对暂时不明身份的伤者,抢救费用由公司暂时垫付。

④地外伤亡事故,责任属于一方的其损失费用由责任方承担,属于双(多)方责任,其损失费用由双(多)方协商合理承担。

⑤发生地外伤亡事故,由轨道交通公安分局负责向伤亡者家属或单位出具证据。

知识链接 5-1

地外伤亡事件的预防措施

1. 普及轨道交通安全知识的宣传工作。
2. 加强车站秩序管理。
3. 制止扒车和无票搭乘。
4. 调查摸清沿线"五残"人员。
5. 组织护路防伤小分队。
6. 建立联防组织,维护好沿线治安秩序。

案例分析 5-4

乘客跳轨造成行车长时间中断事故

1. 事件经过

2007年7月3日19:45,1112车进某站上行站台,列车距站台15m处时,司机突然发现一青年男乘客跳入轨道,立即采取紧急制动,但列车已撞人,最终列车停在不到对标处约50m处;19:47,某站值班站长赶到现场,找到两名目击证人,通知"120"急救中心,同时要求站台安全员下到轨行区确定落轨者具体位置;19:55,"120"急救人员到达站台,发现跳轨者已经死亡;20:15,列车出清上行站台,找到死亡者尸体并抬离轨道;20:25,保洁人员对站台、轨行区进行临时冲洗;20:30,行车恢复正常。

2. 事故损失

本次事故影响正常运营近40min,清客6列、下线1列、抽线3列,对运营服务工作产生了一定的负面影响。

3. 原因分析

本案例事故的原因,一是进行现场处置的地铁公安人员对地外伤亡事故处置职责与程序不熟悉,对轨道上的尸体清运请示汇报较多,不能按照有关规定果断处置,延误了较长时间;二是控制中心发布的信息不够明确、站务人员现场处置工作考虑不周全、地外伤亡备品配置不到位,也延误了事故处理的时间。

在本次事故处理中还暴露出一个值得关注的问题,相关岗位工作人员出现不适应现象,心理上有障碍,不能按"岗位职责"的有关规定及时处理事件。

《车站运作细则》中规定,值班站长负责本班全站日常的行车、客运管理、乘客服务、事故处理、设备日常管理、安全管理、员工培训、执法管理等工作。值班站长有责任组织相关人员快速处理事故,对于类似的特殊事件,也应严格执行岗位职责的规定。

4. 防范措施

加强站台巡视,完善监控系统。

规范信息发布,优化处置程序。

整改存在问题,强调新闻扎口。

任务三 地铁运营伤亡事件紧急救护

一、机车车辆伤害急救

(1)在作业中,发生机车车辆伤害时,立即停车救人。如是在正线发生时,必须先将伤者抬出线路抢救,然后恢复行车。

(2)其他发现人员要立即用绳子、布条、铁丝等物品,没有时,徒手对伤者的受伤部位从近心端采取捆扎、按压等有效的止血措施,扎紧伤口减少和防止流血。同时,利用事发现场合适的交通工具,立即护送伤者去就近医院救治。事发现场没有交通工具或地处偏僻时,必须立即拨打"120"急救电话,同时,采取措施护送伤者到交通便利地点等候。

(3)受伤情况严重时不准乱动伤者,就地等待医护人员到来,防止受伤人员失血过多导致死亡。

二、触电伤害急救

(1)发现接触网断线、隔离开关等电气化设备异常或电器故障时,禁止与之接触,必须在10m以外的安全距离处进行防护,并通知有关人员进行处理。

(2)发生作业人员触电伤害事故时,首先要利用安全工具尽快使其脱离电源或切断电源。方法如下：

①关闭电源开关：对于高压触电事故，可采用下列方法使触电者脱离电源。

a. 立即通知有关部门断电。

b. 带上绝缘手套，穿上绝缘靴，用相应电压等级的绝缘工具按顺序拉开开关。

c. 抛掷裸金属线使线路短路接地，迫使保护装置动作，断开电源。注意抛掷金属线之前，先将金属线的一端可靠接地，然后抛掷另一端；注意抛掷的一端不可触及触电者和其他人。低压触电时，现场或救护人员应立即采取措施迅速地关闭开关、拉下电闸、拔出插头或取下保险，使触电者尽快脱离电源。

②切断电线：低压触电时可用电工钳剪断电线，或用木柄刀、斧、锄、铲等斩断电源线，也可用搭通火线、零线造成短路，使总电源跳闸等方法来切断电源。高压触电禁止采取此法。

③挑开电源线：低压触电时如果无法采用上述方法，可应该迅速寻找干燥的木棒、竹竿等，将触电者身上的电源线挑开，禁止使用金属杆（棒）以及潮湿的物体挑电源线，注意不要使电线弹到自己身上。高压触电禁止采取此法。

④拉开触电者：低压触电时如上述方法均不能救出触电者，触电者又伏在带电物体上时，则可用干绳子、布单等套在触电者身上，将其拉出。也可戴上绝缘手套将其拉出。此时现场或救护人员应特别注意自身保护，如站在厚木板或棉被等绝缘物体上。严禁用手直接去拉触电者，以防引起连锁触电。

⑤防止触电者脱离电源后可能的摔伤，特别是当触电者在高处的情况下，应考虑防摔措施。即使触电者在平地，也要注意触电者倒下的方向，注意防摔。

(3) 现场抢救方法如下：

①对触电者的抢救要尽量创造条件就地实施抢救，不要搬动触电者，要最大限度地争取抢救时间。

②触电者如出现心跳停止，现场或救护人员应首先在其心前区叩击数次，若无效时则进行胸外心脏按压。

③触电者如呼吸停止，立即进行人工呼吸。具体方法为：先让窒息、休克人员平躺，然后微微上抬其颈部打开气道，双手交叉按压其心脏部位，连续按压5次后，捏住鼻子，深吸一口气，嘴对嘴向其体内吹气和吸气，依次类推，直至其苏醒。

④如触电者伤势严重，心跳、呼吸均停止，应同时采用人工呼吸与心脏按压进行抢救。

⑤对触电受伤症状较轻或经抢救好转时，应让其安静地休息，在送往医院途中要注意观察，防止病情突然加重。

⑥对局部灼伤的伤口给予覆盖包扎。

⑦对因触电造成的其他伤害，如机械伤害、出血、骨折等，应采取相应的救护措施。

⑧在现场救护的同时迅速拨打"120"急救电话转送医院，注意途中不可停止抢救。

⑨在抢救过程中，如果发现触电者皮肤由紫变红，瞳孔由大变小，则说明抢救有了效果；如果发现触电者嘴唇稍有开、合，或眼皮活动，或喉头有咽东西的动作，则应注意其是否有自主心脏跳动和自主呼吸。触电者能自主呼吸时，即可停止人工呼吸。如果人工呼吸停止后，触电者仍不能自主呼吸，则应立即再做人工呼吸。

⑩对有心脏病、高血压病史的人员不要随便移动，使其平躺后，立即在其身上寻找"速效救心丸"等急救药品，给其服下。

三、火灾伤害急救

（1）发现火灾后，及时拨打"119"电话报告火警，讲清起火单位的名称、地点、燃烧物的性质、有无被困人员、有无爆炸和毒气泄露、火势情况、报警人的姓名、电话号码等，并说出起火部位及附近有无明显的标志，然后派人到路口迎候消防车。

（2）有组织地疏散人员，避免发生混乱现象，造成人员伤亡扩大。

（3）对受伤者要尽量就地实施抢救，要最大限度地争取抢救时间。

①受伤者如出现心跳停止，现场救护人员应首先在其心前区叩击数次，若无效时则进行胸外心脏按压。

②受伤者如呼吸停止，立即进行人工呼吸。

③如受伤者伤势严重，心跳、呼吸均停止，应同时采用人工呼吸与心脏按压进行抢救。

④对局部烧伤的伤口给予覆盖包扎。

⑤对受伤症状较轻或经抢救好转时，应让其安静地休息，在送往医院途中要注意观察，防止伤情突然加重。

四、其他伤害急救

1. 化学物品伤害急救

（1）气体中毒：迅速将伤员救离现场，搬至空气新鲜、流通的地方，松开领口、紧身衣服和腰带，以利呼吸畅通，使毒物尽快排出，有条件时可接氧气。同时要保暖、静卧，并密切观察伤者病情的变化。

（2）毒物灼伤：应迅速除去伤者被污染的衣服、鞋袜，立即用大量清水冲洗（时间一般不能少于 15～20min），也可用"中和剂"（弱酸、弱碱性溶液）清洗。对一些能和水发生反应的物质，应先用棉花、布和纸吸除后，再用水冲洗，以免加重损伤。

（3）口服非腐蚀性毒物：首先要催吐。若伤者神志清醒能配合时，可先设法引吐，即用手指、鸡毛、压舌板或筷子等刺激咽后壁或舌根引起呕吐。然后给患者饮温水 300～500mL，反复进行引吐，直到吐出物已是清水为止。

严重中毒昏迷不醒时，对心跳、呼吸停止者，要进行人工呼吸和胸外心脏按压。同时，迅速送就近医院进行诊断治疗。在送医院途中，要坚持进行抢救，密切注意伤者的神志、瞳孔、呼吸、脉搏及血压等情况。

2. 创伤急救

（1）创伤急救的基本要求

创伤急救原则上是先抢救，后固定，再送医院，并注意采取措施，防止伤情加重或污染。需要送医院救治的，应立即做好保护伤员措施后送医院救治。

抢救前先使伤员安静躺平，判断全身情况和受伤程度，如有无出血、骨折和休克等。

外部出血立即采取止血措施，防止失血过多而休克。外观无伤，但呈休克状态，神志不清或昏迷者，要考虑胸腹部内脏或脑部受伤的可能性。

为防止伤口感染，应用清洁布片覆盖。救护人员不得用手直接接触伤口，更不得在伤口内填塞任何东西或随便用药。

搬运时应使伤员平躺在担架上，腰部束在担架上，防止跌下。平地搬运时伤员头部在后，上楼、下楼、下坡时头部在上，搬运中应严密观察伤员，防止伤情突变。

(2)止血

伤口渗血:用较伤口稍大的消毒纱布数层覆盖伤口,然后进行包扎。若包扎后仍有较多渗血,可再加绷带适当加压止血。

伤口出血呈喷射状或鲜红血液涌出时,立即用清洁手指压迫出血点上方(近心端),使血流中断,将出血肢体抬高或举高,以减少出血量。

用止血带或弹性较好的布带等止血时,应先用柔软布片或伤员的衣袖等数层垫在止血带下面,再扎紧止血带以刚刚使肢端动脉搏动消失为度。上肢每 60min、下肢每 80min 放松一次,每次放松 1~2min。开始扎紧与放松的时间均以书面标明在止血带旁。扎紧时间不宜超过 4h。不要在上臂中 1/3 处和腋窝下使用止血带,以免损伤神经。若放松时观察已无大出血,可暂停使用。

高处坠落、撞击、挤压可能有胸腹内脏破裂出血。受伤者外观无出血但常表现面色苍白、脉搏细微、气促、冷汗淋漓、四肢厥冷、烦躁不安,甚至神志不清等休克状态,应迅速躺平,抬高下肢,保持温暖,速送医院救治。若送院途中时间较长,可给伤员饮用少量糖盐水。

3. 休克急救

(1)平卧位,下肢应略抬高,以利于静脉血回流。如有呼吸困难,可将头部和躯干抬高一点,以利于呼吸。

(2)保持呼吸道通畅,尤其是休克伴昏迷者。方法是将病人颈部垫高,下颌抬起,使头部最大限度地后仰,同时头偏向一侧,以防呕吐物和分泌物误吸入呼吸道。

(3)注意给体温过低的休克病人保暖,盖上被、毯。但伴发高烧的感染性休克病人,应给予降温。

(4)必要的初步治疗。因创伤骨折所致的休克给予止痛,骨折固定;烦躁不安者可给予适当的镇静剂;心源性休克给予吸氧等。

(5)注意病人的运送。抢救条件有限时,需尽快送往有条件的医院抢救。对休克病人,搬运越轻越少越好。应送到离家最近的医院为宜。在运送途中,应有专人护理,随时观察病情变化,最好在运送中给病人采取吸氧和静脉输液等急救措施。

4. 中暑急救

(1)中暑的原因

中暑是指人体在高温或烈日下,体温调节功能紊乱、散热机能发生障碍,致使热能积累所致的以高热、无汗及中枢神经系统症状为主的综合征。中暑的原因:

①环境因素:发生中暑的外界因素主要为高温、高湿、风速小。

②自身因素:主要有产热增加、热适应差、散热障碍。

(2)中暑症状

①先兆中暑:病人常常感到大量出汗、头晕、眼花、无力、恶心、心慌,气短,注意力不集中,定向力障碍。体温常常低于 37.5℃。

②轻症中暑:病人除有先兆症状外,有的表现为体温升高至 38℃以上、皮肤灼热、面色潮红、呕吐、皮肤湿冷、脉搏细弱、血压下降等周围循环衰竭的表现,通常休息后体温可在 4h 内恢复正常。

③重症中暑:上述症状进一步加重。中暑衰竭主要表现为皮肤苍白,出冷汗,肢体软弱无力,脉细速。血压下降(收缩压降至 80mmHg 以下)呼吸浅快,体温正常或变化较小,意识模糊或昏厥。日射病主要表现为剧烈头痛、头晕、耳鸣、呕吐、面色潮红、头温 40℃以上,体温

一般正常,严重者昏迷。中暑高热主要表现为高热,体温高达40℃以上,伴有晕厥,皮肤干燥灼热、头痛、恶心、全身乏力、脉快、神志模糊,严重时引起脏器损害而死亡。

(3)中暑的现场急救措施

①搬移:迅速将患者抬到通风、阴凉、干爽的地方,使其平卧并解开衣扣,松开或脱去衣服,如衣服被汗水湿透应更换衣服。

②降温:患者头部可捂上冷毛巾,可用50%酒精、白酒、冰水或冷水进行全身擦浴,然后用扇或电扇吹风,加速散热。有条件的也可用降温毯给予降温。但不要快速降低患者体温,当体温降至38℃以下时,要停止一切冷敷等强降温措施。

③补水:患者仍有意识时,可给一些清凉饮料,在补充水分时,可加入少量盐或小苏打水。但千万不可急于补充大量水分,否则,会引起呕吐、腹痛、恶心等症状。

④促醒:病人若已失去知觉,可指掐人中、合谷等穴,使其苏醒。若呼吸停止,应立即实施人工呼吸。

⑤转送:对于重症中暑病人,必须立即送医院诊治。搬运病人时,应用担架运送,不可使患者步行,同时运送途中要注意,尽可能地用冰袋敷于病人额头、枕后、胸口、肘窝及大腿根部,积极进行物理降温,以保护大脑、心肺等重要脏器。

 技能训练 5-1

骨折急救处理实训

工作任务:骨折急救处理。

任务目标:(1)了解骨折的症状;

(2)熟悉骨折的急救方法;

(3)掌握骨折急救处理程序;

(4)培养遵章守纪、团结协作的意识,树立安全第一的指导思想。

任务实施:

1.作业目的

通过骨折急救处理实训,熟悉骨折急救处理的操作程序。

2.作业准备

(1)人员组织:2人。

(2)设备准备:担架、夹板、急救箱。

(3)安全用具:绝缘靴、绝缘手套、安全帽。

(4)材料准备:记录笔、记录本。

3.操作程序

(1)肢体可用夹板和木棍、竹竿等将断骨上、下方两个关节固定,若无固定物,则可将受伤的上肢绑在胸部,将受伤的下肢同健肢一并绑起来,避免部位移动,以减少疼痛,防止伤势恶化。

(2)开放性,伴有大出血者,先止血,再固定,并用干净布片或纱布覆盖伤口,然后速送医院救治。切勿将外露的断骨推回伤口内。若在包扎伤口时,骨折端已自行滑回创口内,则到医院后,须向负责医生说明,提请注意。

(3)疑有颈椎损伤,在使伤员平卧后,用沙土袋(或其他代替物)放置头部两侧以使颈部固定不动。

(4)腰椎骨折应将伤员平卧在硬木板(或门板)上,并将腰椎躯干及两下肢一同进行固定预防瘫痪。搬运时应数人合作,保持平稳,不能扭曲。平地搬运时伤员头部在后,上楼、下楼、下坡时头部在上,搬运中应严密观察伤员,防止伤情突变。

(5)送医院诊治。

4.注意事项

(1)夹板长度应超过两端关节。

(2)夹板与肢体间应加垫软物衬垫。

(3)在健侧或夹板侧打平结。

(4)可以伤者健康肢体充当夹板固定患肢。

5.实际操作

(1)人员组织:2人。

(2)考核时间:20min。

(3)测评标准见下表。

项目及配分		考核内容及评分标准
操作程序	35分	1.确认骨折症状是否正确。每错一处扣2分
		2.骨折急救处理操作步骤是否正确。每错一处扣3分
		3.骨折急救处理操作结果是否正确。每错一处扣3分
质量	35分	1.骨折症状确认是否符合要求。不符合要求,每处扣2分
		2.骨折急救处理操作过程是否符合要求。不符合要求,每处扣3分
		3.骨折急救处理操作结果否符合要求。不符合要求,每处扣3分
安全及其他	30分	1.未按规定穿戴个人劳保用品,每少一件扣5分
		2.未按规定进行操作扣5分
		3.出现设备损坏、人身伤害,扣4分
		4.每超时1min扣5分,超时2min停止考核
合计	100分	

技能训练 5-2

外伤止血急救处理实训

工作任务:外伤止血急救处理。

任务目标:(1)了解创伤急救的基本要求;

　　　　　　(2)熟悉外伤止血方法;

　　　　　　(3)掌握外伤止血急救处理程序;

　　　　　　(4)培养遵章守纪、团结协作的意识,树立安全第一的指导思想。

任务实施:

1.作业目的

通过外伤止血急救处理模拟演练,熟悉外伤止血急救处理的操作程序。

2.作业准备

(1)人员组织:2人。

(2)设备准备:担架、急救箱。

(3)安全用具:绝缘靴、绝缘手套、安全帽。

(4)材料准备:记录笔、记录本。

3.操作程序

(1)包扎止血

一般限于无明显动脉性出血为宜。小创口出血,有条件时先用生理盐水冲洗局部,再用消毒纱布覆盖创口,绷带或三角巾包扎。无条件时可用冷开水冲洗,再用干净毛巾或其他软质布料覆盖包扎。

如果创口较大而出血较多时,要加压包扎止血。包扎的压力应适度,以达到止血而又不影响肢体远端血运为度。包扎后若远端动脉还可触到搏动,皮色无明显变化即为适度。严禁用泥土、面粉等不洁物撒在伤口上,造成伤口进一步污染,而且使下一步清创带来困难。

(2)指压法止血

用于急救处理较急剧的动脉出血。手头一时无包扎材料和止血带时,或运送途中放止血带的间隔时间,可用此法。手指压在出血动脉的近心端的邻近骨头上,阻断血运来源。方法简便,能迅速有效地达到止血目的,缺点是止血不易持久。事先应了解正确的压迫点,才能见效。

常用压迫止血点(图5-4):

①头面部:压迫颞动脉——手指压在耳前下颌关节处,可止同侧上额、颞部及前头部出血。

压迫颌外动脉——一手固定头部,另一手拇指压在下颌角前下方2~3处,可止同侧脸下部及口腔出血。

压迫颈动脉——将同侧胸锁乳突肌中段前缘的颈动脉压至颈椎横突上,可止同侧头颈部、咽部等较广泛出血。注意不能压迫时间太长,更不能两侧同时压迫,引起严重脑缺血,更不要因匆忙而将气管压住,引起呼吸受阻。

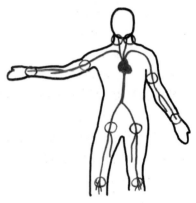

图5-4 全身主要动脉压迫点

②肩部和上肢出血:压迫锁骨下动脉——在锁骨上窝内1、3处按到动脉搏动后,将其压在第一肋骨上,可止肩部、腋部及上肢出血。

压迫肱动脉——在肱二头肌沟骨触到搏动后,将其压在肱骨上,可止来自上肢下端前臂、手部的出血。

③下肢出血:压迫股动脉——在腹股沟韧带中点处,将其用力压在股骨上,可止下肢出血。

(3)止血带法止血

较大的肢体动脉出血,且为运送伤员方便起见,应上止血带。用橡皮带、宽布条、三角巾、毛巾等均可。部位如图5-5所示。

上肢出血:止血带应结扎在上臂的上1/3处,禁止扎在中段,避免损伤桡神经。

下肢出血:止血带扎在大腿的中部。

上止血带前,先要将伤肢抬高,尽量使静脉血回流,并用软织敷料垫好局部,然后再扎止血带,以止血带远端肢体动脉刚刚摸不到为度。

使用止血带应严格掌握适应和要领,如扎得太紧、时间过长,均可引起软组织压迫坏死,肢体远端血运障碍,肌肉萎缩,甚至产生挤压综合征。如果扎得不紧,动脉远端仍有血流,而静脉的回流完全受阻,反而造成伤口出血更多。扎好止血带后,一定做明显的标志,写明上

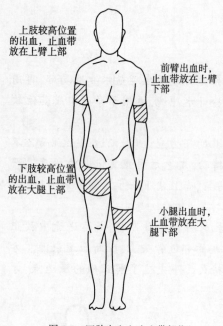

图 5-5　四肢出血上止血带部位

止血带的部位和时间,以免忘记定时放松,造成肢体缺血时间过久而坏死。上止血带后 0.5~1h 放松一次,放松 3~5min 后再扎上,放松止血带时可暂用手指压迫止血。

①选择适当宽度的止血带。

②使用止血带于患肢出血部位之近心端,并将厚敷料垫于其上,以达到止血效果,但须避开关节。

③将止血带绕肢体两圈后先打半结。

④再将一硬木棒或硬笔杆或汤匙或任何类似物,置于平结上再打两个结。

⑤慢慢旋转此木棒以绞紧止血带,直到出血停止。

⑥以止血带之二端绑住止血棒,再固定在肢体上。

⑦不可盖住止血带,并需明确记录绑上止血带的时间、部位于伤患的资料上。

4. 注意事项

(1)上止血带部位要准确,缠在伤口的近端。上肢在上臂上 1/3 处、下肢在大腿中上段、手指在指根部,与皮肤之间应加衬垫。

(2)止血带松紧要合适,以远端出血停止、不能摸到动脉搏动为宜。过松,动脉供血未压住,静脉回流受阻,反使出血加重;过紧,容易发生组织坏死。

(3)用止血带时间不能过久,要记录开始时间,一般不超过 1~1.5h 放松一次,使血液流通 5~10min。

5. 实际操作

(1)人员组织:2 人。

(2)考核时间:20min。

(3)测评标准见下表。

项目及配分		考核内容及评分标准
操作程序	35 分	1. 确认外伤出血症状是否正确。每错一处扣 2 分
		2. 外伤止血急救处理操作步骤是否正确。每错一处扣 3 分
		3. 外伤止血急救处理操作结果是否正确。每错一处扣 3 分
质量	35 分	1. 外伤出血症状确认是否符合要求。不符合要求,每处扣 2 分
		2. 外伤止血急救处理操作过程是否符合要求。不符合要求,每处扣 3 分
		3. 外伤止血急救处理操作结果否符合要求。不符合要求,每处扣 3 分
安全及其他	30 分	1. 未按规定穿戴个人劳保用品,每少一件扣 5 分
		2. 未按规定进行操作扣 5 分
		3. 出现设备损坏、人身伤害,扣 4 分
		4. 每超时 1min 扣 5 分,超时 2min 停止考核
合计	100 分	

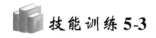

技能训练 5-3

心肺复苏术操作实训

工作任务:心肺复苏术操作实训。
任务目标:(1)掌握心肺复苏术的使用时机;
(2)熟悉心肺复苏术的操作程序;
(3)了解心肺复苏术的注意事项;
(4)培养遵章守纪、团结协作的意识,树立安全第一的指导思想。

任务实施:

1.作业目的

通过心肺复苏术操作实训,熟悉心肺复苏术的操作程序。

2.作业准备

(1)人员组织:2人。

(2)设备准备:担架、急救箱、心肺复苏模拟人。

(3)安全用具:绝缘靴、绝缘手套、安全帽。

(4)材料准备:记录笔、记录本。

3.操作程序

(1)轻拍患者肩膀或按压人中,检查伤患有无意识,须注意病患有无颈椎受伤,不可剧烈摇晃病患。

(2)大声呼救,如确定患者意识不清,应立即求救;求救时指示必须明确,例如:请帮我叫"120"。

(3)施救位置:跪于患者肩部,施救者与患者肩部垂直。

(4)打开病患口腔,检查呼吸道中有无异物。

(5)将患者头部偏向一侧,清除其口腔及呼吸道中的异物 如口香糖、假牙等。

(6)压额抬颚法,保持呼吸道畅通,防止舌头因重力下垂阻塞气道。

(7)脸颊靠近病人口鼻,眼睛注视病人胸部,观察3~5s。

(8)如无呼吸,打开患者口腔,并将患者鼻子捏着,以免从口部吹气时,由鼻腔漏气。

(9)密罩患者口部,深吹两口气,每次吹气1.5~2s,须注意患者胸部有无起伏,并等病人第一口气完全排出后再吹第二口。

(10)食指及中指先摸到喉结处,再向外滑至同侧气管与颈部肌肉所形成的沟中,按压观察颈动脉5~10s。

(11)如有脉搏,继续反复施行人工呼吸,直到患者恢复自然呼吸为止,成人每分钟12~16次,小孩15~20次。

(12)如无脉搏,准备实施胸外心脏按压术(图5-6)。

(13)沿肋骨下缘向上滑找到剑突头端起向上两指幅处,以另一手之掌根放至按摩位置,注意不可按压剑突。

(14)两手交叉互扣,指尖翘起,避免接触肋骨。

(15)施救者两臂伸直,与患者身体呈垂直,肩膀在胸骨正上方,迅速下压4~5cm。

(16)心脏按压施行速率,成人每分钟80~100次,年幼患者速率应加快,婴幼儿患者每分钟100~120次,口诀:"一、二……十一、十二、十三、十四、十五"。

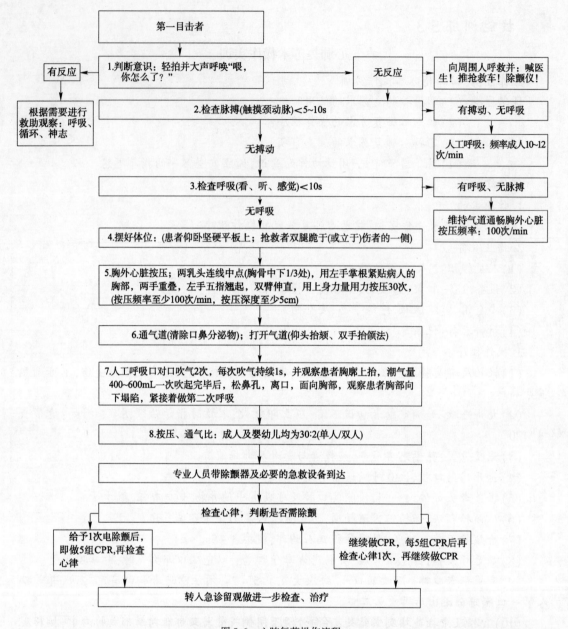

图 5-6 心肺复苏操作流程

(17) 对于幼童应酌情施压,1~8岁患者,可改用单掌施压,人工呼吸改用口对口鼻;人工呼吸:心脏按压=1:5。

(18) 对于婴幼儿应酌情施压,一岁以下患者,可改用两指施压,使用中指及无名指,按摩位置为乳头连线中点下一指幅,人工呼吸改用口对口鼻;人工呼吸:心脏按压=1:5。

(19) 成人单人,施救人工呼吸:心脏按压=2:30;双人施救,人工呼吸:心脏按压=2:15。

(20) 在做完4个循环后吹完两口气,需检查脉搏3~5s;若无脉搏则继续心脏按压,以后每4次循环或3~5min检查一次。

(21) 若有脉搏则检查呼吸3~5s,若有呼吸则将病人置于复苏姿势,以避免呕吐物造成吸入性肺炎,若无呼吸则继续实施人工呼吸。

4. 注意事项

(1) 心搏骤停时间不长时 (3~4min 内),可进行心肺复苏法。

(2) 实施心肺复苏法时,应将病人仰卧在平地或硬板上。

(3) 进行胸外心脏按压时,只用掌根部,手指不要压病人胸肋,以免造成肋骨骨折。

(4) 有条件时,最好请专业人员操作。

(5) 施救者在体力允许条件下,应连续对病人实施心肺复苏法,尽量不要停止,直到病人恢复呼吸、脉搏,或有专业急救人员到达现场。

5. 实际操作

(1) 人员组织:2 人。

(2) 考核时间:20min。

(3) 测评标准见下表。

项目及配分		考核内容及评分标准
操作程序	35 分	1. 确认心肺复苏术使用时机是否正确。每错一处扣 2 分
		2. 心肺复苏术操作步骤是否正确。每错一处扣 3 分
		3. 心肺复苏术操作结果是否正确。每错一处扣 3 分
质量	35 分	1. 心肺复苏术使用时机确认是否符合要求。不符合要求,每处扣 2 分
		2. 心肺复苏术操作过程是否符合要求。不符合要求,每处扣 3 分
		3. 心肺复苏术操作结果否符合要求。不符合要求,每处扣 3 分
安全及其他	30 分	1. 未按规定穿戴个人劳保用品,每少一件扣 5 分
		2. 未按规定进行操作扣 5 分
		3. 出现设备损坏、人身伤害,扣 4 分
		4. 每超时 1min 扣 5 分,超时 2min 停止考核
合计	100 分	

演练方案 5-1

客伤急救演练方案

一、演练目的

通过演练,检验车站发生突发复合事件时,各部门对突发事件处置的及时性、正确性、可操作性;检验各岗位人员的应急反应速度、协同配合程度,通过演练提高员工处理突发事件的能力。

二、人员安排

(1) 演练当班人员:值班站长 1 名,厅巡员 1 名,站务员 3 名,机动站务员 1 名,票务员 1 名,售票员 1 名,机动售票员 1 名,安保人员 2 名。

(2) 群众演员若干名。

三、物质准备

喊话器 5 部、对讲机 7 台、立柱 10 根、担架一副、急救箱一个等。

四、演练情景假设

运营期间,因大渡口区举行大型集会,新山村车站突发大客流,一名乘客在下行列车上晕倒,需车站安排工作人员上车救助该名乘客下车。

五、演练流程

1. 演练开始

(1)各参演人员到位,值班站长向车站指挥报告准备完毕。

(2)车站指挥向演练总指挥报告:演练准备工作完毕,请指示。

(3)演练总指挥用对讲机宣布演练开始。

2. 演练过程

(1)车站值班员接行车调度员(大渡口站电话扮演)通知,XX次下行列车有一乘客晕倒,命令车站立即派人上车,救助该名乘客下车。

(2)车站值班员立即向值班站长报告。

(车站值班员:"值班站长,接行车调度员通知,XX次下行列车有一乘客晕倒,命令车站立即派人上车,救助该名乘客下车。")

(3)车站值班员向值日站长、站长报告。

(4)车站值班站长立即组织一名站务员、保安在车控室带一副担架和急救箱赶赴下行站台,准备上车救助乘客;通知车站值班员拨打"120",安排一站务员到车站入口处接应"120"。

(值班站长:"保安,下行车上有乘客晕倒,请派一安保人员立即来车控室携带担架等上站台救助。")

(值班站长:"车站值班员,请拨打'120',XX和我一起到上行站台,××到车站入口接应'120'。")

(5)一安保人员到车控室携担架和急救箱与值班站长一同赶到下行站台,协助救护晕倒乘客下车。

(6)列车停靠下行站台后,值班站长和车站安保人员一同上车,使用担架将晕倒乘客接应下车;另一站务员寻找人证,采集相关证据。值班站长向值班员反馈救助情况。

(值班站长:"车站值班员,晕倒乘客已救护下车。")

(7)车站值班员接到晕倒乘客已接应下车,立即向行车调度员汇报。(模拟)

(8)值班站长与安保人员一起通过残疾人电梯将晕倒乘客送至站厅等待"120"。

(9)"120"到,乘客移交"120"救护(模拟),值班站长立即将情况通知值班员。

(值班站长:"车站值班员,乘客已移交'120'处置。")

(10)车站值班员接到晕倒乘客已移交"120"救护的通知后,立即向行车调度员、值日站长、站长汇报。

3. 演练结束

(1)由参演值班站长向车站指挥报告演练结束。

(2)由车站指挥向执行指挥、总指挥报告:演练工作已完毕。

(3)各参演人员集中对演练进行点评。

六、演练要求

(1)各参演人员一切行动听指挥,精神集中,认真熟悉演练方案,明确职责和任务,严密组织,按照方案实施行动,在演练过程中保持严肃态度。

(2)做好演练中的安全工作,杜绝安全事故发生。

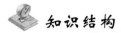 知识结构

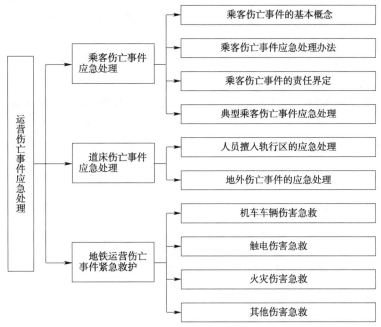

基本训练

一、简答题

1. 客伤事件处理原则是什么？处理程序及注意事项有哪些？
2. 简述客伤处理的各岗职责。
3. 简述自动扶梯伤亡事故与乘客乘降意外的处理办法。
4. 意外伤害急救原则是什么？
5. 什么是 CPR？其基本措施有哪些？

二、判断题

1. 车站发生伤亡事故时，由车站行车值班员担当现场指挥工作；区间发生伤亡事故时，由列车司机担当现场指挥工作。（ ）
2. 城市轨道交通运营过程中发生乘客伤亡的，城市轨道交通运营单位应当依法承担相应的损害赔偿责任，能够证明伤亡人员故意或者自身健康原因造成的也不得除外。（ ）
3. 当有人被烧伤时，以最快的速度用冷水冲洗烧伤部位。（ ）
4. 有异物刺入头部或胸部时，马上拔出，用纱布简单包扎后送医院抢救。（ ）
5. 伤员较大动脉出血时，可采用指压止血法，用拇指压住伤口的近心端动脉，阻断动脉运动，达到快速止血的目的。（ ）

三、选择题

1.《城市轨道交通运营管理办法》规定，下列（   ）不是禁止危害城市轨道交通正常运营的行为。

  A. 随地吐痰 B. 带小孩乘车 C. 跨越围墙 D. 携带宠物乘车

2. 当一名站务员在站台监察厅当值，看到有乘客的物件被车门夹住，列车正准备发车，

151

他应立刻（　　）。

　　A. 按动站台紧急停车按钮　　　　　　B. 跑到车门处,帮助乘客拉出物件

　　C. 通知值班站长　　　　　　　　　　D. 通知行车调度员

3. 如果工作人员在车站发现有乘客受伤、晕倒,应及时上报（　　）。

　　A. 行车调度员　　B. 值班站长　　C. 司机　　D. 保安

4. 车站发生伤亡事故时应报告（　　）。

　　A. 事故发生的时间　　　　　　　　　B. 事故伤亡人数、受伤情况

　　C. 报告人姓名、所在部门　　　　　　D. 其他需要说明的内容

5. 下列哪些情况,应先急救再求救?（　　）

　　A. 溺水　　　　　　　　　　　　　　B. 中暑

　　C. 外伤　　　　　　　　　　　　　　D. 呼吸停止

　　E. 8岁以下的病患

四、实训演练

1. 运营期间出现夹人夹物事件时,需要实施应急处理作业程序,提高司机在非正常情况下的应急处理能力,进行屏蔽门夹人夹物应急演练。

2. 1名乘客在B端站台到站厅自动扶梯上突然摔下导致受伤,同学进行角色扮演模拟《自动扶梯乘客受伤应急处理程序》的演练。

3. 运营期间,因某地举行大型集会,某地铁车站突发大客流,一名乘客在下行列车上晕倒,需车站安排工作人员上车救助该名乘客下车,进行客伤应急处置演练。

五、交流与讨论

作为一名值班站长或一名车站员工,车站发生客伤事件时,现场报告包括哪些事项,对于处理流程是否有好的建议?与同学们交流与分享。

项目六　其他突发事件应急处理

 项目描述

　　本项目任务是针对其他运营突发事件(如自然灾害、恶劣天气、大面积停电、发现可疑物品、乘客物品掉落轨道、劫持人质事件等),了解各突发事件的特点,熟知应急处理原则,掌握应急处理程序,并能进行应急预案演练与预防,以便降低运营突发事件的发生概率,并在该事件发生之后能进行迅速处理。

 教学目标

1. 知识目标

◎了解自然灾害应急处理的办法,恶劣天气应急处理;

◎明确车站大面积停电应急处理原则和处理办法;

◎熟知发生劫持人质事件应急处理的基本原则,应急处理要点;

◎掌握发现可疑物品的应急处理的办法,轨行区落人落物应急处理。

2. 技能目标

◎模拟接获临震预报,进行地震应急演练;

◎模拟运营时间暴雨持续,强暴雨水淹应急演练;

◎车站发现可疑物品应急处理技能;

◎车站轨行区异物侵入应急处理技能;

◎乘客跌下轨行区时的处置预案处理。

3. 素质目标

　　培养良好的岗位安全意识和职业素质,熟练掌握各类规章规则,严格执行工作程序、工作规范、工作标准和安全操作规程。

 案例导入

伦敦大停电地铁无伤亡

　　一场突如其来的停电事故给英国伦敦地铁和英格兰东南部的铁路交通带来了巨大混乱。停电对伦敦发达的地铁网络的影响最为严重,当时正值下班高峰期,每小时有500多趟列车在伦敦地下穿梭。停电之后,近2/3的地铁列车停运,大约25万人被困在地铁中,许多地铁站被迫暂时关闭。由于当时没电,伦敦地铁里漆黑一片,工作人员一时无法确定各趟列车到底停在隧道里的什么位置,疏散工作一度遇到困难,但受困的地下黑暗中的25万乘客没有惊慌失措,始终坚持耐心等待,并在救援人员到达后积极地配合进行有序撤离,从而造成了25万人全部安全撤离无一人伤亡的奇迹。正是在乘客的积极配合下,伦敦交通部最终凭借高效的应急系统和出色的危机管理能力,迅速走出了停电带来的恐慌。

案例表明:地铁大面积停电是威胁地铁安全运营的一个重要因素。地铁大面积停电是指地铁系统整体或较大范围内电力供应中断,严重影响列车运行及乘客的正常出行。如何在大面积停电时,引导疏散乘客是应急处理的关键。面对自然灾害、恶劣天气,以及地铁大面积停电、恐怖袭击等突发事件,掌握应急处理技能,保证城市轨道的安全运营,是每个地铁员工的责任。

任务一 各种自然灾害及特殊气象应急处理

轨道交通线路点多线长,线网覆盖整个城市,容易受到自然灾害和气象的影响,如地下线路位置低,排水能力有限,容易受洪水、暴雨积水影响,地面及高架线路易受台风、暴雨、大雾等恶劣气象影响及山体滑坡、地震等自然灾害影响,遇到自然灾害及特殊气象时,值班站长应组织好本站人力物力,优先保证乘客人身安全,及时抢险,尽量保护设备,尽可能维持运营。

在发生灾害时应迅速、准确地向控制中心报告现场情况,给控制中心提供决策依据,及时请求支援。现场处理时应采取有效措施控制事态,优先保护好乘客,尽量减少损失,防止次生灾害的发生。影响乘客出行时,根据灾害和气象情况做好乘客宣传工作。达到灾害等级时按控制中心指令执行自然灾害及特殊气象情况下的应急程序,落实安全措施,做好宣传、疏散、服务工作。

一、自然灾害应急处理

对城市轨道交通系统造成影响的自然灾害主要包括:地震、大风、雷击、洪水、雨雪、冰冻等,见表6-1。

近年各国地铁自然灾害盘点　　　　表6-1

事故时间	事故地点	事故原因	事　故　影　响
1985-09-19	墨西哥墨西哥城	地震(8.1级)	地铁侧墙与地层结构出现分离破坏
1995-01-17	日本神户	地震	5座车站3km隧道遭到严重破坏,经济损失300亿日元
2001-09	中国台北捷运	台风	台北捷运高架线路长时间停运
2003-05-26	日本仙台	地震	仙台地铁全线停运
2007-07-17	中国重庆轻轨	雷击	供电设备破坏,部分区间断电,部分线路停运达7h
2007-08-08	美国纽约地铁	雨水倒灌	多条地下线受淹,19座车站受淹关闭,纽约地铁系统瘫痪5h
2008-04-09	中国上海地铁	10级大风	上海轨道交通3号线限速运营0.5h

1. 水灾应急处理

城市轨道交通系统水灾事故多数是系统内部水管爆裂、地下结构破坏渗水等造成的水淹事故。轨道交通地下站因地势低,遇洪水、暴雨时容易发生水淹险情,值班站长应根据相关天气预报提前做好预想,安排人员,准备好防洪、防汛物品。暴雨、洪峰到来时,安排人员到出入口不间断巡查,水位涨到警戒水位时(出入口有警戒水位标记),指挥员工搬运沙袋在地面出入口堵水抗洪,通知保洁员工清扫地面的积水,设置"小心地滑"告示牌,防止乘客摔伤;若水势继续上涨,达到疏散水位时,及时组织疏散乘客,指引乘客从安全的通道行走出站,暂停运营。

当给水管道破裂、地下车站和隧道进水等危及运营的情况发生时,车站有关人员应按下列程序进行处置(表6-2)。

车站防洪抢险应急处理程序　　　　　　　　　　表6-2

岗　位	处　理　程　序
值班站长	安排、监督各岗位的职责执行情况,留意广播播放,不足时提醒;到站厅加强乘客服务工作,做好晚点的解释工作
行车值班员	每隔1min播放一次列车晚点广播(SJ01),将晚点信息告知车站其他岗位,将晚点信息按有关汇报流程报
客运值班员	做好退票前准备,到站厅加强乘客服务工作
站台人员	(1)在站台加强乘客服务工作,有列车在本站清客时,配合司机清客; (2)手提广播解释内容比照SJ01,晚点原因问行车值班员/回答正了解中; (3)注意站台的客流疏导工作,必要时采取三级客流控制措施缓解站台压力
售票员	(1)给要求退票的乘客办理相关手续,做好乘客解释工作; (2)晚点原因问行车值班员/回答正了解中
(厅巡)	(1)根据需要在站厅、站台加强乘客服务工作; (2)晚点原因问行车值班员/回答正了解中
司机	故障车司机与行车调度员联系处理故障、清客、救援等,播放临时停车广播(TJ01),播放频率均为1次/min

(1)任何员工一旦发现水灾发生,应立即报告值班站长相关情况:水灾发生的位置、流量、水源来自哪里、哪些设备可能会受到影响。

(2)值班站长向行车调度员报告:本站发生水淹事故,本站受到影响的区域、是否影响乘降及受影响设备的情况。

(3)值班站长携带防洪装备赶往事发位置,命令站务人员和保洁人员前往水灾区域。

(4)值班站长到达现场后评估情况,向行车调度员汇报最新进展,视情况需要请求机电等部门人力支援。

(5)站务人员尝试用防洪板、沙包或其他填充物(图6-1)阻断水源,或抑制流量,在周边用提示牌和警戒线布置禁行区。

图6-1　防汛沙袋与防洪板

知识链接6-1

国内各城市地铁防淹措施

1. 杭州地铁四道防线防水淹

据介绍,杭州地铁1号线在设计上共有四道防洪的防线。

第一道是入口处高出周边地面60cm,万一雨水太大,地铁站出入口还会放置防水板。

155

第二道是入口最后一级台阶下方有集水坑,如果防水板也挡不住的话,车站每个出入口的最后一级台阶下方,都有一个集水坑。集水坑2m×2m,深2.5m左右,里面设置了抽水泵,然后通过管道和埋设在地表的市政雨水管相接。

第三道是站厅层里有8个地漏,漫进站厅的水会顺着地漏的下水孔和管道回送到车站两端的泵房里。这个泵房6m×6m,地上还有一个面积在$20m^2$左右、深2.5~3m的集水井,里面同样有抽水泵,将汇流到这里的水排到雨水管道。

第四道是隧道下面的抽水泵房,如果短时间内雨水实在太多,倒灌到站台层和隧道,地铁隧道地下还有区间泵房,流进隧道的水会沿着隧道两边的排水沟流进区间泵房里,区间泵房通过抽水泵把水先排到车站泵房里,再通过车站泵房输到雨水管道里。

2. 福州地铁五道防线防水淹

第一道:出入口处钢筋混凝土挡墙除开口处外,均要高出周边地面1m(墙体1m以上采用钢结构幕墙,用以承受水压力),口部设置铝合金挡淹板,挡淹板扣在口部的凹槽里,平时兼作防盗卷帘。拟增加挡淹板高度,背后衬加筋肋或衬沙袋以加强受力。这是第一道防线。

第二道:每个出入口下方,均设置一道横截沟及一个集水井,集水井内设置2台抽水泵,通过管道与市政雨水管相接。每个站点至少备有2个临时水泵,紧急情况下对漫入车站的水进行抽排。

第三道:如果出入口的集水井都来不及将水收集排出,水漫到了站厅,站厅层与出入口通道口部均再设一道横截沟,同时站厅公共区设有地漏。漫进站厅的水会顺着横截沟或地漏,排到雨水管道。

第四道:如果雨水倒灌到站台层和区间隧道,地铁隧道地下还有一道防线——区间泵房。流进隧道的水会沿着隧道两边的排水沟流进区间泵房里。通过抽水泵把水输到雨水管道里。

第五道:当前几道防线已无法阻止水淹入车站时,运营人员须根据疏散情况,手动关闭出入口通道内的人防隔断门(每个出入口通道内均设有1~2道双开人防隔断门,确保乘客人身安全。

2. 地震应急处理

(1)地震发生后,值班站长立即向行车调度员汇报是否影响行车;是否有人员、设备、线路、车辆受损;是否需要召唤紧急服务(公安、急救、消防)。应急处理程序见表6-3。

车站地震应急处理程序　　　　　　　　　　表6-3

岗　　位	职　　责
巡视岗/站台岗	(1)接到启动地震应急预案的信息后,立即到站台组织乘客及车站其他工作人员疏散; (2)乘客及车站其他工作人员疏散完毕,确认垂直电梯是否有因人后撤离出车站
行车值班员	(1)接到启动地震应急预案的信息后,通知值班站长,全站广播执行地震应急预案; (2)报地铁公安、"119""110""120"; (3)按压AFC紧急按钮,将闸机设置为紧急模式; (4)及时向行车调度员汇报人员疏散及灾害情况(若通信中断应设法与外界取得联系)
值班站长	(1)接到启动地震应急预案的信息后,立即组织员工疏散乘客; (2)加强与行车值班员的联系; (3)确认乘客及车站人员疏散完毕后撤离出车站; (4)灾后,检查车站设备设施损坏情况报行车调度员

续上表

岗 位	职 责
客运值班员	(1)接到启动地震应急预案的信息后,立即到站台组织乘客及车站其他工作人员疏散; (2)与司机确认列车上乘客疏散情况,列车、站台乘客及车站其他工作人员疏散完毕后,向车控室汇报人员疏散及伤亡情况; (3)乘客及车站其他工作人员疏散完毕后撤离出车站
售票员(1)	(1)接到启动地震应急预案的信息后,立即打开边门、闸机,组织站厅乘客及车站其他工作人员疏散; (2)乘客及车站其他工作人员疏散完毕后,向车控室汇报人员疏散及伤亡情况; (3)乘客及车站其他工作人员疏散完毕后撤离出车站
售票员(2)	(1)接到启动地震应急预案的信息后,立即组织站厅乘客及车站其他工作人员疏散; (2)乘客及车站其他工作人员疏散完毕后撤离出车站
司机	(1)接到启动地震应急预案的信息后,制动列车停车(执行一、二级预案立即制动列车,执行三级预案时,列车司机视灾情维持列车运行到前方站停车,疏散车上乘客); (2)采取有效措施向行车调度员或邻站值班站长汇报相关情况; (3)若列车在区间制动,组织乘客向车站方向疏散,并与车站人员确认列车上乘客疏散情况

(2)一旦确定发生4级以上强度的地震,值班站长必须安排车站员工:

①亮起所有隧道灯;

②检查所有系统是否运作正常,特别是供电、通信、信号及环境控制系统运作状况;

③在确保自身安全的前提下,巡视车站建筑、设施,巡视出入口及站外情况,发现有任何异常情况,立即通知值班站长。

(3)值班站长接到车站巡视结果后,立即向行车调度员、故障报警中心报告设备、结构损毁的情况。

(4)如果站台有列车停车,按照行车调度员指示立即对列车进行清客作业。

(5)停止所有作业,察看是否有工作人员或乘客受伤。若发现有任何人员受伤,则立即展开救助工作。

(6)如发现建筑物损毁或阻塞,应立即疏散、封锁危险区域,安排人员驻守,制止他人接近。

(7)如地震强度较大,建筑物、设备设施损毁严重,则应立即执行车站紧急疏散程序。

知识链接 6-2

车站地震应急处理注意事项

(1)车站工作人员应就近选择桌、墙角等较安全的位置紧急避险。然后,积极开展疏导乘客、救护伤员及组织乘客自救互救工作(车站人员疏散乘客时应注意佩戴安全帽、穿荧光衣)。

(2)车站站长负责组织有关人员疏散乘客、保护地铁设备,并将情况报告控制中心,若通信中断应设法与外界取得联系,并做好自救工作。

(3)由于通信、供电等原因,控制中心无法指挥时,各站长、值班站长有责任担当指挥并做好自救工作。

(4)行车值班员加强与行车调度员沟通,及时向行车调度员汇报人员疏散情况、伤亡情况等信息。

二、恶劣天气应急处理

特殊气象:根据可能对地铁正常运营造成影响的气象条件,本预案的特殊气象包括台风和雷雨大风、暴雨、高温、大雾和灰霾、冰雹和道路结冰及寒冷气象。

1. 大风、沙尘天气应急处理

当风力超过7级时可对车站运营造成影响,接到控制中心(OCC)发布的有关恶劣天气的信息后,车站须检查悬挂物,以免脱落物砸伤乘客及员工;指派专人对站台上的可移动物品进行加固;督促保洁人员清理车站卫生;露天段车站做好停运、客流疏散准备;如有其他异常立即上报OCC。

(1)加强对车站出入口设施、站台设备巡视,收起可移动的物体。
(2)向乘客做好宣传。
(3)组织地面和高架路段站内乘客做好避风预防工作。
(4)视风力情况,高架段及地面线列车采用人工限速驾驶,或扣停列车(原则上列车扣停在车站)。

2. 暴雨应急处理

(1)准备好沙包、防水胶膜等防洪物品。
(2)密切监视车站出入口积水情况、隧道区间的水位状况和隧道区间的集水井抽水泵的状况。
(3)必要时调集站务、机电、保洁等驻站人员做好抗洪准备。

3. 雪天应急处理

值班站长应通知所有工作人员,通报恶劣天气的相关情况,做好雪天应急处置工作。
(1)站务人员在出入口、楼梯口铺设防滑垫和提示牌,同时组织人力及时清扫出入口积雪。
(2)值班站长通知保洁人员注意出入口、楼梯口等区域的卫生状况。
(3)站务人员在客流量较大的出入口疏导乘客进出站。
(4)行车值班员通过PA、PIS系统向进站乘客宣传安全、防滑的事项。
(5)行车值班员通过CCTV系统密切关注进出站的客流变化,并随时向值班站长汇报。
(6)值班站长要随时掌握运营现场和天气情况,并随时做好延长运营时间的准备工作。
(7)地面线路有道岔的车站,应做好道岔的清扫及融雪工作。

任务二　车站大面积停电应急处理

地铁大面积停电是威胁地铁安全运营的一个重要因素。地铁大面积停电是指地铁系统整体或较大范围内电力供应中断,严重影响列车运行及乘客的正常出行。

人流密集的地下站发生大面积停电时容易造成乘客恐慌,严重的可能导致踩踏事故,现场处理的关键是及时提供应急照明和做好乘客安抚、引导工作。

一、车站大面积停电的原因及影响

1. 车站大面积停电的原因

(1)电力设备故障,包括变压所变压器故障、整流机组故障、断路器故障、传输电缆故障、接触网故障以及电力监控系统故障等。

(2)城市电力网故障的影响,也可能会造成城市轨道交通大面积停电。

(3)路面施工和恐怖袭击等原因对电力系统造成的人为外力破坏。

(4)自然气象灾害对电力系统造成的破坏。

2. 停电对城市轨道交通运营的影响

(1)可造成城市交通局部或全线运营中断,影响乘客出行,给城市地面交通带来极大的压力。

(2)在人员疏散过程中产生瞬间的大客流,容易引起乘客恐慌,可能造成踩踏、挤压等方面的事故。

(3)影响城市轨道交通在公众的形象。

(4)由于供电中断,可能造成通信、信号、机电等系统不能正常使用,从而引发次生事故和灾害。(备注:停电后车站 AFC 设备、扶梯、升降梯、空调、风机等设备都会因断电停止运行,事故照明、BAS 工作站停电后备用电源可维持 1h 供电,FAS 停电后正常监控情况下可维持 8h,火警联动状态可维持 0.5h。)

二、车站大面积停电的处理原则与办法

1. 车站大面积停电的处理原则

(1)实行高度集中、统一指挥,各岗位员工要听从指挥和分工。

(2)做好停电后的设备保护。

(3)根据需要,在确保安全的情况下,恢复供电后尽快投入运营。

2. 车站大面积停电的处理办法

为贯彻"安全第一、预防为主、防救结合"的方针,确保大面积停电时地铁设备和乘客的安全,尽快恢复地铁正常供电和运营,一旦发生大面积停电,地铁员工在确保自身安全的情况下应坚守岗位,沉着冷静,自觉维持地铁运营秩序,稳定乘客情绪,积极疏散乘客,尽力保证乘客安全。大面积停电应急处理卡片如图6-2所示。

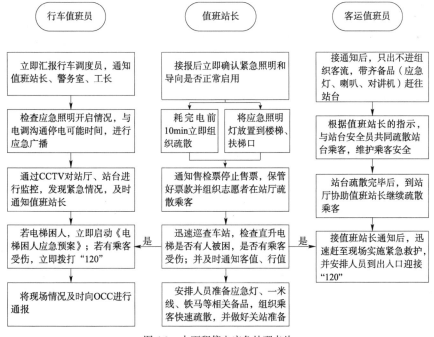

图6-2 大面积停电应急处理卡片

控制中心根据停电影响情况,组织抢修抢险,发布列车停运、急救和车站关闭等命令,并及时将灾情上报给上级。车站工作人员应加强检查紧急照明的启动情况,巡查各部位是否有人被困,根据中心命令清站和闭站。司机尽可能维持列车进站停靠,组织车上乘客向车站疏散。如果列车在区间隧道内或高架线上停车,则利用广播安抚乘客,要求乘客不准擅自操作车上设备,关好车门,防止乘客下车并立即报告行车调度员,按照行车调度员指令操作。各岗位人员行动指引见表6-4。

车站停电各岗位人员行动指引　　　　表6-4

岗　位	职　责
值班站长	(1)车站停电后,报告行车调度员; (2)如有列车停靠车站,广播注意事项,并派人拿应急灯到站台照顾乘客上下车; (3)接到行车调度员疏散命令后,通知车站员工停止车站服务,执行车站疏散程序,并到站台协助疏散乘客
行车值班员	(1)广播安抚乘客; (2)通知驻站警察到现场协助; (3)将有关情况报告站长; (4)疏散乘客时,将闸机设为开放状态,通过PIS发布有关疏散信息
车站其他员工	(1)客运值班员到站台协助乘客上下车,确保安全; (2)售票员停止售票兑零,做好结算工作,在站厅控制客流; (3)厅巡、站厅保安拿应急灯、手电筒在站厅维持秩序; (4)站台保安负责站台乘客上下车安全; (5)执行疏散时,各岗位按(车站疏散程序)办理
行车调度员	(1)将情况报告主任调度员; (2)通知各维修部门调度派人到站处理管辖设备问题; (3)通知停靠该站司机做好车站停电的乘客广播; (4)如不能短时间内恢复供电,命令车站疏散乘客并通知全线司机和车站; (5)该站停止列车服务并做好乘客广播
主任调度员	(1)接报后,将有关情况向上级做到汇报; (2)确定短时间内不能恢复供电,命令行车调度员停止车站服务,组织列车通过车站
司机	(1)如停靠该站开门,就要做好乘客广播; (2)开车就要确认无夹人夹物; (3)如该站停止服务,按行车调度员指示通过车站,并做好乘客广播
其他车站	(1)接到该站停止列车服务后,做好乘客广播; (2)如需要,按照行车调度员指示安排车站备班人员到事发站协助处理

车站大面积停电的处理办法如下:

(1)发生大面积停电时,车站工作人员应判明现场情况,启用紧急照明,在控制中心和站长的指挥下,积极开展疏导乘客工作;设备值班人员应关闭正在操作的设备,切断电源开关后,设法与外界取得联系,协助乘务人员共同开展疏导乘客工作。

(2)发生接触网停电导致列车停运时,当班的客车司机是组织该列车所载乘客疏散的第一责任人,首先应通过广播稳定乘客情绪,在有通信条件时,听从控制中心值班调度或邻站值班站长的指挥;若列车停在隧道中,又与控制中心失去联系时,司机必须指挥、引导乘客有步骤、有组织地向最近的车站疏散。一旦到达车站,依次服从车站值班员、值班站长、站长的组织指挥,直至将乘客安全引导至地面安全地带。

(3)行车调度员、电调、环控调度员、变电所等关键岗位值班人员,应坚守岗位,确保本部门设备、设施和人员的安全,并采取一切可能措施减少停电损失。同时着手调查,收集管辖范围内人员、设备、设施停电影响情况,速将险情及初步救援方案向有关领导汇报。

(4)各中心应做好停电后的设备保护,控制中心负责把各变电所高、低压侧开关分开,断开各类负荷开关;来电后按照主所、变电所、一类负荷、二类负荷、三类负荷的顺序,逐步恢复供电。

知识链接 6-3

车站大面积停电时行车调度方案的调整

在事故发生后,行车调度员应立即制订行车调度方案,并报值班主任批准。行车指挥工作要遵循车并立即报告行车调度,按照变电所、一类负荷、二类负荷、三类负荷的顺序,逐步恢复供电。针对停电影响情况,速将险情及初步救援方案向有关领导汇报。指挥、引导工作人员密切配合,保证设备及时、顺利地得到抢修,乘客得以安全疏散。

在制订行车调整方案时,要综合考虑停电范围、行车间隔、线路情况、车辆状况等不同因素,主要有以下几种措施可供选择:

(1)小交路运行。在不受大面积停电影响的区域,充分利用区间渡线安排列车折返,维持小交路运行。

(2)分段运行。如果大面积停电发生在线路中部区域,可在不受影响的线路两端各自维持小交路运行。

(3)单线双向运行。如果只有一条线路供电受影响,可安排另外一条线路进行单线双向运行。在这种情况下,如果单向线路距离过长,势必会影响列车运行效率。因此,可以分段分别进行单线双向行车,以提高行车效率。

(4)列车跳停。如果列车牵引供电未中断,而车站发生大面积停电,可在相应车站人员疏散完毕后进行闭站,通过车站的列车不再停车。

在行车调整过程中,行车调度员要将列车调整情况及时向车站通报,以便于车站妥善安排好客运组织工作。

任务三 发现可疑物品的应急处理

危险品是指容易引起爆炸、燃烧、腐蚀、毒害或有放射性的物品,以及枪支、管制刀具等可能危害公共安全的物品。

长时间以来,公路、铁路、民航等运输企业,对查危工作都非常重视。地铁的查危工作也是非常重要的。由于目前地铁员工没有执法权,虽然轨道交通管理办法中规定地铁员工可以检查乘客的包裹,但遇到乘客拒绝接受检查时,处理起来就会很难,这个时候可以以乘客物品超过规定携带范围为由,一边拖延时间,一边通知公安协助。

一、可疑物品简要辨别方法

(1)观察有危险标识或通过常识判断有危险的(如有三品标识的)。
(2)通过听觉,发现有异常响声的(如计时器响声)。

(3)通过嗅觉,发现有异常气味的(如刺激性气味)。

知识链接6-4

查堵危险品上车的措施

一"宣":宣传危险品的危害性及查危的重要性;
二"看":看乘客携带品的外观和乘客的神态;
三"闻":闻有无异味;
四"问":问乘客携带物品的情况;
五"摸":摸乘客携带品的外形;
六"检":请乘警进行开包检查。

知识链接6-5

危险品分类

第一类:爆炸或易爆物品,如雷管、手榴弹、炸药、烟花、鞭炮、导火线等;
第二类:压缩气体和液化气体,如石油液化气瓶、天然气瓶和其他各种压缩气瓶等;
第三类:易燃液体,如汽油、煤油、柴油、油漆、酒精、香蕉水等;
第四类:易燃固体、自燃物品和遇湿易燃物品,如硫黄、黄磷、白磷、过氧化钠、碳化钙(电石)、钠、钾等;
第五类:强氧化剂,如浓硝酸、浓硫酸、浓盐酸、王水等;
第六类:毒害品和感染性物品,如氯化汞、氰化钾、三氧化二砷(砒霜)、尼古丁、石棉、各类农药等;
第七类:放射性物品,如镭、钋、铀等;
第八类:腐蚀品,如醋酸、磷酸、氨水等;
第九类:其他可能影响乘客人身安全的物品。

知识链接6-6

安检设备的分类

		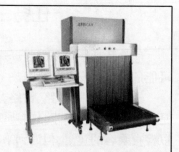
安检门:一种检测人员有无携带金属物品的探测装置,又称金属探测门	手持式金属探测器:用于检查人身携带金属的具体位置,它可以探测出人所携带或包裹、行李、信件、织物等内所带武器、炸药或小块金属物品,操作简便易行	X射线机:一种通过产生X射线对行李物品进行检查的设备。由X射线系统、显示系统、控制装置等组成

 危险液体检查仪：一种专门用于探测易燃易爆液体的安检仪器。该检查仪能够在不直接接触液体的情况下，将液体炸药、汽油、丙酮、乙醇等易燃易爆液体与水、可乐、牛奶、果汁等安全液体区分开	 防爆毯及防爆围栏：防爆毯是一种用高强度防弹纤维材料，经过特殊工艺加工制成的一种毯子形状的防爆器材。防爆毯一般和防爆围栏配合使用。把防爆围栏围在疑似爆炸物周围，然后把防爆毯盖在围成的圈上面，这样可以有效防止可疑爆炸引起的冲击波和碎片	 防爆罐：一种能有效防护如手榴弹等爆炸物爆炸时产生的冲击波和破片的重要设备，可以避免或减轻对周围人员的伤害，以及对贵重仪器，文物档案和特殊公共场所的损坏，主要用于临时隔离爆炸物、临时储存及处置爆炸物品
 爆炸物探测仪：检查乘客是否携带易爆、易燃类禁带物品	 毒品探测仪：主要用于探测行李物品内是否带有炸药、毒品及违禁的化学物品	 鞋底探测仪：用于检测鞋子及身体较低的部位有无爆炸装置及刀、枪等武器

二、发现乘客携带危险品的应急处理

（1）车站应对乘客进行安全检查，要求乘客解释物品的种类、性质等，必要时请其打开展示。

（2）乘客拒绝解释或打开展示其携带物品进站/乘车的，劝其出站，不听从劝阻的，不得放其进站/乘车，立即报公安处理。

（3）司机发现乘客可能携带危险品时，立即将相关信息（乘客性别、衣着、所在车厢位置、危险品性质）报行车调度员（车站），密切监视该乘客动向，（到达前方车站后）等待车站人员到场处理；车站人员接通知后应立即组织驻站保安/民警、护卫到场引导乘客下车进行后续处理。

（4）非车站的地铁工作人员发现乘客可能携带危险物品进站乘车的，应立即通知车站或报行车调度员。

（5）车站工作人员发现乘客携带高危危险品（易燃、易爆、高度腐蚀性物品、有毒气体等，如汽油、柴油、煤气瓶、烟花爆竹、炸药、强酸/强碱性溶液、氢气、一氧化碳等）进站乘车的，应立即移交保安/公安处理，如车站无驻站保安/民警的，车站应立即报公安，并挽留乘客等待保安/公安人员到场,如乘客强烈要求携带危险品自行离开的,车站人员应把乘客离去的线路报公安。

(6)车站工作人员发现乘客携带其他危险品(油漆、机油、弱酸/弱碱性溶液、空调雪种等)进站乘车的,应向乘客解释相关规定,劝阻乘客进站乘车,请乘客携带危险品离站,不得在站内弃置危险品。

(7)乘客携带空气压缩机进站乘车的,原则上指引乘客改乘其他交通工具,如乘客坚持要进站乘车的,则按以下原则处理:如空气压缩机体积过大(总质量超过30kg或长、宽、高之和超过1.6m),车站工作人员应指引乘客换乘其他交通工具;如空气压缩机未超过乘客允许携带行李体积的,且乘客已将压缩机内的压缩气体释放排清,压力指针为"0"时,方允许乘客继续进站乘车。

(8)乘客不接受车站解释并强行进站乘车的,车站应立即请求驻站保安/民警、护卫支援,阻止乘客进站乘车,同时将相关情况报地铁公安,拖延乘客至保安/公安到场处理。

(9)乘客不接受车站解释并强行进站乘车,且已登上列车的,车站需立即实行扣车(或通知司机不要关门动车),报告地铁公安及行车调度员,并安排人员将当事人请下列车。待当事人携带危险品下车后,车站方可取消扣车(再通知司机关门动车),并将当事人移交保安/公安人员处理。

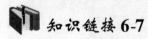

知识链接6-7

可疑爆炸物识别及应对

当发现可疑爆炸物品或者遇到爆炸威胁时,坚持"信、快、细、报、记"五字诀。

信:宁可信其有,不可信其无;

快:快速撤离;

细:细致观察可疑人、事、物;

报:迅速报警;

记:用照相机、手机等将"现场"记录下来。

三、发现无人看管可疑物品的应急处理

1. 车站发现可疑物品的处理

车站发现可疑物品应急处理卡片如图6-3所示,处理程序见表6-5。

车站发现可疑物品的处理程序 表6-5

岗 位	处 理 程 序
现场员工	(1)询问周围乘客,确认是否是附近乘客遗失物; (2)配合值班站长用隔离带隔离现场,持对讲机、手提广播疏散附近的乘客; (3)做好乘客安抚工作
行车值班员	(1)接到发现无人看管物品的信息后,反复播放失物广播,寻找失主,并报告行车调度员; (2)判断为可疑物时,报告行车调度员、公安; (3)通知站内各岗位的员工,控制进站的客流; (4)进行封站时,做好乘客广播,组织疏散; (5)接到值班站长恢复正常的通知后,报行车调度员,通知各岗位

续上表

岗 位	处 理 程 序
值班站长	(1)持对讲机赶到现场,判断为可疑物时,组织人员隔离现场,疏散附近的乘客; (2)与公安做好沟通,加强与行车调度员、车控室的信息反馈; (3)做好封站清客的准备工作,需要时,按公安要求清客封站,安排在出入口张贴服务告示,配合公安处理; (4)公安处理完毕,共同确认可恢复正常运营后,组织恢复; (5)通知车控室,组织车站恢复运营
客运值班员	(1)接到信息后,马上到现场协助值班站长疏散围观乘客; (2)到站厅指导车站的客运组织工作
司机	按行车调度员指挥行车

注:可疑物可能为爆炸物时,须安排人员关闭民用通信电源,下同。

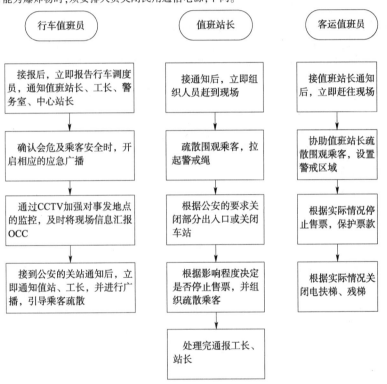

图 6-3 车站发现可疑物品应急处理卡片

2. 列车发现可疑物品的处理

列车发现可疑物品处理程序见表 6-6。

列车发现可疑物品的处理程序　　表 6-6

岗 位	处 理 程 序
司机	(1)收到车厢的乘客报警按钮(DAB)报警后,通过司机对讲机向现场乘客了解情况,报告行车调度员,运行到前方车站后,通知站台岗到现场确认; (2)确认列车上有可疑物品后,报行车调度员,协助车站处理; (3)需清客时,播放清客广播,协助车站清客; (4)确认清客完毕后,报行车调度员,配合值班站长的处理

续上表

岗　位	处理程序
行车值班员	(1) 接到行车调度员或司机通知列车上乘客报警的信息后,通知站台岗到现场确认; (2) 初步确认为可疑物后,报行车调度员、公安,通知邻站; (3) 接到值班站长对站台进行清客的通知后,播放清客广播清客; (4) 接到值班站长进行清客封站的通知时,播放清客广播,疏散站内乘客,疏散完后报行车调度员; (5) 接到恢复正常运营的通知时,通知各岗位,报行车调度员
值班站长	(1) 持对讲机赶到现场,确认为可疑物后,组织人员隔离现场,疏散车厢内的乘客,通知车控室和司机,组织对站台清客; (2) 公安到场后,加强沟通,配合公安处理; (3) 需要时,按公安要求清客封站,安排在出入口张贴服务告示,配合公安处理; (4) 公安处理完毕,与司机、公安共同确认可恢复正常运营时,组织恢复,并报行车调度员
客运值班员	(1) 接到信息后,马上到现场协助值班站长处理; (2) 将站台岗挽留的证人移交公安
站台岗	(1) 接到列车上乘客报警的信息后,到现场进行确认; (2) 确认为可疑物后,报车控室,并通知司机,疏散现场人员,并挽留现场目击乘客; (3) 接到值班站长清客的通知后,协助清客; (4) 协助值班站长处理现场

 案例分析 6-1

三品检查

案例:2009 年 9 月 4 日 9:50,有 4 名男乘客携带一大型行李箱、半壶食用油、一白色塑料壶,来到大智路站咨询买票事宜。站厅站务员上前巡查,发现白色塑料桶内的液体可疑,于是询问乘客里面装的是什么,乘客回答是酒,让其将壶打开闻了一下,分辨不出是什么物品,便对该乘客进行劝阻,并解释不能携带可疑危险品进站,该四名乘客离开。

10:15,其中两名男乘客到达江汉路站,其中一人拿一个白色塑料壶,一人拖一个行李箱。保安引导这两名乘客进站,未对乘客携带的物品进行询问检查。随即乘客到下行站台候车,其中一人准备点烟,被站台岗制止,由于塑料壶在乘客的右手边,视线被挡,未能对乘客携带的物品进行检查和阻止乘客上车。

事后证实此 4 人是武汉市防恐办的工作人员到车站暗访车站员工对三品的检查情况。

总结:车站要加大对违禁品的检查力度,特别对大件行李物品、液体及可疑人物要重点检查。对可疑的大件行李物品可要求其开包检查,但应注意用语和语气,防止发生服务纠纷;对液体注意查看其性状及气味,坚决杜绝三品及疑似三品物品进站上车,必要时请轻轨所民警协助处理。

 演练方案 6-1

车站发现可疑物品应急处理演练方案

一、演练目的

进一步细化和完善车站防恐爆炸应急方案,切实强化员工防恐意识,增强各岗位的协作,同时提升员工对运营突发事件发生时的反应和处置能力。

二、人员安排

(1)演练当班人员:值班站长1名,票务员1名,厅巡员2名,售票员2名,补票员1名、机动2名、站务员2名、值班员1名。

(2)扮演乘客的群众演员若干名。

三、物资准备

对讲机9个、喊话器2个、票亭钥匙3把、相机2台、隔离柱20根。

四、演练情景假设

运营期间,站台站务员在巡视过程中发现下行站台一角落处有一黑色包裹,站务员觉得可疑,按照可疑物品进行上报。

五、演练流程

1. 演练开始

(1)各岗位工作人员就位,群众演员到上行站台,值班站长向车站指挥报告准备完毕。

(2)车站指挥向演练总指挥报告:演练准备工作完毕,请指示。

(3)演练总指挥用对讲机宣布演练开始。

2. 演练过程

第一阶段:发现可疑物品初期处置。

(1)站台安全员报告:"值班站长,上行站台垃圾桶旁发现一个黑色塑料口袋,有些可疑"。

(值班站长回答:"明白。")

(2)得到发现可疑物品的报告,值班站长立即赶到现场,并立即通过对讲机命令现场人员做好隔离,禁止乘客靠近,引导乘客远离危险区域,并通知保安到达现场,同时用对讲机通知车站全体工作人员启动发现可疑物品的应急预案。

(值班站长:"站台安全员请注意维持现场秩序,用立柱做好隔离工作,禁止乘客靠近围观,并注意寻找目击证人")

(值班站长:"保安请前往上行站台协助站台安全员做好隔离工作")

(值班站长:"车站值班员,上行站台发现可疑物品,现启动车站发现可疑物品的应急预案,请按规定向上级领导汇报")

(3)车站值班员收到值班站长启动发现可疑物品的应急预案命令后,立即依次报告行车调度员、部门值班人员、站长、安保部,轨道分局民警。

(车站值班员:"车站启动发现可疑物品应急预案,车站值班员明白")

(4)各岗位人员在收到启动预案命令后,售票员停止售票,保护好票款,并随时等待下一步命令。

(值班站长:"售票员请停止售票,保护好票款。")

(5)值班站长安排2名支援人员携带应急物资(喊话器、相机、喊话器)赶往现场。

(6)轨道交通支队警察到达现场后,对可疑物品进行查看,确认其可疑物品具有危险性后,值班站长要求站台安全员协助警察对目击证人进行挽留。

(7)值班站长使用对讲机及电话通知各岗位工作人员做好"启动爆炸应急预案"的准备。

(值班站长:"各岗位请注意,由于车站发现危险品,现做好启动车站爆炸应急预案的准备,车站值班员请按压 AFC 紧急按钮,放下车站所有闸机杆并通过车站广播引导乘客出站")

（车站值班员回答:"明白。"）

（8）车站值班员报告行车调度员、环控调度员车站启动爆炸应急预案。

（车站值班员:"报告行车调度员,由于车站发现危险物品,已启动车站爆炸应急预案,请求停止本站接发列车作业"。）

（9）得到行车调度员同意后,车站值班员通知值班站长车站已停止接发列车作业。

（车站值班员:"值班站长,经行车调度员同意,现已停止本站接发列车作业"。）

（10）车站值班员通过车站广播对乘客进行广播引导。

（车站值班员广播:"各位乘客请注意,因车站发生特殊情况需临时关闭,请听从工作人员的指导,尽快离开车站不要拥挤,照顾好身边的老人和小孩,谢谢合作。"）

（11）值班站长得到车站值班员报告后,立即通知车站其余岗位员工。

（值班站长:"各岗位请注意,本站现已停止所有接发列车作业。"）

（12）站台 1 名保安利用隔离柱在危险区域设置警戒线,阻止无关人员进入。

（13）机动人员在站台指定位置疏导乘客,注意电扶梯处是否有乘客摔伤。

（值班站长:"机动人员,由于车站需要临时封站,请疏散站台乘客出站"）

（14）值班站长通知机动人员、厅巡员迅速分别到车站出口处,引导乘客出站,并阻止乘客进站。

（值班站长:"由于车站需要临时封站,请疏散站厅出来的乘客出站并阻止乘客进站。"）

（15）售票员迅速锁闭票亭,将票款放入手提金库内,待票务员将手提金库取走后,票务员得到值班站长通知后立即分别到达车站出口闸机处,引导疏散乘客。补票员将补票亭锁闭后,确认闸机杆是否全部放下,打开专用通道大门,供乘客出站。

（值班站长:"售票员请锁闭好票亭,票务员分别到达车站出口闸机处,补票员打开专用通道引导乘客出站。"）

（16）票务员报告售票亭全部锁闭后,到达车站出口闸机处对乘客进行疏导。

（票务员报告:"值班站长,票亭已全部锁闭,闸机杆已全部放下,现正在引导乘客出站"。）

第二阶段:乘客疏散完毕,做好解释及协助警察做好取证工作。

（17）站台安全员、机动人员分别报告站台、车站出口乘客疏散完毕。

（站台安全员汇报值班站长:"值班站长,站台乘客已全部疏散完毕"。）

（票务员汇报值班站长:"值班站长,站厅乘客已全部疏散完毕"。）

（机动人员汇报值班站长:"值班站长,乘客已从车站出口疏散完毕"。）

（值班站长回答:"明白。"）

（18）值班站长接到乘客疏散完毕的报告后,通知站台及站厅人员,再次确认,并检查是否还有其他可疑物品。并通知车站出口处工作人员,对乘客做好解释工作。

（解释工作用语:"车站发生紧急情况,为保证大家的安全,请大家不要进入车站,对此造成的不便,敬请原谅。"）

第三阶段:危险物品转移后,重新开始运营工作。

（19）接轨道交通支队警察通知,危险物品已经转移,并得到现场负责领导允许重新开通运营的命令后,通知各岗位人员回到岗位,恢复正常运营。

（值班站长:"各岗位请注意,经轨道交通支队对危险物品进行转移,现恢复正常运营,请各岗位人员各司其职"。）

(20)票务员将手提金库送到各个票亭,恢复售票。

3. 演练结束

(1)由参演值班站长向车站指挥报告演练结束。

(2)由车站指挥向执行指挥、总指挥报告:演练工作已完毕。

(3)各参演人员集中对演练进行点评。

六、演练要求

(1)引导乘客远离毒气扩散区域,疏散引导乘客的路线是站台—站厅—通道—站外安全地点。

(2)当乘客疏散完毕,撤离岗位前,应快速检查自身负责区域,保证所有人员撤离现场。在检查时,要特别注意以下几点:墙角、门旁、座椅等,因为当人惊慌时,常常躲在这些地方,尤其是儿童。站长/值班站长、行车值班员留在车控室待命,在得到运调中心或现场指挥部的命令后方可撤离。

(3)当疏散完成后,工作人员应前往通道口外保护现场,维持秩序,设置警戒线,防止其他无关人员进入现场。

(4)站长/值班站长还要做好寻找目击证人、收集材料等工作,尽快向上级部门汇报。

(5)各参演人员一切行动听指挥,精神集中,认真熟悉演练方案,明确职责和任务,严密组织,按照方案实施行动,在演练过程中保持严肃态度。

(6)做好演练中的安全工作,杜绝安全事故发生。

任务四　乘客物品掉落轨道的应急处理

轨道交通车站站台常发生乘客携带的物品坠落轨道的事件,可分为物品不影响行车和物品影响行车两种情况。其应急处理卡片如图6-4所示。

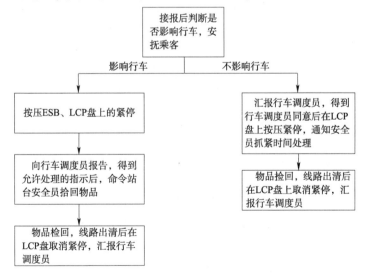

图6-4　站台落物应急处理卡片

一、落轨异物不影响行车时应急处理

站线范围内,发现区间有异物,形态较小,不影响列车运行,原则上运营时间车站不进行

处理,待运营结束后,值班站长指定人员下区间拾取。站务员应立即安抚乘客,报告车站控制室物品不影响行车,告知乘客将在运营结束后下轨道拾回物品,请乘客第二日到车站领回。处理程序见表6-7。

坠落的物品不影响行车时应急处理程序　　　　　表6-7

	客车未开过来	客车已开过来
车站工作人员	车站工作人员接到有物品掉落轨道的通知时,第一时间明确告诉乘客:"请勿擅自跳下轨道,车站工作人员会尽快帮你把失物捡回来"	车站工作人员接到有物品掉落轨道时,第一时间明确告诉乘客:"客车马上进站了,请勿擅自跳下轨道,车站工作人员会在客车开出后尽快帮你把失物捡回来"
行车值班员	行车值班员向行车调度员报告,得到允许处理时: (1)行车值班员设置好防护(在LCP上按下紧急停车按钮); (2)站台岗用专用工具(夹物钩)夹起; (3)夹不起的物品,(URM驾驶模式,要放置红闪灯防护)用下轨梯进入轨道拾回物品; (4)出清线路后在LCP盘取消紧停,及时报告行车调度员消点	等该客车开走后,行车值班员向行车调度员报告,得到允许处理后: (1)设置好防护(按压LCP盘紧停按钮),派站务员落轨道、拾回物品; (2)确认线路出清,按压取消紧停按钮,及时报告行车调度员; (3)如果客车已在站外停车时,立即用对讲机呼叫客车司机进站,待列车出清后再处理; (4)处理完毕后,报告行车调度员,恢复正常运行

二、落轨异物影响行车时应急处理

若物品影响行车,站务员须马上按压紧停按钮或显示紧停信号暂停列车服务。因特殊原因乘客强烈要求立即拾回时,站务员要报车站控制室值班员,由值班员向行车调度员报告,经行车调度员批准后方可下轨道拾回物品。

(1)站台岗员工接到报告后,立即赶往现场查看情况,若该物品影响行车,则立即按压站台侧紧急停车按钮。

(2)站台岗员工向行车值班员、值班站长报告该物品影响行车,需立刻处理。

(3)行车值班员上报行车调度员,经批准后,按动车站控制室内紧急停车按钮,做好防护,通知站务人员可以进行拾物处理。

(4)站务人员立即携带拾物钳(图6-5)、隔离带到现场,隔离该处屏蔽门,用拾物钳进行拾取。不能立即拾取的利用拾物钳先拨至线路旁边不影响行车处,以不耽误列车运行为原则,待列车通过后利用行车间隔下区间拾取。

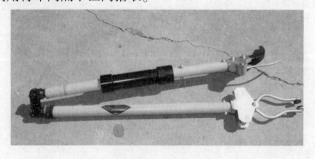

图6-5　拾物钳

派站务人员下区间进行处理的程序如下:

①值班员接站台岗报告后第一时间按下异物侧或上下行(异物有移动的可能时)紧急停车按钮,向行车调度员申请下区间拾物,视情况要求站线接触轨停电。

②得到行车调度员同意,确认需要停电的接触轨已断电后,值班站长派人下到区间将异物拾起。视情况对异物的形态及位置进行拍照留证。站台岗做好站台防护。

③处理完毕线路出清后向行车调度员报告,恢复紧急停车按钮。

④值班员要通过CCTV全程监控,密切关注处理过程,随时向上级汇报。

(5)站务人员将物品取回后,确认线路出清,恢复屏蔽门的使用,向行车值班员汇报。

(6)行车值班员及时取消紧停,并向行车调度员汇报。

(7)做好相关记录,将物品归还乘客。

三、乘客贵重物品掉落区间时应急处理

对于乘客掉落在站线区间内的贵重物品,如手机、相机、钱包等物品,为避免乘客财产受损失及防止其他乘客跳下站台拾取影响运营,应及时用拾物钳拾取,如拾物钳不能拾取的,应利用行车间隔拾取。

案例分析6-2

由于乘客原因致使物品落入轨道

2008年9月22日12:56,某地铁利济北路站一位女乘客推着一辆自行车和许多物品进站,被实习学生和工作人员再三制止后仍强行进闸,并上到上行站台,站台岗劝说无效。保安和值班站长于13:14到达上行站台时乘客很激动,并要把自行车扔下站台,经劝阻后仍将背包及奶粉、玩具等物品扔下站台,于是值班站长立即通知值班员于13:15:03拍下上行紧急停车按钮。随后站务员用拾物钳拾起区间物品后,通知行车调度员于13:20:50恢复上行紧急停车按钮,列车于13:21:55驶入上行站台,恢复运营。该乘客经轻轨派出所同志及车站工作人员批评教育后写下道歉信并离开。

案例分析:对此类乘客按制度执行,要将其控制在非付费区,防止其上到站台影响行车。

演练方案6-2

车站轨行区异物侵入应急处理演练方案

一、演练目的

为提高车站员工处置突发事件的能力,使车站员工更加熟悉紧急停车按钮使用的目的,并在按压紧急停车按钮后,车站员工对站台候车乘客进行合理的引导及疏散,维护好站台秩序。

二、人员安排

(1)运输部:编制演练方案,安排演练人员及群众演员。

(2)运调中心:下达相关调度命令。

(3)车辆段:安排演练用列车、司机。

(4)综合设备部:负责对使用过的紧急停车按钮进行恢复。

三、物资准备

喊话器2个、对讲机5个、应急疏散指示灯1个、落轨梯1架、拾物钳1个、绝缘棒1根、绝缘手套2副、绝缘靴2双。

四、演练情景假设

由于大堰村车站上行站台轨道梁发现异物影响行车，上行站务员发现后立即按压紧急停车按钮，并向车站值班员和值班站长汇报。值班站长携带取物钩赶到站台指挥处理，尽快恢复行车。

五、演练流程

1. 演练开始

(1) 各参演人员到位，值班站长向车站指挥报告准备完毕。

(2) 车站指挥向演练总指挥报告：演练准备工作完毕，请指示。

(3) 演练总指挥用对讲机宣布演练开始。

2. 演练过程

(1) 654次列车23:16从马王场车站开往大堰村车站，大堰村车站上行站台站务员接车时发现站台一名乘客将一黑色挎包掉落在站内轨道梁上，站务员发现后立即上前查看，经站务员确认掉落物品影响即将进站的654次列车。

(2) 上行站务员立即按压紧急停车按钮，并将此情况报告车站值班员和值班站长。

(报告语) 车站值班员、值班站长："由于轨道梁上发现异物影响行车，现已按压上行站台紧急停车按钮"请求支援。

(3) 值班站长得到上行站务员的报告后，立即向车站各岗位人员下达启动车站站内轨行区有异物侵入应急预案。

(用语) "各岗位请注意，由于上行站台轨道梁有异物侵入，车站现启动站内轨行区有异物侵入应急预案，售票亭请暂停售票，并做好解释工作"

票务员、厅巡员、保安回答"明白"

(4) 值班站长立即前往车控室携带绝缘棒，通知一名厅巡员和保安前往上行站台协助上行站台站务员维持站台秩序并赶到站台指挥处理。

(报告语) 厅巡员、保安："由于上行站台已按压紧急停车按钮，请前往上行站台进行支援"。

厅巡员、保安回答："明白"

(5) 车站值班员接到上行站务员报告后，立即确认紧急停车按钮是否生效(若无效则按压车控室紧急停车按钮)并依次向行车调度员、运输部生产值班人员、中心站站长、安保部报告；广播引导乘客秩序，启用进站闸机暂停模式。

(6) 行车调度员接到车站报告后，立即将该情况转告列车司机，以便列车司机做好乘客安抚工作。

(7) 列车司机接到行车调度员命令后，立即做好乘客安抚工作。车长对乘客进行人工广播(2min一遍，按司机手账清障的广播词)："乘客们对不起！现在是临时停车，请乘客们不要惊慌，不要走动，照顾好身边的老人和小孩，谢谢您的配合。"

(8) 值班站长到达上行站台后，查看轨道梁上掉落物品的体积、重量大小，可使用绝缘棒直接将物品取回。

(9) 在处理轨行区异物时，处理人员必须正确使用绝缘棒，做好必要的安全防护措施。

(10) 待异物处理完毕后,对轨道梁进行检查确认后,值班站长通知车站值班员向行车调度员请示取消紧急停车,恢复正常运行。

(用语)"车站值班员,上行站台轨道梁上异物现已清除,请向行车调度员请求取消紧急停车,恢复正常运行"

(11) 车站值班员将轨道梁异物处理完毕的情况报告行车调度员,得到行车调度员回复后,汇报值班站长。

(报告语)"值班站长,经行车调度员同意,恢复正常运行"

(12) 行车调度员接到车站报告后,立即命令司机恢复正常运行。

(13) 演练列车司机接到行车调度员命令后,根据调令恢复运行。开车前向乘客进行人工广播:"乘客们对不起!列车现在恢复正常运行,对耽误您的时间,我们表示深深的歉意,谢谢您的合作。"

(14) 值班站长得到车站值班员回复后,回答"明白";并立即通知各岗位人员"各岗位请注意,上行站台轨道梁异物已清除,车站现恢复正常运营"。

各岗位回答"明白"

(15) 值班站长将救援工具拿回车控室并应做好拍照及记录备查工作。

3. 演练结束

(1) 由参演值班站长向车站指挥报告演练结束。

(2) 由车站指挥向执行指挥、总指挥报告:演练工作已完毕。

(3) 各参演人员集中对演练进行点评。

六、演练要求

(1) 各参演人员一切行动听指挥,精神集中,认真熟悉演练方案,明确职责和任务,严密组织,按照方案实施行动,在演练过程中保持严肃态度。

(2) 做好演练中的安全工作,杜绝安全事故发生。

任务五 爆炸毒气事件应急处理

地铁作为人流量特别密集的运输载体,具有防护措施薄弱、人流量大、公众关注程度高等特点,所以日益成为恐怖分子以及对社会心怀不满人员的最佳施爆地点。

地铁恐怖活动方式主要为爆炸、纵火和毒气三种,且地铁恐怖活动呈上升趋势,造成的政治影响、人员伤亡和经济损失也越来越大。地铁由于空间狭窄、空气流动性差、环境封闭、客流量大、人员密度大、疏散困难等自身特点,一旦发生意外毒气泄露或者化学恐怖事件,人员疏散和处置救援都十分困难,极易造成重大人员伤亡。

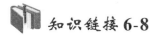
知识链接 6-8

恐怖嫌犯的识别

1. 着装、携带物品与其身份、季节不符者;
2. 神情恐慌、言行异常者;
3. 冒称熟人、假献殷勤者;
4. 频繁进出大型活动场所;
5. 反复在警戒区附近出现;

6. 疑似公安部门通报的嫌疑人员；

7. 在检查中,催促检查或态度蛮横、不愿接受检查者。

一、爆炸毒气事件的处理原则

反应迅速、报告及时、密切配合、全力以赴、疏散乘客、排除险情、减少损失、尽快恢复运营。

（1）贯彻"救人第一"的原则,积极施救。

（2）把握事故初始阶段,做好两项工作(一是尽快抢救,防止扩散;二是及时报警)。

（3）发生事故后,现场人员按信息汇报流程进行报告。

二、爆炸毒气事件的处理办法

轨道交通车站是人流密集场所,空间狭小且疏散不便,发生爆炸、毒气袭击等紧急事件时对乘客人身安全危害大,发生这类情况时对站务员岗位有三项关键要求,即会初期处理(救助伤者)、会组织疏散,会逃生。

1. 爆炸事件应急处理

地铁线路或列车发生爆炸事件时,有关单位、部门应按以下应急预案开展工作:

①车站发生爆炸后,就近岗位站务人员应迅速准确查明爆炸发生的时间、地点、涉及列车的车次、人员伤亡等情况,立即向行车值班员报告。

②行车值班员接到站务人员报告后,应立即向行车调度员、公安派出所报告,通知值班站长、站区长等各级领导。

③值班站长应立即到达现场并在上级领导及公安人员未达到之前担任现场负责人,组织指挥现场处理工作。

（1）车站发生爆炸的应急处理

①目击者应迅速报告车站行车值班员和车站警务室(如在车站以外地铁管辖范围其他部位,报告"110"及控制中心值班主任)。车站值班站长现场确认后,将了解到的情况立即报控制中心和"110""119""120",组织现场乘客疏散,并组织人员进行抢救和前期处理工作。同时封锁现场,设定禁行区,挽留证人,对未逃离现场的犯罪嫌疑人设法抓获。控制中心接报后立即报告安保部及公司领导,待上级领导、公安人员和消防队员到达现场后,值班站长负责介绍情况,并听从指挥。

②控制中心根据现场实际情况,发布不同的调度命令。随时了解事故现场情况,协助处理有关事宜。

（2）列车发生爆炸的应急处理

①地铁列车在运行中发生爆炸,电力司机在立即报告行车调度员的同时应尽力将列车运行到前方车站处理。若列车无法行驶,列车司机立即向控制中心报告,控制中心立即报告安保部、公司领导和公安机关、急救中心,并指挥电力司机按列车救援和突发事件程序处理。同时注意稳定乘客情绪,做好疏散工作。

②车站员工应按照车站爆炸应急处理的分工,协助做好初期应急处置工作。

③控制中心在配合处理有关事宜工作的同时,尽力组织好全线的运营。

2. 毒气事件应急处理

毒气事件的处理程序见表6-8。

毒气事件的处理程序　　　　　　　　　　　　　　　　　　　表 6-8

岗　位	职　责
值班站长	(1) 接到报告后迅速赶到现场； (2) 担任事故处理主任，宣布执行毒气袭击应急处理程序，指挥车站做好乘客服务或疏散工作，戴上防毒面具或空气呼吸器做好防护后，到现场指挥处理； (3) 迅速组织人员用隔离带封锁现场，将目击证人移交公安调查； (4) 组织车站清客，加强与车控室、行车调度员的联系，及时进行信息沟通； (5) 最后确认全站清客完毕，并将现场移交给公安； (6) 到紧急出入口清点员工人数，到齐后向车控室报告； (7) 接到 OCC 恢复正常运营的通知后，马上组织恢复运营
行车值班员	(1) 接到现场员工的报告后，马上通知值班站长到现场，并及时做好站台广播安抚乘客，加强 CCTV 监控，并报公安、行车调度员，通知邻站扣车，根据车站实际情况请求人员支援； (2) 接到值班站长宣布执行毒气袭击应急处理程序后，马上利用全站广播通知车站各部门、各岗位疏散，同时反复进行全站广播指引乘客出站； (3) 报"110""119""120"，并向相关上级部门、领导汇报，安排保洁人员到紧急出入口迎接"120""119"人员； (4) 接到车站清客完毕后，报告行车调度员； (5) 接到值班站长通知车站恢复正常后，检查车控室设备设施情况，向行车调度员报告车站运营前准备工作，并向行车调度员了解行车运行恢复情况并报告值班站长； (6) 通知各岗位员工，车站恢复正常运营
客运值班员	(1) 接到执行毒气袭击应急处理程序后，赶到车控室，确认 SC 上已设为紧急模式；根据环控调度员命令或现场公安的要求并经环控调度员同意后，确认 EMCS(BAS) 已执行相应的模式； (2) 完成 (1) 后，戴上防毒面具做好防护，拿对讲机、手提广播到站厅组织乘客疏散，并对受伤乘客进行救助； (3) 接收到站台乘客疏散完的信息后，确认厅巡 (售票员) 已关闭各出入口 (除紧急出入口)，张贴停止服务的告示； (4) 最后确认站厅乘客全部疏散出站并报告车控室； (5) 到紧急出入口集中； (6) 接到值班站长通知车站恢复正常后，检查 AFC 设备、各种服务设备设施是否正常并报车控室； (7) 撤除停止服务的告示，打开出入口，引导乘客进站
厅巡 (售票员)	(1) 接到执行毒气袭击应急处理程序后，打开边门，确认所有闸机扇门处于打开状态； (2) 将扶梯全部关停，指引和疏散乘客出站； (3) 戴上防毒面具做好防护，到站台协助站台清客工作，组织乘客由站台两端楼、扶梯上站厅出站； (4) 待站台清客完毕后，到站厅协助站厅清客； (5) 站厅清客完毕后，协助关闭各出入口 (除紧急出入口)，张贴停止服务的告示，并报告客运值班员； (6) 到紧急出入口集中； (7) 接到值班站长通知车站恢复正常后，检查 AFC 设备、各种服务设备设施是否正常并向车控室报告； (8) 撤除停止服务的告示，打开出入口，引导乘客进站

续上表

岗 位	职 责
售票员	(1)接到执行毒气袭击应急处理程序后,收好票款和车票,锁好票亭门。戴上防毒面具做好防护,用手提广播安抚乘客,并协助站厅清客工作; (2)站厅清客完毕后,关闭各出入口(除紧急出入口),张贴停止服务的告示,并报告客运值班员; (3)到紧急出入口集中; (4)接到值班站长通知车站恢复正常后,回到票亭准备开窗,并报告车控室准备情况
现场员工	(1)闻到有刺激性的气味并发现异常后,马上报告车控室,戴上防毒面具做好防护,疏散周围的乘客; (2)查找根源,马上用隔离带封锁现场,同时在附近寻找2名以上的目击证人,交给值班站长; (3)协助值班站长进行清客; (4)乘客及员工全部疏散后,向车控室报告; (5)站内乘客疏散完毕后到紧急出入口集中; (6)接到值班站长通知车站恢复正常后,到站台检查屏蔽门、扶梯等设备设施情况和线路情况,并向车控室报告,准备运营服务
司机	(1)接到行车调度员通知,车站发生毒气,按行车调度员指示全线各站、列车司机和车厂调度停止客运服务,列车扣停在车站;接近受袭击车站的列车,组织退回发车站,并做好乘客广播;来不及扣停的列车限速不停站通过受袭击车站,并做好乘客广播; (2)听从行车调度员的命令恢复行车

(1)车站发生毒气袭击后,就近岗位站务人员应迅速佩戴防护装备,迅速查明事件发生的时间、地点、涉及列车的车次、人员伤亡等情况,立即向行车值班员报告。

(2)行车值班员接到站务人员报告后,应立即向行车调度员、公安派出所报告,通知值班站长、站区长等各级领导。

(3)行车值班员应立即采取措施,防止其他列车进入车站。

(4)行车值班员应立即通知机电人员启动防灾应急模式,关闭相关车站送排风系统。

(5)值班站长应立即到达现场并在上级领导及公安人员未达到之前担任现场负责人,组织指挥现场处理工作。

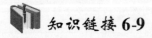

地铁隧道防毒应急处置

地铁发生化学恐怖事件属于紧急事件,应急程序马上启动,为确保人员伤亡和财产等损失减少到最小,建议使用如下工作流程:

1. 现场封锁与疏散

地铁遭遇化学恐怖事件后,由于地铁这一交通设施的特殊地理构造,实施现场封锁和迅速有效地实施人员疏散是应急流程中十分重要的一个环节。地铁交通专家和疏散专家根据应急指挥部制定的指挥决心,及时组织人力、物力和多种通信手段,实施现场封锁和实施疏散。为防止突发事件的进一步蔓延,必要时候可以使用暴力手段。

2. 防护

防护是确保人员在发生化学恐怖事件时免受伤害和减小伤害,实施有效保护自己的方式。警报响起后,按照应急指挥部安排,地铁内防护器材马上投入使用,没有防护器材的人员使用简易的防护措施,并尽量远离危险区域。防护包括确定防护等级,实施防护,实施防护等级的改变,解除防护。

3. 询问情况

询问情况包括:应急指挥部向一线侦查检测人员询问化学恐怖的实情;一线其他人员向地铁内人员进行的各项有效询问;医疗救护人员对受伤人员的询问;地铁交通专家对人员疏散情况等的询问;指挥部对展开一线应急处理各个应急小组组长决心和方案的询问。

4. 侦检与监测

根据受到化学袭击和化学事件的症候,迅速实施快速有效的化学侦检,查明化学毒剂的种类、染毒地域范围、人员伤亡数字等;实施有效的化学检测,及时掌握毒剂区域和染毒云团的变化范围,为指挥部下决心提供应急依据。侦检和检测为实施各种等级的防护提供最直接的依据,并为解除防护和实施防护提供决心因素。

5. 医疗救护

化学恐怖事件中,由于人员受到的是化学毒剂和有毒有害气体的攻击,所以受到的伤害是非常特殊的伤害,其病理特征和治疗必须由专业的毒伤救治专家来实施救治。实施医疗救护必须把握快速、准确和正确的原则,力争最大可能地减小人员伤亡。救护车和急救设备应该随时待命,以备需要,专业医疗救护队还应保持连续性。

6. 洗消

洗消是应急环节中最为关键的一个环节,对染毒区域实施快速、彻底、完全的洗消可以消除污染,去除有毒区域;对人员实施洗消,可以消除人员衣服上沾染的毒剂,可以去除人员身体上残留的毒剂。

洗消后,可以采用侦检方法来检验洗消的彻底性。洗消必须做到彻底、全面和不留死角。

7. 现场清理

事件得到妥善解决后,人员疏散后,应该对现场实施清理,恢复地铁的正常秩序,视情况恢复地铁的正常运营。

8. 新闻跟踪报道

为消除公众疑虑、社会恐慌情绪,实施新闻跟踪报道,稳定社会公众情绪。

任务六 劫持人质事件应急处理

劫持人质犯罪一旦发生,不仅危及人质生命安全,而且会在社会上造成难以消除的恐怖气氛,严重影响社会治安稳定。

一、处置劫持人质事件的基本原则

(1) 应遵循安全第一的原则。这里的"安全"是指力争确保人质、乘客的安全,并尽可能保住劫持人质罪犯的生命。

(2) 必须形成统一的指挥。应急处置指挥员必须相对固定并具有一定的权威。

(3) 实施第一动作。当处人员到达现场之后,控制组应当迅速设置外层和内层两道围控线。外层控制线隔离疏散其他罪犯以及车辆,内层控制线负责对劫持人质罪犯进行监视和控制。

(4) 迅速展开与肇事罪犯谈判,同时应部署武力处置人员、处理信息参谋班子和专家顾问班子。

(5) 要同步统筹兼顾,保障组和医疗组等应展开辅助性、保障性工作,如开展相关信息的调查活动,调配救护、消防、排爆方面的人员、车辆与器械,调集必要的后勤保障与机动力量等。

轨道交通车站发生劫持人质事件时,被劫持的对象可能是本站员工也可能是乘客,值班站长在事件初期担任事故处理主任,主要任务是安抚歹徒情绪,控制现场秩序,防止现场矛盾激化及防止围观乘客受伤,具体处理须由公安人员来组织进行。

站内发现劫持人质后,立即通知车站控制室的值班人员及时报"110",公安人员到来之前要控制好现场,首先稳定歹徒和被劫者的情绪,防止歹徒出现过激行为;组织疏散周围的乘客,防止其他乘客受伤;公安人员到现场后配合公安人员的处理,做好有关区域的围蔽。

二、与劫持人质肇事罪犯的谈判

高水平的谈判(包括政策攻心)对于处置劫持人质事件是必不可少的,高水平的谈判不仅能利用谈判制造许多战机,而且达到《孙子兵法》所说的:军事斗争的最高境界是不战而屈人之兵的效果。掌握肇事罪犯的心理变化是取得谈判成功的必要条件。

1. 谈判人员的选用

规范的人质谈判,首先要求担当人质谈判任务的人员必须经过专门的人质谈判训练,具有系统、全面的人质谈判知识,掌握具体、实用的人质谈判技巧。同时,承担核心性的谈判任务的人员要有明确的分工,要确定由谁负责指挥谈判,即谈判组长;由谁做主谈员,即第一谈判手;由谁做主谈员的助手,即第二谈判手。此外,还应当根据情况需要配备相应的辅助性人员,如情报分析记录员、联络员或武力行动组联络员、物资供应员、精神分析或临床心理学专家等。再加上周密的谈判方案,谈判成功的可能性就能大大增加。

处置劫持人质案件培训工作,应首先对有资格在处置活动中担任指挥员的人员进行人质谈判培训,使他们对谈判的基本特点和原则、要领、技巧、战术方法有一个概要的了解。这样他们才能作出恰如其分的指挥,也才能从根本上提高处置能力。

2. 掌握劫持人质肇事罪犯的心理特征变化

通常劫持者心理会经过三阶段的变化,即紧张敏感阶段、理智清醒阶段和寻求解决阶段。

(1) 紧张敏感阶段:在这一阶段,劫持者通常是手持武器、凶器或爆炸物直接威胁人质的要害部位。处置人员的任何攻击行动都可能导致劫持者激烈的对抗,从而杀害人质。有研究表明下列行为被劫持者看成是对他们的威胁:

① 警察的集结;
② 警察的封锁行为;
③ 特别的信号;
④ 车站内人声嘈杂,上下跑动。

这些举动都有可能激怒劫持者,从而危及到人质的安全。因此,应尽可能采取隐蔽地包围和封锁现场的方式,暂不采取任何容易引起激烈对抗的攻击行动,给劫持者一个缓和的氛围。

(2)理智清醒阶段：在这一阶段，应设法建立与劫持者进行沟通的渠道，例如与劫持者进行对话，适时开展政策攻势，宣传党和国家的政策、法律；派人与劫持者进行谈判，尽量稳定劫持者的情绪，让其感到车站是在认真对待其提出的要求。

(3)寻求解决阶段：在这一阶段，应采取两方面的措施，第一，应尽可能加强与劫持者的谈判，采取一些干扰措施，尽量拖延时间，稳住和麻痹劫持者，不能让劫持者感到自己已陷入绝境，毫无退路。否则，劫持者就可能垂死挣扎，滥杀无辜。第二，在谈判的同时，作好武力营救准备，隐蔽占领有利位置。一旦劫持者做出危害人质生命安全的姿态，就要果断出击，武力制服劫持者，救出人质。

三、劫持人质事件的应急处理办法

(1)现场人员发现歹徒劫持人质，立即报行车值班员，简单说明歹徒和人质数量、事发地点及劫持原因等信息，行车值班员立即上报。

(2)现场人员做好分工，稳定歹徒和人质的情绪，并疏导周围乘客。

(3)发生事件后，车站及时确认通往设备区通道门处于锁闭状态，防止歹徒进入。

(4)行车值班员与控制中心保持联系，执行控制中心指令。

(5)车站配合到场的公安人员处理。

(6)车站发生劫持人质事件的应急处理程序见表6-9。

车站/列车发生劫持人质事件应急处理程序　　　　表6-9

岗　　位	处　理　程　序
行车值班员	(1)立即报告行车调度员，地铁公安，简要说明歹徒和被劫持者双方的人数、性别、凶器和初步了解的劫持原因等； (2)向行车调度员申请暂停本站的运行服务； (3)通知各岗位，执行紧急疏散计划，拦截乘客进站，在SC上将闸机设为紧急模式； (4)通过CCTV监控现场情况；发生人员伤亡时，及时报"120"； (5)将通往车控室的房门反锁； (6)配合公安处理
值班站长	(1)马上到现场指挥处理，稳定歹徒和被挟持者的情绪，避免刺激的行为； (2)组织疏散附近的乘客，尽量将歹徒稳定在固定的位置(最好是一角落)，防止其进入设备区； (3)公安人员到场后，交公安处理，按公安的要求进行配合； (4)根据现场情况向行车调度员申请暂停本站的运行服务； (5)处理过程中注意员工人身安全和车站财产安全
客运值班员	值班站长被劫持时，负责值班站长的处理应急工作，值班站长没有被劫持时，和值班站长到现场处理
巡视岗	(1)接车控制安排后，立即赶到现场，疏散乘客远离现场； (2)暂停本站的服务时，在站台加强巡视，确保所有乘客疏散出站台； (3)当发现司机被劫持时，立即报告行车值班员
票亭岗	(1)根据需要，停止票亭服务，收好票款，锁好票亭； (2)暂停本站的服务时，打开边门、闸机，疏散乘客； (3)关闭车站紧急出口外的其他出入口，并张贴相应的告示； (4)在紧急出口外引导公安等人员到场； (5)在紧急出口，拦截乘客进站并做好解释

续上表

岗　位	处 理 程 序
司机	（1）当列车上乘客被劫持时，在车站时不动车或运行中则维持进站停车，立即报行车调度员、车站，并做好安全防护，防止歹徒劫持或进入驾驶室； （2）当司机被劫持时，尽量将歹徒引离开驾驶室较远的地方；当被迫驾驶时，如在站或人为设置故障导致不能动车；如在运行中则尽量维持进站停车； （3）被劫持时的报警方式：不能直接报警时，可采取长时间按压对讲设备以将对话传出，或人为制造故障等方式

注：1. 及时确认通往设备区的通道门处于锁闭状态，防止歹徒进入设备区。
　　2. 当车站员工被劫持时，被劫持员工尽量保持冷静，不要采取刺激歹徒的行为，尽量稳定歹徒的情绪，及时把握有利时机安全逃脱歹徒的劫持。
　　3. 车站应保持高度警觉，当发现明显的异常行车现象时，要加强对列车的观察，确认司机是否安全，是否被劫持。

（7）列车发生劫持人质事件（列车停靠在车站），比照车站发生劫持人质事件应急处理程序执行，现场人员进入车厢稳定歹徒和被劫者的情绪，根据行车调度员命令清客或关站。列车若离开车站，依照行车调度员命令处理。

知识结构

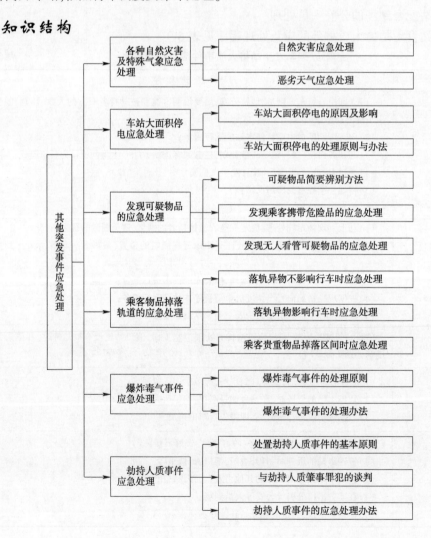

基本训练

一、简答题

1. 车站防洪抢险应急处理程序是什么？
2. 车站大面积停电应急处理程序是什么？
3. 危险品如何分类？
4. 可疑爆炸物如何识别及应对？
5. 车站/列车发生劫持人质事件应急处理要点有哪些？

二、判断题

1. 遇车站照明全部熄灭时，在站列车应立即打开车门疏散乘客。（　）
2. 城市轨道交通经营单位不能对乘客携带的物品进行运输安全检查。（　）
3. 当车站照明全部熄灭时，应立即停止售票，锁好票款；关好窗口，售票室加锁，确保票款安全。有少量照明时，控制售票，分批进站。（　）
4. 对违反《城市轨道交通管理条例》相关规定的乘客应及时予以制止，对于不听从劝告，欲强行进、出站者，应及时通知警察处理。（　）
5. 在突发公共安全事件的紧急情况下，选择应急避难场所，妥当的是在室内遭遇地震时选择洗手间等跨度小的空间。（　）

三、选择题

1. 影响城市轨道交通正常运营的特殊气象包括（　）。
   A. 台风　　　B. 暴雨　　　C. 高温　　　D. 雾霾　　　E. 冰冻
2. 停电对城市轨道交通运营的影响包括（　）。
   A. 可造成城市交通局部或全线运营中断，影响乘客出行，给城市地面交通带来极大的压力
   B. 在人员疏散过程中产生瞬间的大客流，容易引起乘客恐慌，可能造成踩踏、挤压等方面的事故
   C. 影响城市轨道交通在公众的形象
   D. 由于供电中断，可能造成通信、信号、机电等系统不能正常使用，从而引发次生事故和灾害
3. 轨道交通车站站台常发生乘客携带的物品坠落轨道的事件，可分为异物较小且不影响行车和（　）两种情况。
   A. 异物较大或异物影响行车　　　B. 异物较大且异物影响行车
   C. 异物较小或异物影响行车　　　D. 异物较大或异物不影响行车
4. 下列属于禁止危害城市轨道交通安全的行为有（　）。
   A. 擅自移动、遮盖安全消防警示标志
   B. 故意干扰城市轨道交通专用通信频率
   C. 在轨道上放置、丢弃障碍物
   D. 向城市轨道交通列车投掷物品
   E. 在城市轨道交通的地面线路轨道上擅自铺设平交道口、平交人行道
5. 可疑物品包括（　）。
   A. 可能发生危及地铁设备设施安全的物品

B. 可能发生危及地人身安全的物品
C. 乘客遗失的钱包
D. 无人看管的包裹
E. 不明物品

四、实训演练

1. 模拟运营时间暴雨持续，雨水不断沿着C口楼扶梯浸入，需临时关闭C出入口，进行强暴雨水淹应急演练。

2. 运营期间，站台站务员在巡视过程中发现下行站台一角落处有一黑色包裹，站务员觉得可疑，按照可疑物品进行上报，进行车站发现可疑物品应急处理演练方案。

3. 接获临震预报后，各部门立即做好震前准备工作，进行地震应急处理实训演练。

4. 为进一步细化和完善车站防恐爆炸应急方案，切实强化员工防恐意识，增强各岗位的协作，同时提升员工对运营突发事件发生时的反应和处置能力，模拟车站出现爆炸进行书面演练。

五、交流与讨论

作为一名值班站长或一名车站员工，发生恐怖袭击突发事件时，现场报告包括哪些事项，对于处理流程是否有好的建议？与同学们交流与分享。

附录一 应急预案

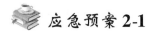 应急预案 2-1

安全(屏蔽)门故障时的客运组织预案

一、事件定义：

高架站安全门或地下站屏蔽门发生故障,导致单扇、多扇甚至全部安全门(屏蔽门)都不能开启或关闭,影响列车运行,不利于站台乘客的候车安全。

二、处置原则：

遥控器操作无效后,依次按司机现地控制盘(PSL)操作、车控室远端控制盘(PSA)操作,以及现场人工手动操作三种方式进行;车站及列车上做好广播引导工作。

三、应急措施：

①列车到站时,司机遥控器无法正常操作安全门(屏蔽门)时,发现者应立即报告行车调度员;行车调度员须将安全门故障情况及时通知机电科。

②当多扇门故障时,行车调度员首先命令司机采用现地控制盘(PSL)操作,并对后续所有列车司机下达调度命令,采用此方式进行操作;当司机现地操作无效时,行车调度员命令车站值班员在车控室采用远端控制盘(PSA)进行操作;当车控室远端操作无效时,行车调度员命令车站采用现场人工手动操作。

③在需现场人工手动开启每扇安全门的情况下,首班车至少打开1号门供乘客上下车;待首班车发车后,车站组织更多站务员逐一打开其他门,直至站台所有门均被人工打开,并保持常开状态。值班站长组织人员加强该站台人员力量,确保安全门故障期间站台乘客候车安全。

④当单扇门故障时,应设法将该门保持常开状态,站台安全员将接发列车地点移至故障门处,重点照顾该处乘客的候车安全,必要时值班站长另行安排站务员加强站台力量,直到该扇门修复。

⑤故障发生后,车站值班员依次向值班站长、机电科、部值班室、站长报告。

四、各岗职责：

A.值班站长

接到报告后,立即赶到站台了解情况;根据行车调度员命令的操作方式,相应地做出车站人员安排,确保站台安全。

B.车站值班员

执行行车调度员命令,当需要车控室远端操作时,按规定正确操作;故障发生后,依次向行车调度员、值班站长、部值班室、机电科、站长报告;广播引导乘客上下车秩序。

C.站台安全员

重点照顾故障门处乘客候车安全;需人工现场手动操作时,按操作方法正确操作,及时开启故障安全门;根据值班站长安排加强站台力量,确保站台安全。

D. 保安员

根据值班站长安排,到站台维持乘客上下秩序及候车安全。

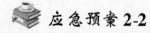
应急预案 2-2
直升梯通道直升梯全部故障时的客运组织预案

一、事件定义:

当车站直升梯通道内的直升梯全部故障,乘客无法使用直升梯通过此通道进出车站,此通道处于暂时封闭状态,同时可能造成人员被困。

二、处置原则:

及时报告和信息传递,做好乘客解释工作;及时解救被困人员;随时了解故障抢修进度;做好故障标识和告知工作。

三、应急措施:

①当车站直升梯通道直升梯全部故障时,车站值班员立即向值班站长、行车调度员、机电科、部值班室和站长报告。行车调度员将该通道临时关停信息通知全线各站,其他车站得到通知后,对乘客做好解释工作。

②值班站长应和机动人员立即前往直升梯处,对乘客做好安抚及解释工作,及时化解服务纠纷,并确认电梯内有无人员被困。

③车站值班员适时加强广播,引导乘客在车站工作人员指挥下有序乘降,并随时了解抢修信息,报告部值班室。及时做好与救援工作相关的信息记录工作。

④车站站务员、厅巡员对出站乘客做好安抚解释工作。

⑤保安员1人及时到达该通道出口处,摆放电梯故障的牌子,并放下卷帘门,对乘客做好解释工作。

⑥保安员1人及时到达该通道入口处,摆放电梯故障的临时导向标志,做好乘客解释工作。

⑦若有被困人员解救出来,电梯上方或下方的工作人员对乘客做好安抚及解释工作。

⑧直升梯故障恢复后,车站值班员及时向行车调度员和部值班室报告,值班站长安排各岗位人员恢复正常工作岗位。

四、各岗位职责:

A. 值班站长

负责前期现场指挥,决定和通知车站人员启动应急预案;随时与车站值班员保持联系,重点了解电梯抢修等信息;随时掌握车站各岗具体位置,做到心中有数;根据现场情况,做好乘客安抚及解释工作,及时化解服务纠纷;必要时下达退票指令。

B. 站长

接到车站值班员报告后,立即到达车站,参与现场组织指挥工作。

C. 车站值班员

当直升电梯全部故障时,及时报值班站长、行车调度员、机电科、部值班室和站长;密切注意监视屏,掌握客流情况;适时加强广播,引导乘客在车站工作人员指挥下有序乘降;了解故障修复进度,将相关电梯抢修等信息随时报告部值班室,保持电话畅通,随时与各部门保持联系;及时做好与救援工作有关的信息记录工作,以便事后进行分析。

D. 票务员

做好站厅乘客的解释和秩序维护工作。

E. 售票员

协助完成乘客解释工作。

F. 站台安全员

对下车乘客做好安抚解释工作。

G. 厅巡员

到车控室取出喊话器,对下车乘客做好安抚解释工作,随时关注进出站闸机周边的情况。

H. 保安员

将电梯故障临时导向牌放置于电梯出口处(车站进站端口)和其他有需要的地方,并关闭相应位置卷帘门,对乘客做好解释工作。

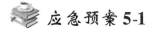

应急预案 5-1

乘客意外伤害时的处置预案

一、事件定义:

乘客在车站内因自身不小心、地面湿滑、设备故障、治安事件等情况而发生受伤,需车站及时发现和妥善处理,否则将造成乘客伤情加重、抱怨、投诉甚至服务纠纷。

二、处置原则:

按照伤害程度分别采用安抚、车站救治和送医院救治三种方式,本着实事求是、以人为本的原则,在不影响运营的条件下,应尽量将损失减到最小,将事件影响降到最低。

三、应急措施:

①当站务员发现有乘客受伤后,立即报告值班站长;并寻找、挽留目击证人,安抚伤者,维持好现场秩序。

②值班站长决定启动应急预案;车站值班员立即调整移动摄像机采集证据,并通知专职安全员、站长、部值班室,必要时向安保部报告。

③值班站长在启动预案后,立即在第一时间携带相机赶到现场判断乘客受伤情况,向目击证人、伤者及车站工作人员了解有关情况;若伤势特别严重,危及乘客生命安全时,安排车站值班员立即拨打"120"急救电话。

④值班站长安排人员做好相关证据的采集工作,必要时可采用拍照取证等方式。值班站长要留下目击证人的联系方式,尽可能留下目击证人的书面证明,以便以后取证。

⑤值班站长亲自或安排站务人员为乘客进行止血、包扎伤口等处理,安抚乘客,将乘客带到值班站长室或员工休息室休息;伤势较重时,报专职安全员或站长同意后,启用中心站客伤备用金,安排站务人员将其送往就近区级以上医院就医。

⑥客伤事件发生时,如果出现人员死亡、重伤、重度昏迷或其他较严重伤害需住院治疗,预计费用将超过1000元时,应立即报告安保部,由安保部派人到现场进行后期处理,专职安全员做好配合工作。

⑦待公司安保部人员到达后,向其结清车站预先支付的医疗费用,移交处理权;配合安保部收集客伤事件记录材料和有关医疗费用支出凭证,便于安保部向保险公司索赔。

⑧专职安全员、值班站长负责做好客伤记录,如实填写《车站客伤登记表》《乘客意外伤害处理表》、车站处理经过及结果详细记录备查,并充分配合公司安全保卫部的调查分析工作。

四、各岗职责:

A. 值班站长

接到站务员的报告后,立即在第一时间携带相机赶往现场了解情况;寻找、挽留目击证人,安排人员采集相关证据,留下目击证人的书面证明和联系电话;乘客伤势严重时,征得专职安全员或站长的同意下,安排人员送伤者到就近区级以上的医院就医;负责先期处置,中心站专职安全员到达现场后移交专职安全员处理,并做好配合工作。

B. 站长

接到车站乘客伤害事件的报告后,立即赶往车站处理及开展现场协调工作。

C. 专职安全员

接到车站乘客伤害事件的报告后,立即赶往车站参与救助及处理。做好与受伤乘客及家属的沟通协商、事件的调查记录、配合安保部进行处理、费用报销。

D. 车站值班员

得到启动应急预案的命令后,立即向专职安全员、部值班室、站长报告,根据情况向安保部报告;及时调整摄像机采集证据,配合相关证据的收集。

E. 票务员

维持车站运营秩序,根据值班站长的安排维持客伤现场秩序,疏散围观人群。参与客伤救助。收集相关证据,寻找、挽留目击证人。

F. 站台安全员

如客伤事件发生在站台时,维持客伤现场秩序,疏散围观人群,维持站台候车秩序。参与客伤救助。收集相关证据,寻找、挽留目击证人。

G. 厅巡员

如客伤事件发生在站厅时,维持客伤现场秩序,疏散围观人群,维持进出站秩序。参与客伤救助。收集相关证据,寻找、挽留目击证人。

H. 保安员

协助维持客伤现场秩序,疏散围观人群,维持车站站秩序;参与客伤救助,协助收集相关证据,寻找、挽留目击证人。

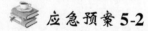

应急预案 5-2

列车与站台缝隙夹人时的处置预案

一、事件定义:

站台与列车车门之间存在缝隙,特别是曲线站台车站,乘客上下车时,有可能跌入该缝隙,造成乘客受伤,导致列车晚点甚至延误。

二、处置原则:

发现缝隙夹人后,列车乘务员应立即停车,或站务员应设法通知(如显示停车手信号等)列车乘务员停车,必要时按压站台紧急停车按钮;将乘客救出,并劝离围观群众,维持站台秩序;寻找目击证人,拍摄现场照片;票亭暂停售票,做好乘客解释工作。

三、应急措施:

①一旦发生乘客被夹入站台与车门之间的缝隙,并难以脱离时,列车乘务员应立即停车,或站务员应设法通知(如显示停车手信号等)列车乘务员停车,必要时按压站台紧急停车按钮;并报告车站值班员和值班站长。

②当使用紧急停车按钮时,车站值班员确认紧停按钮是否有效;并依次向行车调度员、部值班室、站长、安保部和民警报告。

③值班站长通知车站员工启动预案;迅速赶赴事发现场,安抚受伤乘客不要急躁,等待工作人员前来救助,劝阻其他乘客不要围观,注意自身安全;根据乘客受伤程度,决定是否拨打"120"救援。

④车站值班员利用广播引导站台乘客秩序;站务员和保安带上救援器具,迅速赶赴现场协助救援和维持站台秩序;值班站长组织人员寻找并挽留现场目击证人,交由车站民警调查取证。

⑤其他人员坚守岗位,根据值班站长的命令暂停售票,做好进站乘客解释工作。

⑥伤者救起后,做好先期救护处理,严重的等待"120"医生到来;"120"医生到达后,值班站长安排人员陪同伤者到医院,并配合安保部做好后期处理有关工作。

⑦伤者救起后,车站值班员立即报告行车调度员,请求取消紧急停车,恢复列车正常运营;值班站长收集整理相关资料,做好配合调查取证工作。

四、各岗职责:

A. 值班站长

通知车站员工启动预案;迅速赶赴事发现场,安抚受伤乘客不要急躁,等待工作人员前来救助,劝阻其他乘客不要围观,注意自身安全;根据乘客受伤程度,决定是否拨打"120"救援;组织人员寻找并挽留现场目击证人,交由车站民警调查取证。

B. 站长

接到报告后,立即赶往车站参与救援;根据需要调配本中心站其他人员支援。

C. 车站值班员

确认紧停按钮是否有效;并依次向行车调度员、部值班室、站长、安保部和民警报告;利用广播引导站台乘客秩序;伤者救起后,车站值班员立即报告行车调度员,请求取消紧急停车,恢复列车正常运营。

D. 票务员

维护站厅秩序;根据需要做好退票准备。

E. 售票员

根据票务员的停止暂停售票,做好乘客解释工作;必要时实施退票。

F. 站台安全员

发现乘客被夹后,设法通知(如显示停车手信号等)列车乘务员停车,必要时按压站台紧急停车按钮;并报告车站值班员和值班站长;努力维持站台候车秩序,阻止乘客围观,协助值班站长救援。

G. 厅巡员

维护站厅秩序;做好解释工作。

H. 保安员

一人在站厅维护秩序;一人到站台协助救援。

I. 保洁员

协助完成站台、站厅秩序的维护。

J. 支援人员

根据值班站长安排维护好站台、站厅秩序。

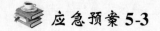
应急预案 5-3
乘客跌下轨行区时的处置预案

一、事件定义：

指乘客从站台跌入车站轨行区，直接影响行车安全和准点，危及乘客生命安全，情况十分紧急。

二、处置原则：

紧急停车，防止乘客受到二次伤害；迅速停电，设法将伤者救出轨行区，尽快恢复列车正常运营；维持好车站秩序，避免群众围观；保护现场，做好取证工作。

三、应急措施：

①车站人员（站务员、保安员等）应立即按压"紧急停车"按钮，报告值班站长和车站值班员。立即到伤者附近通过喊话等形式劝其远离接触网，等待救援。

②车站值班员接到站务员报告后，应再次确认"紧急停车"按钮是否使用和是否生效，关闭进站闸机，并立即向行车调度员、运输部值班室、站长和安保部报告；值班站长接到站务员通知后，应立即赶往事发站台，并用对讲机通知车站员工启动应急预案。

③站务员应维持好站台秩序，组织乘客撤离站台，售票员暂停售票，厅巡员和保安暂时阻止乘客进入付费区，并做好乘客的解释工作；值班站长到站台寻找坠轨人员，了解现场情况，由到达现场职务最高者决定是否停电救援。

④站长、值班站长通知站务人员提前打开夹层通道门或站台端头门，携带救援工具（活动楼梯）立即赶到通道口。车站值班员接到行车调度员接触网已经停电的通知后，应立即通知现场人员，由现场职务最高者安排人员进入轨行区实施救援，引导伤者尽快离开轨行区。

⑤列车临时停运期间，售票员停止售票，并做好退票准备。

⑥待公安民警到达现场后，配合其开展调查取证工作。

⑦坠轨人员救出后，现场职务最高者应立即向运调中心报告"轨行区满足安全行车条件，恢复行车"。

四、各岗职责：

A. 值班站长

接到站务员通知后，应立即赶往事发站台，并用对讲机通知车站员工启动应急预案；赶到事发站台寻找坠轨人员，了解现场情况；通知站务人员提前打开夹层通道门或站台端头门，携带救援工具（活动楼梯）立即赶到通道口；寻找并挽留目击证人、证物，配合完成调查取证工作。

B. 车站值班员

接到站务员报告后，应再次确认"紧急停车"按钮是否使用和是否生效，关闭进站闸机，并立即向行车调度员、运输部值班室、站长和安保部报告，根据现场需要拨打"120"急救电话；广播引导和安抚站内乘客；根据现场需要关闭站台所有安全门；接到行车调度员接触网已经停电的通知后，应立即通知现场人员；做好各项原始记录。

C. 站长

接到通知后，立即赶到事发车站指挥救援工作，并安排本中心站其他员工前往事发站支援。

D. 票务员

预案启动后,立即携带足够的备用金赶到售票处,协助售票员退票。

E. 售票员

预案启动后,立即停止售票,并做好解释工作,保护好票款,准备退票。

F. 站台安全员

立即按压紧急停车按钮,赶到乘客跌落地点,告诉乘客不要起身,躺在原地不要动,等待工作人员前来救助;报告车站值班员;劝阻其他乘客不要围观,注意自身安全;维持站台秩序,协助寻找目击证人。

G. 厅巡员

预案启动后,负责维持站厅秩序,做好解释工作,引导乘客出站和退票;负责引导"120"急救人员至事发现场;严把入闸关,非救援人员一律不得进入付费区;伤员救起后,陪同伤者到医院,配合处理后续相关事宜。

H. 保安员

预案启动后,立即到事发站台维持秩序,疏导站台乘客至站厅,在站台至站厅的分界处(楼梯处)设置警戒线;待救援物品到位后,参与救援。

I. 保洁员

预案启动后,协助维持好站台、站厅秩序,配合做好解释工作。

J. 志愿人员

根据值班站长安排,做好现场秩序维护。

应急预案 6-1

车站照明完全熄灭时的处置预案

一、事件定义:

指车站所有照明(包括事故应急照明)全部熄灭,车站一片黑暗,车站正常运营工作无法开展,乘客十分恐慌。

二、处置原则

沉着冷静,有序疏导,利用车站地面、墙面蓄光型连续紧急逃生标志和车站备用的应急照明灯、手电筒等照明设备,将乘客依次从站台到站厅、从站厅到出口进行疏散。

三、应急措施

①车站所有照明设施故障后,车站站务人员立即站到各个楼梯转弯处、通道边缘等乘客易发生危险的地点,注意尽量不要阻挡乘客的疏散,指引乘客按照蓄光型逃生标志指引的路线有序疏散。

②因失电车站所有闸机杆自动落下(或车站值班员按压 AFC 紧急按钮操作),车站利用喊话器安抚乘客(车站广播未失电时,值班员利用广播安抚和引导乘客),消除乘客的紧张情绪;立即从应急备品柜中拿出应急照明灯,组织乘客疏散;立即向行车调度员、机电科、部值班室和站长报告。

③设备部门接到故障报告后,立即组织人员进行抢修。

④站台安全员利用喊话器引导乘客向站厅疏散。

⑤离车控室最近的站务人员、车站值班员(有 2 名时)立即将车控室内的应急灯带到站厅,站厅工作人员使用应急灯为乘客提供照明,引导乘客从通道向站外疏散,售票员关好门窗,原地保护好票卡和钱款安全。在乘客大多已疏散后,保安负责把守车站大门,临时限流,

非维修人员一律不得进站。

⑥乘客疏散完毕后,站长、值班站长安排有应急灯的站务人员分头检查车站,看是否还有遗漏或受伤的乘客。

⑦事后站长、值班站长和车站值班员应做好记录备查。

四、各岗职责

A. 值班站长

到重点部位支援,引导疏散乘客出站,乘客疏散完毕后,安排有应急灯的站务人员分头检查车站,看是否还有遗漏或受伤的乘客,事后做好记录备查。

B. 站长

接到车站照明完全熄灭的报告后,根据车站需要立即调配本中心站人员到事发车站支援,并立即赶往该站参与组织。

C. 车站值班员

AFC闸机未失电时,按压紧急按钮使所有闸机杆全部落下;提供车控室的各种应急物资;车站广播未失电时,利用广播安抚和引导乘客;向行车调度员、机电科、部值班室和站长报告。

D. 票务员

到票亭和售票员一起保护好票卡和钱款安全。

E. 售票员

关好门窗,原地保护好票卡和钱款安全。

F. 站台安全员

利用喊话器引导乘客向站厅疏散,提供照明的列车进站后,阻止站台乘客上车,随时向值班站长和车站值班员报告情况。

G. 厅巡员

使用应急灯为乘客提供照明,疏散乘客出站。

H. 保安员

配合完成站台、站厅的乘客疏散,在乘客大多已疏散后,负责把守车站大门,临时限流,非维修人员一律不得进站。

I. 保洁员

配合完成站台、站厅的乘客疏散。

J. 志愿人员

站到各个楼梯转弯处、通道边缘等乘客易发生危险的地点,注意尽量不要阻挡乘客的疏散,指引乘客按照蓄光型逃生标志指引的路线有序疏散。

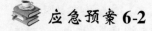
应急预案6-2

站内轨行区有异物侵入时的处置预案

一、事件定义:

指异物侵入站内轨行区,且影响列车正常运行秩序,危及列车运行安全,必须尽快处理。

二、处置原则:

快速判断侵入物品是否影响列车运行安全,当发现有影响后,立即阻止列车进站,维护好站台秩序,征得行车调度员同意后,快速将异物清除轨行区,尽快恢复运营。

三、应急措施：

①当发现有物品掉下轨行区后，站务员判断是否影响行车安全，当异物影响行车安全时，应立即向车站值班员和值班站长汇报，并快速按压紧急停车按钮，阻止本站台侧列车进站。

②值班站长得到通知后，立即携带取物钩和绝缘棒赶到站台指挥处理；车站值班员立即向行车调度员报告，确认紧急停车按钮是否使用和是否有效，之后向部值班室、站长报告。

③根据掉落物品的体积、重量大小，采取不同的处理办法：当异物体积、重量不大时，可用取物钩直接将物品取回；当异物体积、重量较大时，本着尽快恢复运行的原则，用绝缘棒和取物钩将异物处理到车辆限界以外，待运营结束、接触网断电、行车调度员同意后到轨行区取回。

④处理轨行区异物时，处理人员正确使用绝缘器具，做好必要的安全防护措施；必要时，可请示行车调度员同意后打开一扇安全门以方便处理。

⑤待异物处理完毕后，对轨行区进行检查确认后，值班站长通知车站值班员向行车调度员请示取消紧急停车，恢复正常运行。

⑥值班站长应做好拍照及记录备查工作。

四、各岗职责：

A. 值班站长

接到报告后，担任现场救援指挥人，立即携带或通知工作人员携带取物钩和绝缘棒赶到站台；值班站长和保安负责取物，站台安全员和厅巡员负责维持站台秩序。

B. 站长：

接到通知后，立即赶赴现场指导值班站长开展救援工作。

C. 车站值班员

车站值班员立即向行车调度员报告，确认紧急停车按钮是否使用和是否有效，之后向部值班室、站长报告；广播引导乘客秩序，启用进站闸机暂停模式；物品清理完毕后，根据值班站长的指示向行车调度员请求取消紧急停车和恢复运营，并完成相应操作。

D. 票务员

接到通知后，赶到售票处做好解释工作。

E. 售票员

必要时，根据票务员通知暂缓售票，做好解释工作。

F. 站台安全员

站台安全员判断是否影响行车安全，当异物影响行车安全时，应立即向车站值班员和值班站长汇报，并快速按压紧急停车按钮，阻止本站台侧列车进站；安抚掉物乘客的情绪；疏散其他乘客离开掉物地点，提醒他们注意安全。

G. 厅巡员

维护好站厅秩序。

H. 保安员

一人根据值班站长安排，到车控室携带安全带等应急物资赶到事发站台，协助处理轨行区异物；另一人负责维持站厅秩序。

附录二 模拟演练

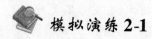

模拟演练 2-1

屏蔽门故障模拟演练

一、演练背景

事件或故障设置方法	模拟整侧屏蔽门无法打开,单档屏蔽门无法打开,单档屏蔽门无法关闭,在 BAS、MCP 盘中显示相应故障信息
演练步骤简要介绍	1. 列车到达车站上行线,整侧屏蔽门无法打开,车站组织应急处理; 2. 关闭屏蔽门时一档滑动门关不上,车站组织应急处理; 3. 开启屏蔽门时一档滑动门无法打开,车站组织应急处理; 4. 抢修人员查找故障原因,修复屏蔽门
启动何种应急处理程序	《屏蔽门故障应急处理程序》

二、演练目的

检验的预案	《屏蔽门故障应急处理程序》
检验能力	1. 检验学员模拟各车站岗位人员,面对车站机电设备故障后的应急处理协调能力; 2. 检验学员对应急信息报告传递的掌握情况
其他要检验的项目	无

三、演练组织

演练岗位	工作地点	人员数量	职责
值班站长	站台	1	负责现场应急处理指挥
行车值班员	车控室	1	负责信息通报及监控
客运值班员	站台	1	协助值班站长到现场故障处理
站务员	站台	1	现场进行故障处理
站台保安	站台	2	现场进行故障处理
组长		1	负责组员安排和演练组织
观察员		1	负责发现本组演练中的问题,及时总结并汇报

四、演练步骤

1. 情境描述:列车进站停稳,开启车门、屏蔽门,但整侧屏蔽门没有开启,司机使用 PSL 手动操作仍无法开启,立即用直通电话报告车控室。

顺序	岗位	处理程序
1	站台保安	站台保安发现列车进站停车后屏蔽门没打开,立即报告车控室并赶到司机处了解情况,接到行车值班员指令后立即按每节车厢至少开启一档门的原则,就地开启屏蔽门
2	行车值班员	行车值班员接到司机的报告后,立即报值班站长,指示站台保安按每节车厢至少开启一档门的原则,就地开启屏蔽门。报行车调度员、维修调度员

续上表

顺序	岗位	处 理 程 序
3	值班站长	值班站长接报后,立即要求客运值班员、厅巡、站厅保安到现场支援,按每节车厢至少开启一档门的原则,就地开启屏蔽门
4	客运值班员	客运值班员接报后立即到现场支援,按每节车厢至少开启一档门的原则,就地开启屏蔽门
5	厅巡	厅巡接报后立即到现场支援,按每节车厢至少开启一档门的原则,就地开启屏蔽门
6	站厅保安	站厅保安接报后立即到现场支援,按每节车厢至少开启一档门的原则,就地开启屏蔽门

2.情境描述:乘客上车。

顺序	岗位	处 理 程 序
1	行车值班员	站台人员手动开启屏蔽门后,将IBP盘"所有门关闭且锁紧"灯的状态及车站后续处理及时通报行车调度员
2	值班站长	值班站长引导乘客从开启的屏蔽门上车
3	客运值班员	客运值班员引导乘客从开启的屏蔽门上车
4	厅巡	厅巡引导乘客从开启的屏蔽门上车
5	站厅保安	站厅保安引导乘客从开启的屏蔽门上车
6	站台保安	站台保安引导乘客从开启的屏蔽门上车。乘客上车后,向司机显示"好了"信号
7	行车值班员	行车值班员人工广播指引乘客从已开启的屏蔽门上车

3.情境描述:确认站台安全,做好人工看护,向司机显示"好了"信号动车。

顺序	岗位	处 理 程 序
1	站台保安	确认站台安全,做好人工看护,向司机显示"好了"信号动车。对乘客手动打开的屏蔽门,立即将模式置于"手动"位
2	值班站长	组织人员对开启的滑动门进行安全防护,禁止乘客靠近屏蔽门
3	客运值班员	对开启的滑动门进行安全防护,禁止乘客靠近屏蔽门。对乘客手动打开的屏蔽门,立即将模式置于"手动"位
4	厅巡	对开启的滑动门进行安全防护,禁止乘客靠近屏蔽门;对乘客手动打开的屏蔽门,立即将模式置于"手动"位
5	站厅保安	对开启的滑动门进行安全防护,禁止乘客靠近屏蔽门
6	行车值班员	利用CCTV监控,并记录列车到发点
7	值班站长	指示站台人员使用互锁解除接发列车
8	站台保安	接车控室命令使用互锁解除接发列车

4.情境描述:抢修人员到达车站。

顺序	岗位	处 理 程 序
1	行车值班员	行车值班员向行车调度员报告抢修人员已到达车站,并要点处理
2	值班站长	值班站长向抢修人员描述故障现象,由抢修人员进行故障处理
3	客运值班员	做好人工看护
	厅巡	做好人工看护
	站厅保安	做好人工看护
	站台保安	做好人工看护

193

五、总结分析

观察项目	时间记录	观察员意见
接到屏蔽门故障报告的时间		
报告值班站长的时间		
报告行车调度员的时间		
报告维修生产调度的时间		
报告站长的时间		
完成屏蔽门故障应急处理的时间		
抢修人员到达现场的时间		
接到确认故障修复的时间		
故障设备恢复正常运行报告行车调度员的时间		

模拟演练 4-1

车站火灾应急处置模拟演练

一、演练背景

事件或故障设置方法	现场施放烟饼,模拟车站站台发生火情
演练步骤简要介绍	1. 站台岗员工发现后立即将情况报告站控室值班人员,并开始疏散附近乘客; 2. 车站行车值班员接到站台岗报告后观察 CCTV,并通知值班站长、行车调度员、环控调度员、维修调度员车站火灾信息;值班站长担任事故处理主任,宣布"执行车站站台火灾应急处理程序",马上戴好防烟面具到达站台火灾位置,组织灭火和乘客疏散; 3. 行车值班员开启事故广播,释放闸机疏散乘客,同时按程序模拟报"119""120"地铁公安,报告火灾情况、车站交通位置、人员伤亡等信息; 4. 车站所有人员立即按站台火灾应急处理程序紧急处理; 5. 车站人员到出入口关闭出入口扶梯后协助车站疏散乘客,拦截乘客进站,迎接消防队进站灭火
启动何种应急处理程序	《车站站台火灾应急处理程序》

二、演练目的

检验的预案	《车站站台火灾应急处理程序》
检验能力	1. 检验车站员工的灭火疏散应急处理能力; 2. 检验和提高车站人员与控制中心各调度、司机对发生火灾紧急事件的协调处理能力
其他要检验的项目	无

三、演练组织

演练岗位	工作地点	人员数量	职 责
值班站长	站台	1	负责现场应急处理指挥
行车值班员	车控室	1	负责信息通报及监控
客运值班员	站台	1	协助值班站长到现场对客流的控制和人员疏散
售票员	车站	1	负责票务工作
厅巡	车站	1	负责车站客流控制和人员疏散
站台站务员	车站	1	负责车站客流控制和人员疏散
组长		1	负责组员安排和演练组织
观察员		1	负责发现本组演练中的问题,及时总结并汇报

四、演练步骤

1. 情境描述:发现火情。

顺序	岗位	处 理 程 序
1	站台站务员	发现上行站台 A 端发生火灾,火势较猛,立即向车控室进行汇报
2	行车值班员	行车值班员立即通过 CCTV 对现场进行查看后立即向值班站长、OCC 报告,并向报告的人员询问有关情况
3	值班站长	值班站长收到行车值班员报告后立即赶往现场或安排就近人员现场确认
4	客运值班员	客运值班员接报后锁好保险箱,关好票务室,到现场查看确认
5	厅巡	接报后立即到现场查看确认

2. 情境描述:启动环控设备。

顺序	岗位	处 理 程 序
1	站台站务员	立即疏散周边乘客,尝试用就近的灭火器进行扑救
2	值班站长	确认火情猛烈,立即要求行车值班员启动站台火灾环控模式,组织人员尝试灭火
3	行车值班员	接到通知立即在 IBP 盘启动站台火灾排烟模式,同时将情况汇报 OCC

3. 情境描述:乘客疏散及列车停靠情况。

顺序	岗位	处 理 程 序
1	值班站长	(1)下令车站员工停止服务,执行车站疏散命令,将上下行站台乘客往站厅疏散,协助乘客进行疏散(注意电梯内是否有人员被困); (2)安排人员准备湿毛巾放置在疏散路线旁,如有人员受伤或窒息时,安排人员救助至地面,配合医务人员对其施救; (3)视需要安排人员现场关闭扶梯,防止发生踩踏事件; (4)安排售票员到紧急出入口接应救援人; (5)指定人员检查设备区; (6)现场确认站台火灾排烟模式是否执行成功
2	行车值班员	(1)接到车站紧急疏散命令立即启动站台火灾排烟模式,操作闸机紧急释放(要求在 10s 内完成),播放紧急疏散广播(尽可能同步报告行车调度员、"110"、驻站警察、"120"),在 PIS 公布相关信息,如事态特征明显(浓烟、火苗)时,有权自主决定采取上述行动后,向值班站长通报; (2)在 IBP 盘上操作门禁紧急释放; (3)通过 EST3 确认垂直电梯归首状态等,并使用 CCTV 对站内的设备执行情况进行确认,未执行到位时立即向值班站长汇报
3	客运值班员	(1)携带药箱赶,将上行站台乘客往站厅疏散,站台疏散完毕后,协助站厅疏散; (2)对受伤人员实施抢救; (3)检查设备区人员撤离
4	厅巡	(1)厅巡 A 负责打开员工通道后确认闸机全部开启; (2)厅巡 A 准备湿毛巾放置在疏散路线旁; (3)听从值班站长安排视情况关闭电扶梯
5	厅巡	(1)厅巡 B 到下行站台指引乘客往站厅疏散; (2)待下行站台乘客疏散完毕后,到站厅协助疏散乘客

续上表

顺序	岗位	处理程序
6	售票员	(1)停止售票并收好票款、车票,锁好售票问讯处,分别赶往站厅 A/B 端组织乘客由站台疏散至站厅; (2)协助有困难的乘客离开危险区域; (3)站台人员疏散完毕后,分别赶往 C/D 口组织乘客疏散,阻止进站乘客和接应救援人员; (4)在闸机、边门处指引站厅乘客由各出入口疏散
7	站台站务员	将站台乘客往站厅疏散,站台疏散完毕后,赶往站厅协助疏散

4.情境描述:乘客疏散完毕。

顺序	岗位	处理程序
1	值班站长	确认乘客疏散完毕后,组织人员关闭除紧急出入口以外的其他出入口,张贴告示
2	值班站长	如火势无法控制时通知所有员工撤离,到紧急出入口集合,清点人数
	行车值班员	火势无法控制时,与 OCC 留下两个以上联系方式后,赶往指定出入口集合
3	客运值班员	待人员疏散完毕后,报告值班站长后到紧急出入口集合,清点人数
4	厅巡	关闭出入口 D 张贴告示,接到疏散指令立即进行撤离
5	售票员	关闭出入口 D 张贴告示,接到疏散指令立即进行撤离
6	站台站务员	接到疏散指令立即到紧急出入口集合

五、总结分析

岗位	视察项目	时间记录	视察员意见
值班站长	接到行车值班员报告		
	宣布执行站台火灾二级处置,执行紧急疏散		
	组织受伤乘客救治		
	组织穿戴防护用品扑救火灾		
	与行车值班员确认排烟效果		
	安排人员准备湿毛巾放置在疏散路线		
	确认卷帘门下方无障碍物		
	确认垂直电梯无困人		
	站台乘客疏散完毕		
	站厅乘客疏散完毕		
	与机电人员确认设备区疏散完毕		
	火势无法控制,下达员工疏散命令		
	撤离到紧急出入口集中点名		
	演练结束		

续上表

岗位	视察项目	时间记录	视察员意见
行车值班员	接到报告时间		
	查看ISCS报警信息和CCTV,关闭声光报警		
	查看信息同时报告值班站长		
	报"120"、OCC报告时间		
	接到启动二级处置紧急疏散		
	按压EST3火灾总确认		
	释放闸机		
	按压IBP火警确认按钮		
	启动站台排烟模式		
	播放紧急广播		
	PIS发布		
	确认门禁释放		
	确认EST3垂直电梯归首、火灾区域防火卷帘状态		
	与值班站长确认排烟效果(排烟效果差与环控调度员沟通)		
售票员、客运值班员、厅巡	发现火情时间		
	报告车控室时间		
	对乘客进行疏散时间		
	边门开启		
	确认闸机开启		
	接应支援人员时间		
	设置湿毛巾		
	确认垂直电梯		
	检查设备区人员撤离		
	乘客疏散完毕时间		
	向值班站长报告岗位执行情况时间和乘客疏散结果		
	关闭出入口时间		
	自身疏散时间		
站台站务员	发现火情时间		
	现场处置时间		
	现场周边人员疏散时间		
	向车控室报告火情时间		
	对乘客进行疏散时间		
	乘客疏散完毕时间		
	自身疏散时间		
	自身疏散完毕时间		

模拟演练 5-1

客伤应急处置模拟演练

一、演练背景

事件或故障设置方法	模拟设置 B 端付费区内一部自动扶梯在运行过程一名乘客从扶梯摔下导致受伤,在 BAS 中显示故障信息
演练步骤简要介绍	1. 1 名乘客在 B 端站台到站厅自动扶梯上突然摔下导致受伤; 2. 车站工作人员报行车调度员、"120"、驻站公安、维修生产调度、OTIS、安全、客伤管理员,对伤员进行救护,保护现场及调查取证; 3. 抢修人员查找故障原因,经调查部门准许后,修复扶梯
启动何种应急处理程序	《自动扶梯乘客受伤应急处理程序》《客伤处理程序》《××地铁乘客伤亡事件处理实施细则》

二、演练目的

检验的预案	《自动扶梯乘客受伤应急处理程序》《客伤处理程序》《××地铁乘客伤亡事件处理实施细则》
检验能力	1. 检验值班站长在客伤事件中救护伤员、现场保护及调查取证,确保车站运营秩序的组织能力; 2. 检验客运值班员在客伤事件中的救护伤员及调查取证能力; 3. 检验行车值班员在客伤事件中的监控及信息通报能力; 4. 检验厅巡在客伤事件中的现场保护及调查取证能力
其他要检验的项目	无

三、演练组织

演练岗位	工作地点	人员数量	职责
值班站长	演练现场	1	负责现场应急处理指挥
行车值班员	车控室	1	负责信息通报及监控
客运值班员	演练现场	1	配合值班站长救护伤员、保护现场及调查取证
站务员	演练现场	1	配合值班站长救护伤员、保护现场及调查取证
保安	演练现场	1	配合值班站长救护伤员、保护现场及调查取证
组长		1	负责组员安排和演练组织
观察员		1	负责发现本组演练中的问题,及时总结并汇报

四、演练步骤

1. 情境描述:厅巡在巡视时发现付费区内一名乘客在自动扶梯上突然摔下导致受伤,立即关停扶梯并保护现场。

顺序	岗位	处理程序
1	厅巡	发现后立即关停电扶梯了解情况后,报告车控室。留守现场维持秩序,对乘客进行安抚,并寻找两名目击证人
2	行车值班员	接报后立即报告值班站长,并通过 CCTV 对故障电扶梯进行监控
3	值班站长	值班站长接报后立即拿相机、录音笔及《车站事件登记本》到现场,指示客运值班员拿药箱到现场。厅巡对现场进行隔离,站厅保安到现场支援,行车值班员报"120"、驻站公安请求支援

续上表

顺序	岗位	处 理 程 序
4	厅巡	对现场进行隔离
	站厅保安	对现场进行隔离
5	站厅保安	接值班站长通知后,立即到现场隔离并到站台监控亭拿担架
6	客运值班员	接到值班站长的通知后,立即拿药箱、相机及录音笔赶往现场
7	行车值班员	报"120"、驻站公安、维修调度员、OTIS、行车调度员、站长、部门客伤管理员,并做好记录

2. 情境描述:救护伤员、调查取证。

顺序	岗位	处 理 程 序
1	厅巡	找到目击证人,将其交值班站长后,到出口接应"120"急救人员
2	值班站长	安排厅巡到C口等候"120"。与目击证人了解情况,并记录其联系方式
3	客运值班员	赶到现场后安抚乘客,了解乘客的伤势。对伤口进行初步处理
4	值班站长	安抚乘客,向其了解家人联系方式,并通知行车值班员与其家人联系。经乘客同意使用录音笔记录乘客描述事件经过,并对现场进行拍照,填写书面材料,让乘客签名确认
5	行车值班员	将车站事故情况向站长、安技部、部门客伤管理员报告
6	站厅保安	现场维持秩序
7	行车值班员	与伤者家人联系

3. 情境描述:救护伤员、调查取证。

顺序	岗位	处 理 程 序
1	值班站长	伤口初步处理后,组织客运值班员与站厅保安用担架将乘客抬到C出入口
2	客运值班员	伤口初步处理后,与站厅保安一起将受伤乘客放于担架上抬到C出入口等候"120"
3	站厅保安	与客运值班员一起将受伤乘客放于担架上,抬到C出入口等候"120"
4	值班站长	带2名目击证人到站长室了解情况,填写书面材料,让证人签名确认
5	客运值班员	"120"到达后,记录车牌号码及医院名称并报告车控室
6	行车值班员	通知其家人及客伤管理员、行车调度员,已送往医院名称及地址

4. 情境描述:配合维修人员、驻站公安调查取证。

顺序	岗位	处 理 程 序
1	值班站长	向维修人员、驻站公安介绍事件经过及已掌握的材料。配合其调查
2	行车值班员	记录抢修人员及公安到场时间,报行车调度员
3	客运值班员	配合维修人员、驻站公安对事件进行调查
4	厅巡	配合维修人员、驻站公安对事件进行调查
5	站厅保安	配合维修人员、驻站公安对事件进行调查

5. 情境描述:调查结束,故障修复。

顺序	岗位	处 理 程 序
1	值班站长	与公安及抢修人员确认,调查结束,故障修复,可恢复运行,通知保洁对现场进行清扫,厅巡开启扶梯
2	行车值班员	报行车调度员、站长事件处理完毕
3	厅巡	开启扶梯,恢复正常工作
4	站厅保安	恢复正常工作
5	客运值班员	恢复正常工作

五、总结分析

观 察 项 目	时 间 记 录	观察员意见
接到客伤报告的时间		
到达客伤现场的时间		
完成伤员伤口处理的时间		
完成现场拍照取证的时间		
完成伤员取证的时间		
完成目击证人取证的时间		
伤员移送"120"的时间		
与抢修人员及公安交接现场的时间		
接到确认现场解封的时间		
故障设备恢复正常运行的时间		

模拟演练 6-1

强暴雨水淹应急演练

一、演练背景——暴雨持续,大量雨水进站

事件或故障设置方法	模拟运营时间暴雨持续,雨水不断沿着 C 口楼扶梯浸入,需临时关闭 C 出入口
演练步骤简要介绍	1. 强暴雨天气期间,车站人员加强各出入口巡查; 2. 行车值班员接车站巡视人员报,C 出入口室外水位持续上涨,并有大量雨水进入车站; 3. 行车值班员报值班站长、机电驻站和OCC; 4. 值班站长接报后立即赶往现场,组织车站人员、保安、保洁搬运沙袋和清扫积水,防止雨水往车站倒灌; 5. 车站人员在确保安全下,关停出入口电扶梯,张贴停止出入口告示,引导乘客从其他出入口进出车站,并播放应急广播; 6. 抢险人员出动参与抢险; 7. 险情得到控制,车站恢复正常运营
启动何种应急处理程序	《车站水灾(水淹)应急处理程序》《车站水灾关键指引》

二、演练目的

检验的预案	《车站水灾(水淹)应急处理程序》《车站水灾关键指引》
检验演练岗位能力	1. 检验学员演练运营指挥调度、车站各岗位及抢险人员应急处理能力; 2. 检验防洪沙袋、排水泵的应急使用能力; 3. 检验学员演练各岗位的协调能力
其他要检验的项目	无

三、演练组织

演练岗位	工作地点	人员数量	职 责
值班站长	演练现场	1	负责现场应急处理指挥
行车值班员	车控室	1	负责信息通报及监控
客运值班员	演练现场	1	配合值班站长应急处理,引导乘客
站务员	演练现场	2	配合值班站长应急处理,引导乘客

续上表

演练岗位	工作地点	人员数量	职责
站厅保安	演练现场	1	配合值班站长做好现场处理
保洁	演练现场	1	配合值班站长做好现场处理
组长		1	负责组员安排和演练组织
观察员		1	负责发现本组演练中的问题,及时总结并汇报

四、演练步骤

1. 情境描述:行车调度员向车站发布恶劣天气警报,厅巡巡站时发现车站C口地面积水持续上涨。

顺序	岗位	处理程序
1	站务	发现车站C口地面积水持续上涨,有积水进入车站可能,立即报行车值班员
2	行车值班员	接厅巡报告后立即报告值班站长、机电驻站人员和OCC,通过CCTV监控C口情况,将情况报告行车调度员
3	行车调度员	通知维修工程部生产调度,要求机电人员立即到达现场
	机电驻站人员	接报后立即赶赴现场
	值班站长	接行车值班员通报后,立即赶到C出入口进行处理,劝导乘客出入站注意安全,并引导乘客尽量从C出入口进出站
4	值班站长	安排站务员、站厅保安、保洁运送沙袋到C出入口砌挡水墙,进行抢险,并通知行车值班员向行车调度员请求关闭C出入口
5	站厅保安	接报后立即运送防淹板和沙袋到出入口砌筑挡水墙
	保洁	接值班站长通知后马上到沙袋堆放处用平板车运送沙袋

2. 情境描述:暴雨持续,积水将要威胁出入口安全。

顺序	岗位	处理程序
1	机电驻站人员	协助车站人员进行堵截
	值班站长	组织车站工作人员在C出入口上部砌沙袋,阻止雨水流入车站
2	机电驻站人员	疏通出入口排水沟,检查排水泵工作状态
	值班站长	同意关闭C出入口,安排客运值班员在站厅C通道处设置隔离栏杆,张贴告示
	站务	确认扶梯无人后停止自动扶梯运行,切断电扶梯电源
	站厅保安	在值班站长的指挥下砌沙袋
	保洁	在值班站长的指挥下砌挡水墙,清扫雨水
3	行车值班员	向行车调度员请求关闭C出入口。做好乘客广播服务工作,在PIS上显示相关信息,汇报站长和站务室领导
	站务	在站厅C通道和出入口处设置隔离栏杆,张贴关闭出入口告示,并做好乘客服务解释工作,引导乘客从其他出入口进出
4	行车调度员	要求维修工程部增派人员和设备
	客运值班员	在站厅B通道处设置隔离栏杆,张贴告示,并做好乘客服务解释工作,引导乘客从C口出站

3. 情境描述：雨水有漫过上部挡水墙趋势。

顺序	岗位	处 理 程 序
1	值班站长	发现雨水有漫过挡水墙的趋势，立即要求厅巡和站厅保安继续运沙袋到楼梯下方砌挡水墙，打开车站排水沟盖板
2	值班站长	要求临站运送支援沙袋
	行车值班员	通过CCTV观察各出入口情况，监控水泵状态。接到值班站长报告后立即报告行车调度员，并重点监控C口水泵情况
3	行车调度员	通过CCTV观察车站情况，保持与车站行车值班员联系
	客运值班员	协助厅巡运送沙袋
	站厅保安	运送沙袋，在楼梯下方砌挡水墙
	保洁	运送沙袋，在楼梯下方砌挡水墙
4	站务	观察水位情况，做好雨水导流工作
5	机电驻站人员	打开出入口集水坑盖板，并设置隔离防护栏
6	机电驻站人员	准备临时排水泵、水带、电源等

4. 情境描述：积水突破上部挡水墙，流进车站。

顺序	岗位	处 理 程 序
1	行车调度员	通过CCTV观察车站情况
	值班站长	立即组织人员加高下部挡水墙，在站厅与C通道连接处垒第二道挡水墙
2	机电驻站人员	确认集水井内水泵工作状态，准备临时排水泵随时投入工作
3	行车值班员	通过CCTV观察C通道情况，并将情况及时报告行车调度员
	客运值班员	在站厅A端引导乘客往其他出入口出站，协助在站厅处砌挡水墙
	站务	立即到车站沙袋堆放处运沙袋到站厅C通道处砌挡水墙
	站厅保安	立即到车站沙袋堆放处运沙袋到站厅C通道处砌挡水墙
	保洁	打开排水沟盖板，清扫积水

5. 情境描述：积水漫进站厅。

顺序	岗位	处 理 程 序
1	行车调度员	通过CCTV观察车站情况，向OCC通报
	机电驻站人员	启动临时水泵抽水
	值班站长	组织人员立即用沙袋封堵各房间门
2	值班站长	安排人员检查各设备房是否有水浸现象
	行车值班员	在抢险人员指挥下，安排全站人员投入抢险
	客运值班员	在抢险人员指挥下，投入抢险
	站务	在抢险人员指挥下，投入抢险
	站厅保安	在抢险人员指挥下，投入抢险
	保洁	在抢险人员指挥下，投入抢险

6.情境描述:暴雨停止,车站出入口恢复正常。

顺序	岗位	处理程序
1	机电驻站人员	撤除临时水泵
2	机电驻站人员	盖上排水沟盖板和积水坑盖板
	值班站长	通知工作人员立即将沙袋撤除,让保洁清理C通道和C口楼梯的卫生,通知行车值班员报行车调度员,恢复车站正常服务
3	机电驻站人员	确保安全情况下恢复出入口电扶梯正常使用,并检查其运行状态
	行车值班员	接到值班站长可以恢复C口运营的通知后,报告行车调度员C口已恢复正常
4	站务	撤除隔离栏杆及告示,恢复车站正常服务
5	站厅保安	撤除沙袋,恢复车站正常服务
6	保洁	撤除沙袋,恢复车站正常服务
7	行车调度员	接报后,指示车站加强巡视

五、总结分析

观察项目	时间记录	观察员意见
发现险情时间		
报告险情的时间		
关闭电扶梯时间		
搬运沙袋、防淹板等抢险物资时间		
张贴关闭出入口告示时间		
险情排除时间		
撤除防护、开启扶梯时间		
撤除告示时间		

模拟演练 6-2

车站公共安全事件应急演练

一、演练背景——接到炸弹恐吓电话

事件或故障设置方法	车控室接到匿名炸弹恐吓电话
演练步骤简要介绍	1. 车控室突然接到恐吓电话称:"有人在你们车站放了炸弹"; 2. 车控室立即将情况报告"110"、公交分局、OCC、车务部; 3. OCC立即电话向"110"报警,并立即安排全线车站进行不公开检查,安排人员把守所有面向公共区的通道门,检查过程中避免引起乘客恐慌; 4. 车务部立即组织人员对车站进行重点搜查,OCC立即要求物业公司向车站增派保安,协助进行搜查,并对全部进站人员携带的包裹进行开包检查; 5. 在发现可疑物品后按应急处理程序进行隔离、人员疏散、列车立即动车或不停车通过; 6. 人员全部疏散完毕后,宣布演练结束
启动何种应急处理程序	《接到炸弹恐吓电话应急处理程序》

二、演练目的

检验的预案	《接到炸弹恐吓电话应急处理程序》
检验演练岗位能力	1. 检验学员演练车站各岗位人员在电话恐吓突发事件中应急处理能力； 2. 检验学员演练行车值班员角色在炸弹电话恐吓事件中的应急和信息通报能力； 3. 检验学员演练车站值班站长角色的应急指挥能力； 4. 检验学员演练站务员角色在炸弹恐吓事件中反应能力
其他要检验的项目	无

三、演练组织

演练岗位	工作地点	人员数量	职责
值班站长	车站	1	负责根据现场情况实施岗位调配及人员疏散
行车值班员	车控室	1	负责接听电话、事件报告和查看监控
客运值班员	车站	1	负责对客流的控制和人员疏散
厅巡	车站	2	负责对客流的控制和人员疏散
售票员	车站	2	负责票务工作
站厅保安	车站	1	负责对站厅客流的控制和人员疏散
站台保安	站台	2	负责对站台客流的控制和人员疏散
组长		1	负责组员安排和演练组织
观察员		1	负责发现本组演练中的问题，及时总结并汇报

四、演练步骤

1. 情境描述：车控室接到"炸弹"威胁的电话。

顺序	岗位	处理程序
1	行车值班员	接到"炸弹"威胁电话立即报报值班站长、行车调度员、"110"，通过内线电话通知各岗位员工。同时查看CCTV有无可疑人、物
2	值班站长	值班站长接报后，立即到现场组织工作人员搜寻有无可疑物品。到站台通知站台保安对站台进行巡视
3	客运值班员	客运值班员接报后，立即到站厅通知厅巡及站厅保安对站厅、出入口通道进行巡视
4	票务岗	售票员接报后加强警惕周边的动态
5	厅巡	厅巡接报后对站厅B端进行巡视
6	站厅保安	站厅保安报后对站厅A端进行巡视。注意检查洗手间和垃圾桶
7	站台保安	站台保安报后对站台进行巡视。注意检查洗手间和垃圾桶

2. 情境描述：行车调度员通知车站，接"110"警报，要求车站立即执行紧急疏散程序。

顺序	岗位	处理程序
1	行车调度员	行车调度员接"110"指令，要求车站疏散
2	行车值班员	行车值班员接报后，立即通知值班站长。并打开闸机、播疏散广播、关停扶梯、PIS发布疏散信息
3	值班站长	值班站长下达执行车站紧急疏散程序命令。安排售票员到C口接应"110"进站
4	客运值班员	客运值班员使用手提广播疏散站厅乘客出站
5	票务岗	售票员立即锁好钱箱及票亭门，打开就近的边门，疏散乘客出站。到紧急出入口C口接应"110"进站

续上表

顺序	岗位	处理程序
6	厅巡	厅巡打开边门,使用手提广播疏散B端的乘客出站
7	站厅保安	站厅保安打开边门,使用手提广播疏散A端的乘客出站
8	站台保安	站台保安使用手提广播疏散站台乘客出站

3. 情境描述:确认乘客疏散完毕,关闭D口,车站工作人员在紧急出入口C口集合。

顺序	岗位	处理程序
1	站台保安	站台疏散完毕报车控室,到站厅疏散,尾随乘客到紧急出入口C口集中
2	客运值班员	客运值班员取出入口钥匙及告示分发给站厅保安及厅巡后,检查是否有乘客遗留
3	站厅保安	站厅A端疏散完毕,报告车控室,并关闭D出入口及粘贴告示,后到紧急出入口C口集中
4	厅巡	站厅B端疏散完毕,报告车控室,到紧急出入口C口集中
5	值班站长	值班站长检查无乘客遗留后,到紧急出入口C口清点工作人员人数。并指示行车值班员到C口集中
6	行车值班员	确认车站疏散完毕后,报行车调度员、"110",并留下联系电话。到紧急出入口C口集中

4. 情境描述:警察及炸弹专家赶到,勘察现场并进行处理。

顺序	岗位	处理程序
1	值班站长	警察及炸弹专家赶到,勘察现场并进行处理

5. 情境描述:警察、公安确认危险解除,车站恢复运营。

顺序	岗位	处理程序
1	值班站长	值班站长向警察及炸弹专家确认危险已解除,车站可恢复运营后,通知各岗位立即开站
2	行车值班员	行车值班员接报后立即回车控室向行车调度员汇报,并恢复各设备系统状态。检查各设备系统运行情况
3	客运值班员	客运值班员接报后,立即检查AFC设备运行情况情况
4	票务岗	售票员到客户中心开窗服务
5	厅巡	撤除D口告示,开启C口自动扶梯,关闭边门,恢复正常工作
6	站厅保安	撤除A口告示,开启D口自动扶梯,打开D口。恢复正常工作
7	站台保安	站台保安到站开启自动扶梯后,恢复正常工作

五、总结分析

观察项目	时间记录	观察员意见
接报时间		
通知值人员进行不公开搜索		
隔离现场		
发布紧急疏散命令		
人员疏散完毕时间		
确认设备设施情况		
车站恢复运营时间		

附录三 《城市轨道交通应急处理实务》课程标准

课程名称:城市轨道交通应急处理实务
适用专业:城市轨道交通运营管理

1. 前言

1.1 课程定位

城市轨道交通应急处理是城市轨道交通运营工作常常会遇到的安全问题及非正常事件或突发事件,处理的好坏直接关系到人民生命财产和国家政治声誉。若不能正确进行应急处理,必将给城市轨道交通造成不良声誉,而且也会导致乘客和城市轨道交通均遭受重大损失。本课程是城市轨道交通运营管理专业的核心专业课,其先修课程有《城市轨道交通设备运用》《城市轨道交通信号与通信设备运用》。它以服务为宗旨,以工学结合为途径,主动适应城市轨道交通运营经济发展需求,为今后从事车站非正常情况下的客运服务与突发事件应急处理工作打下坚实基础。城市轨道交通客运应急事件处理能力是车站客运值班员和行车值班员以及值班站长所必备的工作能力。

1.2 课程设计

(1)以任务为核心,注重工作过程进行学习

与运输企业紧密联系,根据企业的实际需要,以任务引领强调工作过程的学习。因此,在教材的编写上应体现以工作过程来开发课程,应努力实现企业需要的与企业密切相关的知识。在既有校企合作的基础上,提升合作层次,拓展合作内容,促成合作企业深入参与工学结合的人才培养模式,学校与企业联合完善人才培养方案,加强"订单式"教学。

(2)体验过程,丰富课堂形式

在教学内容上,将理论课与实践课融为一体,课堂教学与实际训练有机结合,提高教学效率与效果。同时,在课堂形式上,以学生为主体,采取小组讨论、角色扮演、交流探讨、真实情境模拟等多种形式,强调学生参与,让学生亲身体验学习过程,增强学习兴趣,提高学习动力,并从这样的体验中学会处理问题的方法,达到学生遇到类似问题能给予正确处理的目的。

(3)选择学习方法,注重评价,享受学习乐趣

学生的学习方法比较多,选择有效的学习方法进行学习至关重要,这就应创立学习条件,增加学习资源、学习课材、多媒体设施、网络资源,使学生的学习更有效。评价是重要的教学手段,首先是学生参与评价,学生、教师、现场人员,都是主题学习的参与者、评价者,从不同角度发表各自的看法。其次是多纬度评价,在每次学习中让学生制作学习卡,学生在学习中如实记载自己的学习收获、疑惑、感受等,作为学习评价的重要内容。同时,学生参与活动的态度、情感体验、学习成果都是评价的内容。让学生在记录、交流、评价中表达情感,提升情感,在生活中实践,在生活中运用,得到精神的满足和智慧的提升。除此之外,还应坚持

学生自评、小组互评、教师评价三位一体的评价方法,给学生以全面的综合评价。通过学生学习方法的选择及学习评价,使学生享受学习乐趣。

2. 课程内容和要求

教学时间安排:68 学时
典型工作任务的描述: 车站工作人员根据突发的情况、乘客的意愿,结合城市轨道交通运营工作的特点和要求,依据城市轨道交通处理规范和国家相关法律和标准等,使用规定的报表、相关站车设备,采取正确的处理手段,在规定的地点和时间内正确进行设备故障应急处理、行车突发事件应急处理、火灾应急处理、运营伤亡事件应急处理,及其他突发事件应急处理。 对各种应急事件进行预防,有关行车及客运人员在遵守人身安全通用标准下进行作业。并做好相关工作的记录和评价。 当发生应急事件时,应向相关单位负责人报告,填写应急事件工作报告,配合调查组进行调查工作;建立应急统计分析制度,整理统计分析资料,并按规定及时报送。 应采用安全系统工程的方法对行车组织工作、客运工作中固有的或潜在的危险及其严重程度进行分析和评估,预先向有关人员发出危险警告,并根据统计分析结果,提出相应的安全防范措施。 在上述过程中做好对城市轨道交通事故登记簿等工作文档的及时记录、整理与保存。 完成安全及应急处理相关的资料收集整理工作。 在工作过程中自觉遵守"安全第一,预防为主,综合治理"方针
教学目标: 学生以小组合作的形式,通过教师指导或借助于相关城市轨道交通客运规章、城市轨道交通客运作业标准及国家规定的相关标准和标志,制订各种突发事件应急处理预案及处理程序。在规定的时间内完成上述计划、实施、检查并进行评价反馈。在实施过程中,使用的报表及处理方式等符合行业和国家规定,注意安全,对已完成的任务进行记录、存档和评价反馈。 学完本课程后,学生应能够正确办理: 1. 运用安全检查表进行安全检查; 2. 列车车门故障、站台屏蔽门故障及电梯故障的应急处理; 3. 火灾的应急处理; 4. 行车事故应急处理; 5. 人员伤亡应急处理; 6. 其他车站突发事件应急处理
学习组织形式与方法: 学生以小组为单位,模拟城市轨道交通客运现场实际运作,接受并实际完成突发事件的应急处理。具体动作过程为:学生接受事件处理任务以后,收集事件详情及所需要的信息,成立处理团队,成员分工协作,制订处理方案。教师以学习指导、案例分析、角色扮演、价值观训练、录像、多媒体演示等多样化训练方式方法,培养学生的情商、价值观及突发事故应急处理的多元智能,帮助学生顺利完成乘客突发事件应急处理任务,并形成扩展的、可迁移的、可持续的突发事件处理工作能力。小组负责人的职责类似于城市轨道交通运输企业中的列车值班员、车站客运值班员的职责,负责组内管理、人员分工、任务检查与工作评价。小组负责人采用轮换形式
学业评价 (1)学习情境评价形式:自评20%、小组评价30%、教师评价50%。 (2)学习情境考核内容:安全纪律(15%)、学习态度(15%)、专业知识(30%)、专业技能(30%)、团队合作(10%)。 (3)学习领域综合评价:学习情景加权平均分占总分的70%,综合笔试和答辩占总分的30%。

3. 学习情境设计

学习情境	教学目标	学习内容	评价建议	学时	教学建议与说明
城市轨道交通应急处理概述	能正确识别危险源；熟知各种应急设备的使用方法；熟悉应急预案的编制	主要学习危险源与职业病辨别，各种应急设备的使用方法，应急预案的编制	1. 各种应急设备的使用。（小组评价） 2. 危险源的识别、应急预案编制合理性。（教师评价） 3. 在完成本任务的过程中的团队合作能力、安全纪律、学习态度、按章办事情况。（个人评价及小组评价）	10	全班学生分成若干个学习小组，每一组5~6人；以小组学习为主，以课堂教学和独立学习为辅，三种形式交替进行。以项目教学法、角色扮演教学法始终贯穿教学全过程。具体做法是向每一小组分别提出角色要求；组织学生互动学习乘客旅行变更处理的方法；安排每组同学的练习任务和时间；同学分组分项目进行工作任务练习。对学生不易理解的部分以课堂讲授的方式解决
设备故障应急处理	能正确进行车门、屏蔽门、电梯故障的应急处理；能正确进行其他车站设备应急处理	主要学习车门、屏蔽门、电梯设备操作和发生非正常情况处理的知识，具有设备故障应急处理技能，具备强烈的责任意识	1. 电梯、屏蔽门、车门设备故障后，处理方式选择的得当与否。（小组评价） 2. 设备故障应急处理程序。（教师评价） 3. 在完成本任务的过程中的团队合作能力、安全纪律、学习态度、按章办事情况。（个人评价及小组评价）	10	
行车事故应急处理	能正确判断行车事故的类别及性质；能正确分析及处理行车事故；能在教师指导下完成行车事故的处理	主要学习行车事故的知识，具有正确处理行车事故的技能，具备强烈的责任意识和一切为了乘客的态度	1. 行车事故的调查及责任划分。（小组评价） 2. 行车事故应急处理程序。（教师评价） 3. 在完成本任务的过程中的团队合作能力、安全纪律、学习态度、按章办事情况。（个人评价及小组评价）	8	
火灾应急处理	能叙述列车及车站发生火灾的应急处理程序；能在行车调度员的指挥下，根据实际情况灵活果断地采取得力措施进行紧急处置；能组织照顾老、弱、病、残、孕、幼等重点乘客，能正确疏散乘客、自救及逃生；会填写相关表报；能在教师指导下完成发生火灾的处理	主要学习站厅、站台及区间发生火灾的应急处理程序，灭火器及其他消防应急设备使用的知识，具有火灾应急处理技能，具备强烈的责任意识和一切为了乘客的态度	1. 站厅、站台发生火灾的应急程序运用的合理性。（小组评价） 2. 处理的规范性、准确度。（教师评价） 3. 发生火灾后对乘客安排的合理性。（小组评价） 4. 发生火灾后对乘客安排的规范性、准确度。（教师评价） 5. 在完成本任务的过程中的团队合作能力、安全纪律、学习态度、按章办事情况。（个人评价及小组评价）	14	

续上表

学习情境	教学目标	学习内容	评价建议	学时	教学建议与说明
运营伤亡事件应急处理	能叙述地铁运营伤亡事件应急处理程序和方法;能进行有效的现场处理;能与乘客进行有益沟通,向乘客解释事故赔付程序和赔偿标准;能区分事故责任者;能在教师指导下完成地铁运营伤亡事件的处理	主要学习地铁运营伤亡事件处理程序,具有乘客伤亡事故应急处理的技能,掌握急救基本技能,具备强烈的责任意识和一切为了乘客的态度	1.乘客伤亡现场处理过程。(小组评价) 2.乘客伤害现场处理的合理性、规范性。(教师评价) 3.事故处理对乘客的满足度和对城市轨道交通运输企业利益的保护度。(教师评价) 4.在完成本任务的过程中的团队合作能力、安全纪律、学习态度、按章办事情况。(个人评价及小组评价)	10	
其他突发事件应急处理	能叙述自然灾害、停电、恐怖袭击等事件应急处理程序和方法;能在教师指导下完成各种突发事件的处理	主要学习自然灾害、恐怖袭击等突发事件的知识,具有各种突发事件应急处理的技能,具备强烈的责任意识和一切为了乘客的态度	1.自然灾害及恐怖袭击等事件现场处理过程。(小组评价) 2.自然灾害及恐怖袭击等事件现场处理的合理性、规范性。(教师评价) 3.在完成本任务的过程中的团队合作能力、安全纪律、学习态度、按章办事情况。(个人评价及小组评价)	16	

参 考 文 献

［1］李慧玲.城市轨道交通安全管理［M］.北京:人民交通出版社,2011.
［2］耿幸福.城市轨道交通运营安全［M］.北京:人民交通出版社,2010.
［3］王艳辉.城市轨道交通运营安全管理方法与技术［M］.北京:北京交通大学出版社,2011.
［4］刘志钢.城市轨道交通安全工程概论［M］.北京:中国铁道出版社,2010.
［5］连义平.城市轨道交通安全管理［M］.成都:西南交通大学出版社,2011.
［6］秦进.城市轨道交通安全管理［M］.北京:人民交通出版社,2012.
［7］刘奇,徐新玉.城市轨道交通应急处理［M］.北京:人民交通出版社股份有限公司,2014.
［8］王靓,于赛英.城市轨道交通应急处理［M］.北京:机械工业出版社,2015.
［9］李宇辉.城市轨道交通应急处理［M］.北京:人民交通出版社,2014.
［10］孟祥虎,孙巧玲.城市轨道交通应急处理［M］.北京:人民交通出版社股份有限公司,2015.
［11］申碧涛.城市轨道交通客运服务［M］.北京:中国铁道出版社,2012.